SOFTWARE ENTERPRISE LISTING

Path Planning and Operational Guidelines

软件企业上市

路径规划与操作指引

张国峰 著

法律出版社 LAW PRESS·CHINA

一名投行人
在春华秋实之路的奋进

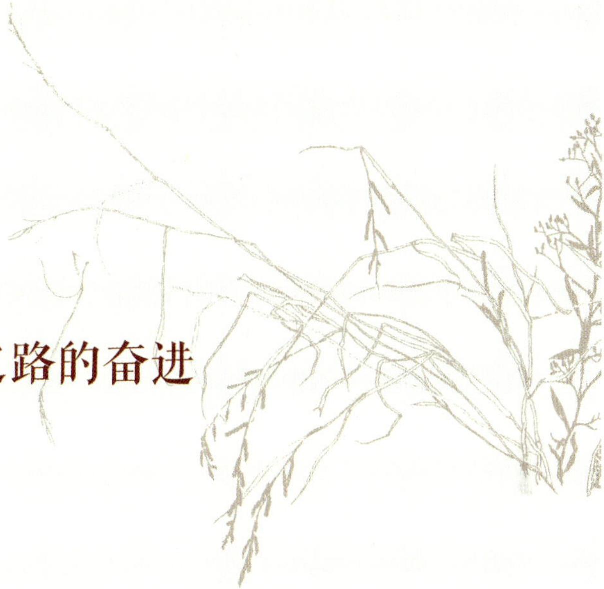

我们每一个人都有过少年、青春，在大好的年轻岁月里，我们是那么的激情澎湃，不管正确不正确、是不是弯路，我们一样的用心、奋进。作为投行人，我们做过的那些项目一个个成功了，我们欢笑，分享这发自内心的喜悦；但是，我们更希望岁月沉淀下更多、更深厚的东西，就像那秋天的田野、果园，放眼望去，硕果累累，黄澄澄、沉甸甸，挂在树梢、枝头，更挂在心里。

有一幕经常出现在我的脑海：那是十年前，我做一个软件企业上市的项目，由于研发费用资本化金额比较大，晚上到一位同是做投行的好友家里，与他探讨如何才能更好地解释和说明这个问题，让将来的反馈回复更有说服力、更扎实，从华灯初上一直探讨到将近深夜十一点基本结束，但不巧的是，那个夏天的晚上，突然下起了暴雨，因住得比较近，我从他家拿了把伞就出了门，没想到外面风很大，大风将雨伞刮得翻折，瞬间我被大雨浇透了，这样干脆也不打伞了，就这样回到了家。但自己仍然感觉很快乐，因为去好友家交流有收获。

但是随着一个项目接着一个项目的投行工作完成，我却产生了一种深深的疑惑：我们真的对什么行业的企业都熟悉吗？一个人从事一种行业很多年，才可能成为一个行业的专家，我们今天保荐煤炭企业、明天保荐制药企业、后天签字化工企业……我们是神仙么？我们当然不是。这一方面是能力极限问题，但实际上还有精力极限的问题。如果今天做这个行业明天做那个行业，我们需要投入多大的精力？我们究竟有多大的精力来熟悉了一个行业又熟悉一个行业？

如果我们专注于一个行业内的企业，一方面可以更为熟悉所保荐的企业，与企业能够更“亲密”对话，自身的风险也会小很多，我们熟悉这家企业的同行业、上下游企业，如果企业造假很难蒙混过关，同时也更容易深度协助企业规划上市过程中的业务问题；另一方面也可解决精力不足的问题，我们熟悉了自然就不会从零开始，也就不会耗费那么大的精力先去熟悉。

我想，和我一样有类似想法的投行人一定有不少，但从现实来看，专注于一个行业，很多是靠一种缘分——因为对于任何一位员工在开始踏入职场时都不可能去挑着做，在一开始做什么行业的企业，更多的是一种偶然、一种缘分；后期在公司的大力支持下，会更多做自己熟悉和擅长的行业企业。所以，如果一个人能够有机会专注于一个行业，真的要感谢缘分、感谢组织！

自己因偶然机会结缘软件企业，而后经组织安排负责了更多的软件企业上市保荐工作，对软件企业在上市过程中遇到的特殊问题自我感觉胸有成竹（不谦虚些哈），对软件企业上市过程中遇到的财务重点问题更是熟悉；从全过程直接负责的启明星辰、安硕信息、熙菱信息等多个软件企业IPO，到从事质控时参与的辉煌科技、汉王科技、紫光股份等软件&电子信息企业IPO或再融资，正是这些项目的磨练，才使自己对软件企业的上市有了更多心得体会，尤其是全程负责的熙菱信息、博林特（现更名为远大智能）作为民营企业无条件通过发审会审核，让自己对上市有了更多感悟。

我特别喜欢春天到来的时候，在松软勃发的土地上用心地播种；夏天的时候，那辛勤的耕耘的汗水在太阳照射下发出闪闪的光芒；秋天的时候，从容、发自内心喜悦地望着金黄的田野……这是自己的一个梦想，也是奋进的方向。

衷心希望自己在本书中的这些沉淀、体会，能给打算上市的软件企业和电子信息行业的企业一些借鉴和启发。上市是个战略，但战略不是空洞的，需要对一个个重要问题规划好、解决好，这些重要问题能否解决好，将在很大程度上影响着上市的成功与否，因为任何一个国家的资本市场，对进入其中的上市公司都有标准，更有包含在标准之中的审核理念，我们既然决定走资本市场，就需要切实做到。

用心规划，方欢笑收割，与读者共勉。

笔者

序

随着投行竞争的不断深化，客户对投行人员行业理解能力的要求也日益增强；同时，监管部门继续推进以信息披露为中心的新股发行体制改革，对信息披露质量的要求空前严格。在这种背景下，就要求我们的投行人员对信息披露与尽职调查要有更加深刻的认识和实务运用能力，能与客户在行业领域进行深入的交流，这是对投行人员提出的新的更高要求。

为客户创造价值，是投行的一个重要使命，为客户创造更大的价值，更是投行的核心竞争能力之一。中德证券成立的互联网与信息技术行业部、新能源与节能环保部、医疗健康行业部、高端制造行业部，已为大量客户创造了更大的价值，当然这是双向的，也正是我们的客户成就了我们自身。在服务客户的过程中，投行人员自然会形成对行业、对本行业企业如何更好地对接资本市场的一些理解，这一方面是投行人员自身对相关业务经验的一个总结，另一方面也是希望能与同行和企业的朋友们能有一个共享、沟通和交流的机会，通过这些共享、交流，对细分行业企业如何更好地对接资本市场或许会有所裨益、少走些弯路，希望对大家有所启示。

本书对软件企业以至电子信息类、互联网行业企业在上市过程中遇到的特殊问题进行了专业的、深度的探讨，中德证券具有熟悉此类行业企业上市特点和难点的投行团队，把这些问题总结出来,希冀对行业内的拟上市企业以及我们的同行提供一定的借鉴和参考。此外,本书中的部分事项对非软件企业的类似问题,如收入确认、研发费用资本化等处理方式,也具有很好的参考和借鉴价值。

本书既是对软件企业和电子信息类、互联网行业企业上市过程中遇到的特殊问题及解决对策的总结,也是与投资银行业的同行、拟上市企业朋友的交流,希望能够相互促进、共同进步,也希望能有更多优秀的著作不断问世。

中德证券有限责任公司　首席运营官　高歌

目　录

前 言

当我们接触一家企业，百分之百就已经符合上市要求，这种情况是少之又少的。上市本身有一套标准和理念，这在任何国家的资本市场都一样，只是标准和理念有所不同而已；同时，在某一个国家的这套标准和理念中，由于不同行业企业的经营特点不同，也需要有一些针对这些特点更能够准确判断、反映和突出企业的具体方式方法。现实情况也正是这样，作为拟上市企业，也应当根据企业本身的实际经营情况，主动、高质量地将自己的经营特点、竞争优势、风险充分披露，以信息披露为中心，打造顺畅的沟通渠道和上市路径。

从外面最终看到的是信息披露出来的内容，但背后和之前却是一定要做很多提前的、通盘的规划，否则上市之旅，不见得不能成功，但一定是磕磕绊绊，一波三折。

要想顺利，所有涉及上市过程中的人员，尤其是中介机构人员，一定要加深对行业的理解，加深对这类企业的审核标准和如何展现投资价值的理解。从笔者所熟悉的软件行业企业来说（其实也包括信息技术、互联网行业，在首发上市的很多方面，这些企业有共性的内容，为简洁起见以下统一表述为软件企业），统筹规划上市之旅：

第一，要理解其业务，并对其进行准确细分。这种细分一方面涉及如何理解企业核心竞争力、未来发展潜力和与同行业比较的问题；另一方面也涉及如何从决定上市之始即建立或调整为将来能够准确反映企业经营情况的财务核算体系、如何能够适应未来审核反馈所需要的大量翔实数据支持的问题；此外，也涉及募投项目如何安排的问题。如果这个工作不提前做好，将来必然会面临种种问题。

第二，软件企业大多会从事定制化软件开发，这类业务与标准软件产品的销售具有明显不同的业务特点，相应的财务核算也要与之匹配，收入如何确认？成本如何分摊？研发费用能否或如何正确资本化？如果我们采用某种收入确认原则,相应的存货、应收会如何变化,现金流能否准确反映或匹配这种核算方式的合理性?在确定的财务核算政策之下,我们又如何准确地向投资者展现公司的核心优势并使其全面理解企业的经营情况?

第三,软件企业是典型的“人脑 + 电脑”,对员工力量和智慧的凝聚,较一般制造业企业而言更为重要。如何更好地激励员工,既不激励不足,又不能激励失当,更是需要提前规划、慎重决策,这些不仅是对上市,就是对企业的长远发展也至关重要。

还有其他种种需要考虑的问题,在前言中不一而足。

要事可以分为“紧急的事”和“重要的事”,我们必须要拿出时间考虑和落实“重要的事”,而不是总忙于“紧急的事”,如果一个人总忙于“紧急的事”,那就像救火队员一样整天救火;而如果能够提前规划、谋划,站在一个更高的高度去提前考虑、安排和落实,那自然是另一番景象,把“重要的事”解决了,就基本不存在“紧急的事”了——企业上市又何尝不是这样?

第一章 收入确认：首要的财务问题

第一节　问题概述与路径规划

首先要向大家说明的是：软件企业的上市，与通常的制造业企业上市有什么不同，因为理解了这个区别，才更容易理解软件企业上市过程中财务核算所应达到的标准和要求。概括来说，主要区别有两个：

一是软件企业的运营模式，与以设计、制造和销售有形产品为主的企业，以及与主要以提供服务为主的企业，有很大的区别。比如软件企业为某客户提供的定制化软件开发业务，交付给客户的是定制化的软件，但其过程主要是研制、开发、验收，本质上兼具“产品”和“服务”（或“建造工程”）的一些特性，有的人认为软件企业此时向客户提供的就是一种“产品”，因而需要在产品完全经客户验收认可后方可确认“交付完成”；有的人认为向客户提供的是一种软件开发的“服务”，因而需要按服务的收入确认原则确认收入（如完工百分比）；还有的人认为向客户提供的是“建造工程”，因而适用于建造工程会计准则的处理方式。

以设计、制造和销售有形产品为主的企业，是我们见得最多的企业类型：比如电视机生产企业，在制造完成后，将产品销售给客户并经客户验收无误后，电视机生产企业即可确认收入，这种不存在说你还在电视机的生产过程中（即确定哪个客户要买或还在生产过程中），甚至在产品已完全生产出来（即能确认收入的情况），原因在于无论是否是订单生产，你都要向客户交付完全符合合同约定和有关标准的产品，才能实现收入，没有客户在中间阶段会给你一次“验收”；但定制化的软件开发就不一样，会有很多阶段需要经过客户确认，典型的如需求说明书、初验、终验等。此外，还有其他方面与销售有形产品或提供服务（提供服务的就很简单，只能按提供服务的会计准则来确认收入、核算经营状况)有明显的不同,这些都造成了软件企业在上市过程中,对很多问题,如研发费用、募投项目安排等与一般企业有较大的不同,也相对更为复杂,如果处理不好将会直接影响到上市能否成功。

二是软件企业的运营都是"人脑 + 电脑",一方面是对研发费用能否资本化、募投项目如何安排等提出较为特殊的要求,因为软件企业不需要大量的机器设备、厂房等这些资产;另一方面是对如何更好地凝聚"人脑"的智慧和力量提出更高要求,电脑哪里都有,但一家软件企业做得好不好,关键在于人脑智慧的发挥程度,如何激励员工等这些方面都具有明显的特点。

笔者有缘负责或参与过较多的软件企业上市,熟悉软件企业上市过程中的问题与审核思路;同时,通过与自己曾负责过的制造业企业上市过程中问题的处理与审核理念的比较,从另一个角度也加深了自己对软件企业上市过程中问题处理方式的理解与把握。我想,在工作中有幸接触到较多的某类企业,更多的是一种机缘、一种缘分,谁接触的某类企业多了,也都会有自己的体会和理解,在这里通过对软件企业上市过程问题处理思路的介绍、共享,一方面,与同样熟悉软件企业上市的同仁共同交流;另一方面,从另一个角度或许也能为熟悉制造业企业或服务类企业的同仁以某种借鉴。

收入确认,不仅是对软件企业在上市过程中显得极为重要,对各类企业而言都是极为重要的问题,因为只有收入确认的具体方式定了,与收入相匹配的成本才能确定,从而营业利润、净利润,以及存货、应收账款、未分配利润等诸多项目才能确定;而如果收入确认方式不正确,所有上述科目均会出现问题,因而收入确认具体政策的确定不仅是一个起始性质的关键问题,而且还与其他众多科目具有异常密切的关联。

从收入确认的具体原则上讲,无非都是依据会计准则的要求来确定的,基本上都是这样表述:

"(1)销售商品

公司销售的商品在同时满足下列条件时,按从购货方已收或应收的合同或协议价款的金额确认销售商品收入:①已将商品所有权上的主要风险和报酬转移给购货方;②既没有保留通常与所有权相联系的继续管理权,也没有对已售出的商品实施有效控制;③收入的金额能够可靠地计量;④相关的经济利益很可能流入企业;⑤相关的已发生或将发生的成本能够可靠地计量。

合同或协议价款的收取采用递延方式,实质上具有融资性质的,按照应收的合同或协议价款的公允价值确定销售商品收入金额。

(2)提供劳务

在资产负债表日提供劳务交易的结果能够可靠估计的,采用完工百分比法确认提供劳务收入。

在资产负债表日提供劳务交易结果不能够可靠估计的,分别下列情况处理:①已经发生的劳务成本预计能够得到补偿的,按照已经发生的劳务成本金额确认提供劳务收入,并按相同金额结转劳务成本。②已经发生的劳务成本预计不能够得到补偿的,将已经发生的劳务成本计入当期损益,不确认提供劳务收入。”

收入确认的原则,大多是一样的,但仅有这个原则是不行的,必须根据企业的具体业务经营情况来确定具体的收入确认方式。

本质上,软件企业的确定收入确认具体方式同其他类型企业收入确认确定的思路是一样的,即都要依据企业提供的产品和服务的特征来确定;但是,由于软件企业提供的产品和服务具有相当大的特殊性,因而其收入确认在具体方式上也具有很大的特殊之处。

从大类上讲,软件企业的收入确认可按“产品”和“服务”两大类来分。其中“产品”又分为标准化软件产品、定制化软件产品;“服务”可分为维护服务、培训服务、咨询服务等;既提供产品又提供服务的业务多数称为系统集成业务。软件企业收入确认的具体方式,基本要按照上述分类进行。

第二节　案例分析与操作指引

一、标准化软件产品

标准化软件产品,是指软件企业研发和生产的具有自主知识产权、无差异化、可批量复制的软件产品,销售时不转让所有权。这在本质上与电视机、冰箱生产企业生产一台电视机、冰箱卖给用户,汽车厂商生产一台汽车卖给用户的模式是一样的。

在这种方式之下,又分两种:

一是不需要安装调试的标准化软件产品,以产品交付并经客户验收后即可确认收入;

二是需要安装调试的标准化软件产品,按合同约定在项目实施完成并经客户验收合格后确认收入。

总之,软件企业的这类产品收入确认并不复杂,本质上与一般制造业企业销售产品并无多大不同的地方,在此也不再赘述。

二、定制化软件产品

定制化软件产品,是指根据与客户签订的技术开发、技术转让合同,对用户的业务进行充分的实地调查,并根据用户的实际需求进行专门的软件设计与开发,由此开发出来的软件不具有通用性。

这种“产品”的收入确认,会有很大差异,甚至可以说是分歧。从根本上理解,产生这种差异的根源在于提供的这种“定制化软件产品”究竟是在提供一种“产品”还是“劳务”或者是在实施“建造合同”?

如果按产品理解,不存在完工百分比法确认收入这种方式,因为会计准则根本不允许对“产品”按百分比确认收入；如果按劳务理解，则应当按会计准则对劳务确认收入的规定，在提供劳务的成果和收益能可靠计量和取得时，按完工百分比法确认收入；如果比照建造合同，则应当按照会计准则对建造合同确认收入的规定，基本也是适用完工百分比法的原则进行收入确认。

但是，基于会计准则和上市的需求，软件企业对此类业务的收入确认需要特别注意体现会计原则中的“谨慎性原则”，因而就出现了现实中的多种版本：

（一）最终验收标准

典型的如 2007 年 12 月 12 日上市的海隆软件，其首发招股说明书披露：

1. 公司业务模式

软件外包服务提供商业务模式分为两类：一类为基于客户核心业务的软件开发，另一类为基于客户项目订单的软件开发。

基于客户核心业务的软件开发，是指客户根据其核心业务发展需要，将核心业务价值链中的部分或全部软件开发工作交由独立软件外包服务提供商完成。由于该部分软件开发工作与客户核心业务密切关联，一般是客户核心业务的重要组成部分，因此，客户只有在对软件外包服务提供商开发团队及开发品质充分信任和认可的基础上，方可与其建立基于该种模式下的合作关系。该种模式下的软件开发业务不仅具有高稳定性和可持续性的特点，而且业务量还将随着客户核心业务的增长而得到增长。该种业务模式是优质软件外包服务提供商的核心业务模式和主要业务收入来源。目前，公司 70% 左右的营业收入来自该种业务模式。在该种业务模式下，公司先与客户签订合作框架合同（即基本合同），且约定每年在双方无异议的情况下框架合同自动延期。在框架合同内，客户根据其核心业务实际需要，以书面或电子邮件形式向公司下达软件开发指令，公司根据客户指令开发软件，软件开发完成并经客户确认后，公司方确认销售收入，客户一般在确认后的一个月内付款。

基于客户项目订单的软件开发，是指客户将某个项目中的部分低端软件开发工作交由独立软件外包服务提供商完成，并以业务订单形式明确双方权利义务,软件开发完成并经客户确认后,双方合作即终止,软件外包服务提供商能否获得新的订单即取决于客户是否有新的再开发项目,也取决于客户对软件外包服务提供商服务质量的评价。该种模式下的软件开发业务具有波动性和间断性的特征。

该种业务模式是优质软件外包服务提供商用于与新客户形成业务合作关系,并逐步建立信任基础的主要方式。来自该种业务模式下的业务收入是优质软件外包服务提供商营业收入的补充。目前,公司30%左右的营业收入来自该种业务模式。在该种模式下,公司根据订单开发软件,订单软件开发业务量全部完成并经客户确认后,公司即确认销售收入,客户一般在确认后1个月内付款。

2. 收入确认原则

无论是何种业务模式,公司均是在软件开发完成并经客户确认后,方确认销售收入。

例如,2006年12月8日上市的金智科技,其首发招股说明书披露:公司业务按业务性质分类包括软件产品、软件及技术服务、电气自控设备、系统集成服务、智能化工程及服务,各类业务销售收入确认的具体方法如下:

(1)软件产品:需安装调试的按合同约定在实施完成并经对方验收合格后确认收入:无须安装的以产品交付并经购货方验收后确认收入。

(2)软件及技术服务:按合同约定在项目实施完成并经对方验收合格后确认收入。

(3)电气自控设备:需安装调试的按合同约定在实施完成并经对方验收合格后确认收入,无须安装的以产品交付并经购货方验收后确认收入。

(4)系统集成服务:按合同约定在项目实施完成并经对方验收合格后确认收入。

(5)智能工程及服务:按合同约定在工程实施完成并经对方验收合格后确认收入。

再如,2009年9月29日上市的辉煌科技,其首发招股说明书披露:

公司的主要产品为铁路信号通信领域的软件和系统集成产品，具体为：铁路信号微机监测系统、无线调车机车信号和监控系统、列车调度指挥系统、无线车次号校核系统、分散自律调度集中系统、计轴系统、铁路综合视频监控系统、电务管理信息系统和铁路信号计算机联锁系统等。公司采取以销定产的经营模式，销售业务主要通过参与客户招标取得。公司中标后，与客户洽谈合同的具体条款并最终签订合同。公司产品定价主要依据铁道部的指导价，最终销售价格则由招标确定。其主要业务模式、结算方式和收入确认方法具体如表 1－1：

表 1－1

产品类别	业务模式、结算方式和收入确认方法
不需要安装调试的铁路方面产品、电源维护测试产品和其他产品	按普通商品销售原则核算，于客户收到发出产品且公司取得收款的权利时确认收入
铁路信号通信领域的集成产品	公司销售环节和业务流程主要为： 签订销售合同—组织设计生产—产品发送到现场并经委托方验收—进行配线安装—进行站机调试并经委托方验收合格
	在同时具备以下条件时确认收入： 已与委托方签订销售合同；站机调试完成并经委托方验收合格；销售发票已开具给委托方；收到全部合同价款或已收到部分价款但已约定剩余款项的付款计划
软件产品	如果属于集成产品的组成部分，软件产品随同集成产品确认收入
	如果属于客户单独购买的软件，于软件发出给客户经验收合格并取得收取货款的权利时确认收入

……

3. 公司采用以上收入确认和计量方法的原因

公司采取以销定产的经营模式，销售业务主要通过参与客户招标取得。公司中标后，与客户洽谈合同的具体条款并最终签订合同。公司产品定价主要依据铁道部的指导价，最终销售价格则由招标确定。受主要客户投资计划和资金安排的影响，公司一般在上半年与铁路部门洽商制定采购订货合同，上半年的后期及下半年进入生产供货阶段,包括设计、安装和调试等。因此,公司主营业务收入及经营活动现金流入主要体现在每年的第四季度。根据合同具体内容的不同,公司的销售合同一般可分为简单合同和复杂合同。公司销售收入确认和计量方法是根据我国企业会计准则规定的收入确认条件和合同的条款约定,并在充分考虑公司产品和业务的具体特点后加以确定的。

所谓简单合同,就是单纯的设备采购合同,主要是指电源测试产品和汽电产品以及部分铁路信号通信系统的产品购销合同(合同中未约定安装调试条款的),这部分合同实际上就是普通的商品销售合同,在结算方式上一般是合同签订后客户支付10% ~50%的预付款,剩余款项在客户收到货物后付清。对于这类合同,依据我国会计准则规定的收入确认条件,于产品发出客户验收无误时确认收入。

所谓复杂合同,主要是指铁路信号通信系统的产品销售合同,这类合同一般销售量比较大,合同金额也比较大,而且大多会在合同中约定有安装调试条款。在结算方式上,这类合同主要包括三种情形:第一种情形是通常的情形,即合同签订后客户先支付公司30%左右的预付款,在设备到达现场之后再支付40%左右的货款,设备开通验收之后再支付20% ~25%左右的货款,剩余5% ~10%的货款作为质保金,在质保期期满之后设备运行正常的情况下,客户向公司支付上述质保金。第二种情形则是设备到达安装现场之后客户一次性支付公司50%以上的设备款,等设备调试开通之后再支付公司40%左右的货款,剩余10%左右货款作为质保金,在质保期满后并且设备运行正常的情况下,客户向公司支付上述质保金。第三种情形则是在设备运抵客户现场后客户一次性支付公司90%的设备款,剩余10%左右的货款作为质保金,在质保期满后并且设备运行正常的情况下,客户向公司支付上述质保金。从以上内容可以看出,这类合同在结算方式上的特点就是客户付款是和设备提供、安装和调试验收的进度基本保持同步,而且较多地预留质保金。对于这类条款复杂的合同,根据上述特点,公司依据企业会计准则规定的收入确认条件,在合同项下设备调试完毕时确认收入。

采用以上收入确认政策,公司主要基于以下考虑:

在公司产品发出时,公司已将商品所有权上的主要风险和报酬转移给购货方,公司既没有保留通常与所有权相联系的继续管理权,也没有对售出的商品实施控制,相关的收入和成本能够可靠地计量。

关于对“与交易相关的利益能够流入公司”条件的判断,主要是结合公司签订的产品购销合同条款判断:

(1)简单的产品购销合同付款条件一般为“款到发货或货到付款”,在产品发出时已经可以判断与交易相关的利益能够流入公司。

(2)对于复杂的产品购销合同,一般在设备调试开通验收之后公司已收到相当于合同价款总额90% ~95%左右的货款,其余5% ~10%的货款作为质保金一般会在设备运行一年后付清,因此,在设备调试开通验收完毕之后已满足“与交易相关的利益能够流入公司”的收入确认条件。

例如,2009年7月31日上市的新世纪,也是按此种最终验收标准来确认收入的。

需要说明的是,很多定制化软件产品都是优势高端客户才去专门购买的“消费品”,软件企业面对此类客户一般也很“强势”,因而在有些情况下客户在使用产品后迟迟不出验收报告或根本就不给你出验收报告,因为个别情况下会有对方认为已在用了没有说不行就等于是“验收报告”,这时如果还以验收报告作为唯一的确认方式并不符合实质以及收入成本的配比原则,因而还以“实际使用”或其他证据作为辅助性的标准。

2010年4月16日上市的银之杰,其首发招股说明书披露“软件开发收入”的收入确认原则为:

软件开发,是指本公司在自主研发的各种底层开发平台或技术的基础上,按照客户的个性化需求进行定制性开发而形成的应用软件。

发行人的软件开发业务主要包括按客户要求定制开发的票据影像交换业务处理软件、银企对账管理软件、电脑验印系统升级版软件及其他按客户需求开发的应用软件。

(1)开发、销售流程及收入确认

①新客户的项目或既有客户的新项目:

参与招投标→中标→签订开发合同→公司商务部发出《软件开发立项书》→研究开发部门成立项目组实施软件开发→质量检测部监控软件开发过程和结果→项目组为客户实施软件部署和安装调试→客户签署《软件项目安装确认书》→试运行→客户对软件验收并签署《验收报告》→《软件项目安装确认书》《验收报告》返回到商务部、财务部→发行人开具发票→客户付款。

②原有项目的延展开发或升级改造:

需求分析→签订开发合同→公司商务部发出《软件开发立项书》→研究开发部门成立项目组实施软件开发→质量检测部监控软件开发过程和结果→项目组为客户实施软件部署和安装调试→客户签署《软件项目安装确认书》→试运行→客户对软件验收并签署《验收报告》→《软件项目安装确认书》《验收报告》返回到商务部、财务部→发行人开具发票→客户付款。

根据以上销售流程,发行人在按照合同约定内容实施了开发工作,并为购买方完成了安装、调试工作,且至少具备以下条件之一时确认收入:①已取得购买方的验收文件;②取得购买方对软件已正式投入使用的确认文件;③已符合合同约定的验收条件(如合同约定在一定期限内如因购买方原因未对软件进行验收的,视同验收合格)。

(2)结算方式

该类销售的结算方式是按照合同约定进行结算的,合同一般约定为客户先支付合同金额30% ~40%作为预付款,项目开发完成验收合格后支付60% ~70%作为项目款;部分项目合同中约定5% ~10%的尾款。发行人为客户完成软件安装调试后,根据买方的验收合格报告,按合同约定的期限收取全部或部分货款。

(3)定价机制

对于新项目发行人根据客户招标书中的软件开发需求分析工作量,在招投标过程中定价;对于延展开发或升级改造项目,发行人根据客户软件需求分析工作量,通过与客户谈判协定价格。

无疑,采用终验确认收入的方式更为谨慎。在新世纪首发时披露的发行保荐工作报告中,详细解释为何采用终验确认收入而非完工百分比法确认收入的原因,“根据发行人目前财务核算的实际情况,其成本主要是软件设计开发人员的人工费用,由于一名软件人员往往同时在开发多个项目,很难对其费用按照项目进行准确的核算。因此在这种情况下,经过公司管理层和申报会计师的反复讨论,认为其成本很难与完工进度匹配进行可靠计量,不具备采用完工百分比法确认收入的条件。因此,发行人采用更加谨慎的验收确认收入方式,这一方式符合会计政策的规定,并和深圳中小板从事定制软件业务的公司一致”。但是保荐机构内核会议中内核委员有不同理解:

“本次首次公开发行股票项目内核会议于 2008 年 3 月 10 日召开,2008 年 3 月 10 日,本项目小组收到了内核小组会议的审核意见,项目小组对审核意见提及的问题逐条进行了落实,详细如下:

公司应用软件开发与销售业务在项目验收后一次性确认收入,这样的收入确认原则虽然比较谨慎,但是与完工百分比法相比,会造成收入的延后实现。请项目组协调会计师说明会计处理的原因和发行人相关营业收入确认的合规性与谨慎性。

项目组回复:鉴于发行人目前财务核算的实际情况,其成本主要是软件设计开发人员的人工费用,由于一个软件人员往往同时在开发多个项目,很难对其费用按照项目进行准确的核算。因此在这种情况下,会计师认为其成本很难与完工进度匹配进行可靠计量,尚不具备采用完工百分比法确认收入的条件,验收确认收入的方式更加谨慎,也符合会计政策的规定,并和中小板从事软件业务的公司保持一致。”

这种不同理解是正常的,但无论如何,相比与成本更为匹配的完工进度的确认收入方式,采用一种更为谨慎的收入确认方式,无疑会在监管部门审核过程中遇到的问题更少,两利相权取其重、两害相权取其轻,在“不准确”与“更谨慎”之间,自然是选择更为谨慎的方式。

(二)分初验和终验两步(或分阶段验收并配合各验收阶段)确认收入的标准

多数定制化软件的初验很重要,往往在初验后软件开发即完成70%左右的工作量(当然也有初验时达不到这么高工作量比例的情形),初验通过后终验不能通过的概率很低,且在初验后往往会进行上线运行,因而在初验通过后按照成本与收入匹配的原则确认一部分收入也是符合会计准则的要求的;分阶段验收并配合各验收阶段进行收入确认,是在多个验收步骤下的一种具体收入确认方式。

典型的如2008年5月9日上市的启明信息,其首发招股说明书披露软件开发的收入确认方式:

定制软件:在开发工作完成工作量达到合同所约定的条件并经对方验收合格后确认收入,跨年度开发合同按约定的分阶段工作量完成情况并经对方阶段性验收合格后确认收入。

通用软件:根据销售商品收入确认的原则确认收入,即以商品交付购货方并经对方验收合格后确认收入。

(三)实质性阶段完成验收后(上线测试通过后)开始按完工百分比标准

在很多情况下,分阶段验收的第一阶段成果验收并不具有实质性的意义,比如客户对需求说明书的确认,在此时即开始确认收入会有不谨慎之虞,因而从谨慎的角度考虑,在实质性验收后方进行收入的初始确认,而不是在一开始的验收阶段即开始在各个阶段分阶段确认收入,会是一种更好的方式。

典型的如2009年9月13日上市的神州泰岳,其首发招股说明书披露:

公司业务流程与资金收付、结算方式的关系如图1-1:

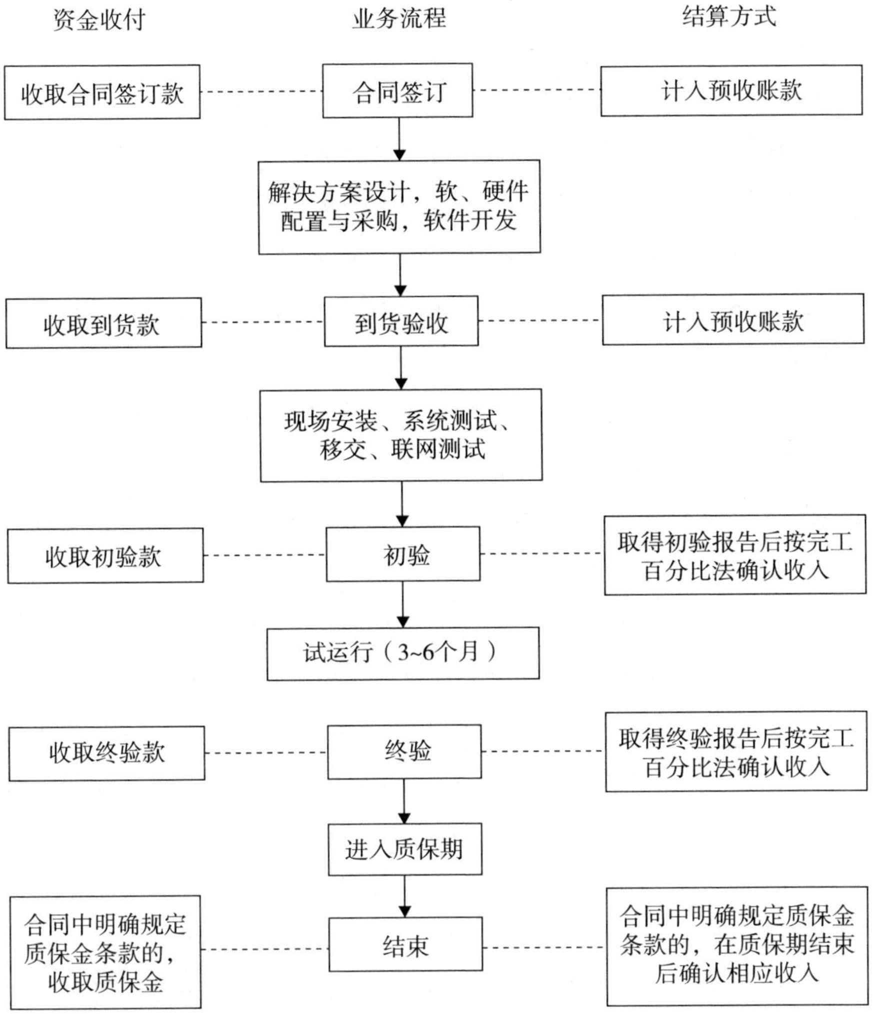

图 1－1

其“收入确认的具体方法”为:

公司的合同一般为两类:约定服务期限的服务合同和约定验收条款的软件产品开发与销售、技术服务以及系统集成合同。针对上述合同,公司的收入确认采用如下具体方法:

1. 合同明确约定服务期限的,在合同约定的服务期限内按进度确认收入

公司的这类合同,主要包括飞信运营支撑外包服务合同。飞信运维支撑外包务每月确认收入的具体公式为:

每月确认收入金额 = 活跃用户数(A) × 收费标准(B) ×95%(C)。

A:以中国移动飞信运营主体确认的活跃用户数为基础

B:飞信运营支撑服务合同规定的单位活跃用户数的收费标准

C:该比例为发行人对飞信业务提供运维支撑服务以来,每月最低考核得分对应的支付比例

2. 约定验收条款的软件产品开发与销售、技术服务以及系统集成合同

(1)合同中明确约定合同总金额中包含质保金的,在确认收入时,先扣除质保金部分,然后按如下方法确认收入;质保期届满后,再将该质保金确认收入。

(2)取得初验报告开始确认收入。公司的销售合同一般包括软硬件设备的配置、采购与到货验收、软件功能的开发、现场安装、系统测试、移交、系统培训、联网测试、初验、系统试运行和终验等环节,其中初验和终验是客户对系统运行情况作出的评价,也是公司与客户结算的主要依据和环节。在初验阶段完成时,围绕项目的大部分工作均已完成,之后只是在试运行期间可能进行部分系统功能的修改,所涉工作内容很少、工作量也不大。因此,公司在取得初验报告后开始确认收入。

(3)初验确认收入的比例。由于公司的销售合同主要依靠项目实施人员及自有软件技术的整合来实现,因此,公司以投入工时为计算基础,以完工进度作为确认收入的依据。根据历年已完工典型合同统计,初验时项目投入工时为80%左右,因此,公司按照以下标准孰低的原则确定初验收入的确认比例:

①初验时合同约定的付款比例等于或高于80%,则以80%确认收入;

②初验时合同约定的付款比例低于80%,则以合同约定的比例确认收入。

公司每年年末会根据当年完工合同情况,对初验完工进度进行复核。

(4)终验时的收入确认：取得客户终验报告确认时，公司扣除初验已确认的比例后，将其余部分确认收入。

例如，2012 年 7 月过会的上海安硕信息技术股份有限公司，其预披露时的申报稿《首次公开发行股票并在创业板上市招股说明书》披露"收入确认的具体方法"：

软件开发、技术服务和咨询业务收入按合同类别划分的收入确认情况如表 1－2：

表 1－2

项　目	合同分类	收入原则	完工百分比
软件开发	定制开发	软件主要功能通过测试时点并经客户确认后，开始按照完工百分比法确认收入	已经发生的成本占估计总成本的比例
	定期开发	根据合同约定，在提供劳务后，按照提供劳务的期间分期确认收入	已经提供的劳务期间占总期间的比例
	定量开发	在提供相应工作量的开发劳务并经客户确认后，确认对应工作量劳务的收入	
技术服务	定期维护	在按照合同约定，在提供劳务后，按照提供劳务的期间分期确认收入	已经提供的劳务期间占总期间的比例
	结果导向的服务	在劳务已经提供，并取得客户的服务确认单据后确认收入	
咨询业务	咨询业务	在劳务已经提供，标的已经交付时，确认对应合同收入	

定制开发合同，合同条款中约定合同执行的各个阶段，并且明确合同执行的结果，该类合同一般约定研究开发计划分为需求准备、需求分析、客户化开发、系统测试、系统上线推广、系统维护等阶段；根据开发进度分次结算付款，典型的结算付款进度如合同签署之日起一周内付款 20%，软件上线后付款 30%，软件验收后支付 40%，质保期一年结束后支付 10%。定制开发合同在执行过程中产生需求确认报告、上线测试报告、验收报告，根据多年来合同执

行的经验,可以判定在软件主要功能通过测试并且得到客户签字确认的上线测试报告时,已经提供的开发劳务成果的主要风险和报酬转移,并且满足“提供劳务交易的结果能够可靠估计”的条件,因而公司在取得上线测试报告时点开始按完工百分比法确认收入。完工百分比按照“已经发生的成本占估计总成本的比例”确定。在合同尚未满足收入确认条件时,该合同发生的支出计入存货……

(四)最终验收+完工百分比标准

典型的如2009年8月11日上市的久其软件,其首发招股说明书中披露,“定制软件项目按合同约定在项目实施完成并经对方验收合格后确认收入,对合同约定完工比例的,按合同约定的完工确认条件确认收入”。这种方式,本质上是按合同约定的条件来确认收入,即如果合同没有约定完工比例的则按最终验收标准来执行,按合同约定的条件来确认收入。

笔者认为,按合同约定的条件确认收入是最有依据、最为稳妥的方式——从本质上讲,无论是哪类收入确认方式,都是对合同约定的条件的“归类、提炼”,脱离合同约定条件的收入确认方式无论如何都是站不住脚的,因而无论是会计师还是券商,都会查阅企业的大量合同,来确定合适的收入确认方式,但是由于企业的合同类别可能较多,以及对合同约定的风险转移理解的不同,会产生不同的收入确认方式。

(五)完全按完工百分比标准

这种情况下,最好不称为“软件产品”而称为“项目”甚至“劳务”,这样可冲淡对“产品”怎么还会适用完工百分比法的不同理解。如2006年8月23日上市的远光软件,其首发招股说明书中披露:定制软件收入的确认原则及方法如下:

1.软件项目在同一会计年度内开始并完成的,在软件成果的使用权已经提供,收到价款或取得收取款项的证据时,确认收入。

2. 软件项目的开始和完成分属不同的会计年度的,在合同的总收入、项目的完成程度能够可靠地确定,与项目有关的价款能够流入,已经发生的成本和完成该项软件将要发生的成本能够可靠地计量时,在资产负债表日按完工百分比法(工程完工进度)确认软件收入。

3. 对在资产负债表日劳务交易结果不能可靠估计的定制软件项目,如果已经发生的成本预计能够得到补偿,应按能够得到补偿的收入金额确认收入,并按相同的金额结转成本;如果已经发生的成本预计不能全部得到补偿,应按能够得到补偿的收入金额确认收入,并按已发生的成本结转成本,确认的收入金额小于已经发生的成本差额,确认为损失;如果已发生的成本全部不能得到补偿,则不应确认收入,但应将已发生的成本确认为费用。

还有一种方式则是将软件开发合同区分为简单合同和复杂合同,对于复杂合同则按完工百分比法确认收入。如 2008 年 6 月 23 日上市的川大智胜,其首发招股说明书披露"软件开发收入"的收入确认方式:

1. 对于简单软件开发项目(指合同金额在 300 万元以下的),于项目完成并经客户验收时确认收入。

2. 对于复杂的软件开发项目(指合同金额在 300 万元及以上的),按照完工百分比法确认收入。其具体原则如下:

当一项软件开发项目合同的最终结果能够可靠地衡量时,则根据完工百分比法在资产负债表日确认该合同的收入与费用,完工进度的确认方法为:(1)合同约定有工程进度的,根据合同约定的进度比例确定完工进度;(2)合同未约定工程进度的,按已投入工作量占预计总工作量的比例确定完工进度。

如合同的最终结果不能可靠计量,则区别下列情况处理:(1)合同成本能够收回的,合同销售收入根据能够收回的实际合同成本加以确认,合同成本在其发生的当年度确认为费用。(2)合同成本不能够收回的,则在发生时立即确认为当年度费用,不确认合同销售收入。

2011 年 1 月 25 日上市的东方国信,对定制化软件的收入按完工百分比

法,但其依据是对方确认的“完工进度”,其首发招股说明书披露对“定制软件产品收入”的收入确认方式:

公司定制软件产品业务主要是利用公司现有软件产品或技术为客户提供特定的软件产品(包括软件产品功能增值开发)。

公司定制软件产品业务流程:

公司完成一项定制软件产品一般分为前期准备、项目实施、系统上线、初验、终验五个阶段,一般销售合同规定:项目安装上线后双方签署合同项下的货物清点清单、上线合格证书,公司依据客户签发的付款通知收取上线款;项目完成后项目组向客户申请初验,如测试符合标准双方签署初验合格证书,公司按合同规定收取初验价款,同时向客户移交相关技术资料;一般试运行 1 ~3 个月后进行终验,如测试符合标准双方签署终验合格证书,公司按合同规定收取终验价款;部分合同规定终验 1 ~3 个月后收取合同尾款。

定制软件产品销售收入确认的具体做法是:

1. 在资产负债表日提供劳务交易的结果能够可靠估计的定制软件产品项目:

(1)在同一会计期间内开始并完成、合同金额较小、简单的定制软件产品项目,在合同约定的项目全部完成,经客户验收确认后,收到货款或获取收款权力时,确认收入。

(2)开始和完成分属不同的报告期间、合同金额 100 万元以上、复杂的定制软件产品项目,采用完工百分比法确认收入。

当期应确认的项目收入 = 合同总金额 × 当期期末止完工进度 - 前期累计已确认的收入。

当期应确认的项目成本 = 项目预计总成本 × 当期期末止完工进度 - 前期累计已确认的项目成本。

完工进度确认方法:按已经提供的工作量占应提供的工作总量的比例确定。由于公司计算的已提供的工作量需要委托方认可,故公司实际采用委托方认可的完工进度证明作为完工百分比的确定依据。如果相关阶段的合同约定收款比例低于该阶段按前述方法计算的完工百分比,按照孰低原则确认收入。

2. 对在资产负债表日提供劳务交易结果不能可靠估计的定制软件产品,如果已经发生的成本预计能够得到补偿,按能够得到补偿的金额确认收入,并按相同的金额结转成本;如果已经发生的成本预计不能全部得到补偿,按能够得到补偿的成本金额确认收入,并按已发生的成本结转成本,确认的收入金额小于已经发生的成本差额,确认为损失;如果已发生的成本全部不能得到补偿,则不确认收入,但将已发生的成本确认为费用。

东方国信依据对方提供的"完工进度"确认收入,这种思路的本质与分阶段确认收入或初验后确认收入有相通之处,不同的是要找对方确认其"完工进度",但这无疑增加了企业对这方面工作的难度,但好在东方国信的客户较为集中,大大减少了其中的工作难度,如果是客户较为分散的企业,采用这种方式则要多思量。

从本质上讲,完工进度法确认收入的症结在于公司是如何确定完工进度的,因为总收入数是定的(合同金额),而确定了完工进度就等于确定了当期的收入金额,因而公司如果确定对某一类业务以完工百分比法确认收入的话,一定要找到让人信服的确定完工进度的方式,这样才更容易顺利过关。

2011 年 5 月 5 日上市的易华录,给我们以有益的启示,根据其首发招股说明书,完工进度确认的具体方式为:

智能交通工程合同收入按完工百分比法确认收入,确认完工进度的方法是已经完成的合同工作量占合同预计总工作量的比例,即工作量法。

公司在签署销售合同或取得中标通知书时开始预计合同总收入,由业务主管部门(各事业部)将销售合同或投标文件所附系统工程清单(含金额)提交财务部门,据此预计合同总收入,待项目发生变更时依据变更后合同金额再行调整预计合同总收入。

项目在实施前,公司根据招投标文件与设计勘察报告,召开项目施工首次会议,在会议上集体审核确定施工计划和预计合同成本。合同预计总成本包括设备采购成本、人工成本、差旅费用、现场费用和零星采购等部分构成,其中设备采购成本预算单由业务主管部门(各事业部)提交,采购部审核、公司主管领导批准后报财务部门;人工成本、实施费用由项目经理提交,业务主管部门(各事业部)审核、批准后报财务部门。

公司依据建造合同准则,按照完工百分比法对智能交通工程确认合同收入和合同成本,确认完工进度的方法是已经完成的合同有效工作量占合同预计有效总工作量的比例。当期确认的合同收入 =(合同总收入 × 完工进度) - 以前会计年度累计已确认的收入;当期确认的合同成本 =(合同预计总成本 × 完工进度) - 以前会计年度累计已确认的成本。当期的项目收入与当期项目成本之差为该项目当期“工程毛利”。

为确保各阶段节点工作量的确认比例能够真实地反映和控制实际项目进度,公司引入基准工作量和有效工作量两个概念:

基准工作量是发行人根据多年行业经验,参照建筑安装分项工程施工工艺规程 DBJ/T01 - 26 - 2003 等文献制定的关于项目勘察、设计、土建、设备采购、硬件安装、硬件调试、软件部署、软件调试、系统测试的标准工作量实施完毕的标准值。例如,1.2m × 1.2m × 1.5m 的立杆基础在符合技术标准的情况下,制作完成的基准工作量为 0.5 天/个;电子警察摄像机补光灯的调试在符合行业标准的情况下,根据车道数的不同,完成的基准工作量为 0.2 ~ 0.5 天/方向。

有效工作量是发行人根据项目实际工作内容与基准工作量进行对比,得出的关于项目勘察、设计、土建、设备采购、硬件安装、硬件调试、软件部署、软件调试、系统测试的分项工作量实施完毕的分项总体数值。例如,项目中共需制作完成 1.2m × 1.2m × 1.5m 的立杆基础 100 个,通过与前述基准工作量对比,有效工作量为 100 个 × 0.5 天/个 = 50 天;项目中共需完成 100 个方向的电子警察摄像机补光灯调试,其中双向 4 车道的 50 个方向,双向 6 车道的 50 个方向,通过与前述基准工作量对比,有效工作量为 50 方向 × 0.2 天/方向 + 50 方向 × 0.5 天/方向 = 35 天。

引入基准工作量和有效工作量后，通过对项目所有分项有效工作量合计，可以计算出项目的总体有效工作量。每个报告期末，发行人依据建造合同准则，按照项目实际完成有效工作量与项目总体有效工作量的对比，确认完工进度，按照完工百分比法对智能交通工程确认合同收入和合同成本。

通过上述方法确认项目完工进度，避免了单纯地从工期上计算项目完成比例的误差，在客观反映项目实际完成工作量的同时更有利于对项目环节进行总体控制。

确定合同完工进度的依据是完成工程项目各个节点的依据文件，本公司工程项目的节点分为勘察、设计、采购、实施和竣工验收等，其中：

1. 勘察阶段：完成此节点的依据文件是项目调研报告；

2. 设计阶段：完成此节点的依据文件是工程实施方案；

3. 采购阶段：主管设备采购的部门按照批准后的《设备采购预算单》进行采购合同谈判、签约、发货等工作，完成此节点的依据文件是设备现场验证单；

4. 实施阶段：项目经理组织现场人员按照工程实施方案进行设备安装、调试、试运行，由主管部门组织对项目实施情况进行内部验收，完成此节点的依据文件是项目内部验收报告；

5. 竣工验收阶段：完成合同规定的工作量，通过由业主组织的验收，完成此节点的依据文件是项目竣工验收报告。

发行人按照 ISO 9000 体系严格执行项目流程，项目各阶段确认依据及确认方的具体情况如表 1－3：

表 1－3

序号	任务名称	完工百分比	确认依据	确认方
一	现场勘察及工程现场准备阶段	10%	《项目首次会议记录》《项目进度计划》《项目费用预算》《项目采购计划》《项目调研记录》	运营管理部
1	用户需求调研和施工条件准备及确认	1% ~3%		
2	内场勘察	3% ~5%		
3	外场勘察	3% ~5%		

续表

序号	任务名称	完工百分比	确认依据	确认方
二	工程设计阶段	20%	《项目调研记录》《项目实施方案》	事业部
1	外场施工图纸设计制作	4% ~6%		
2	中心施工图纸设计制作	4% ~6%		
3	工程实施方案编写	4% ~6%		
4	软件实施方案编写	4% ~6%		
三	设备采购阶段	10%	《设备采购合同询价单》《设备采购合同》《设备到货验收单》	产品及供应链管理中心
1	设备采购合同签订	7% ~9%		
2	设备现场检验	1% ~3%		
四	工程实施阶段	50%	《项目开工报告》《设备安装调试记录》《设备试运行报告》	业主、事业部
1	外场土建	14% ~16%		
2	外场设备安装	14% ~16%		
3	中心内场设备安装	9% ~11%		
4	硬件系统测试	4% ~6%		
5	软件系统调试	4% ~6%		
五	项目内部验收阶段	5%	《项目内验记录》	运营管理部
1	系统整体测试及试运行	0.5% ~1.5%		
2	培训文档准备	0.5% ~1.5%		
3	系统培训	1% ~3%		
4	项目竣工文档准备	0.5% ~1.5%		
六	项目外部验收阶段	5%	《项目验收报告》	业主、运营管理部
1	项目初验	1% ~3%		
2	系统试运行阶段及存在问题修改阶段	1% ~3%		
3	系统验收及移交	0.5% ~1.5%		
合计		100%		

为加深读者对采用完工百分比法确认收入进而对完工进度的关注之深的印象(这一点非常重要),笔者在此处再举一个例子:2011 年 6 月 15 日上市的拓尔思,其首发招股说明书披露“发行人采用完工百分比法确认收入和成本的情况”:

1. 采用完工百分比法确认收入和成本的原则

(1)发行人业务收入类型具体分为软件销售、技术服务和其他收入。软件销售中含二次开发的软件销售部分及技术服务收入按照企业会计准则的相关规定采用完工百分比法确认收入,即资产负债表日确认的某项目当期收入 = 累计完成工时 ÷ 预算总工时 × 合同总额 - 前期已确认收入,资产负债表日确认的某项目当期成本 = 累计完成工时 ÷ 预算总工时 × 预计总成本 - 前期已确认成本,发行人统计工时的基本单位是(人周)。

(2)项目进度的确认标准:对于采用完工百分比核算的业务类型,发行人完工百分比的选取采用已经提供的劳务占应提供劳务总量比例的方法,亦即项目已经完成的工时(发行人 1 工时 =1 人周)占该项目预计总工时的比例确定。公司顾问咨询部根据售前需求沟通或投标要求确定《技术方案》并评估所需总工时,签约后公司客户服务部根据售后需求沟通确定具体《实施方案》,经公司项目管理委员会评审,由客户服务部总监确认项目实施总工时(工作量);根据公司 ISO 9000 质量管理体系,为实现公司的质量目标,公司按照《项目控制程序》《项目策划过程》《项目实施计划控制程序》《项目验收交付程序》等控制项目立项和实施全过程的活动;项目实施过程中依照《项目实施计划控制程序》,按照财务管理和风险控制要求,定期统计已完成工时,统计已完成工时由公司客户服务部项目经理负责统计,公司行政部的商务专员依合同审核并提交财务部确认;项目全部完工后,按公司《项目验收交付程序》完成项目验收工作。

2. 报告期采用完工百分比法确认的收入和成本的情况

表 1 – 4

单位:万元

2010 年 1～9 月	项目个数	合同总金额	累计确认收入	累计确认成本	本期确认收入	本期确认成本	累计确认收入/合同总金额
含二次开发的软件销售	48	3477.56	1977.00	475.83	1048.16	305.49	86%
技术服务	207	4956.31	3933.72	833.24	2954.67	813.91	79%
合计	255	8433.88	6923.10	1309.07	4002.83	1119.40	82%
2009 年	项目个数	合同总金额	累计确认收入	累计确认成本	本期确认收入	本期确认成本	累计确认收入/合同总金额
含二次开发的软件销售	61	4123.22	2868.86	575.09	1496.69	234.30	70%
软件服务	219	4376.90	3707.23	817.60	2942.08	943.78	85%
合计	280	8500.12	6576.09	1392.70	4438.77	1178.08	77%
2008 年	项目个数	合同总金额	累计确认收入	累计确认成本	本期确认收入	本期确认成本	累计确认收入/合同总金额
含二次开发的软件销售	60	3228.40	2273.88	436.87	1585.04	249.05	70%
技术服务	104	1549.42	1372.56	377.95	1015.68	493.45	89%
合计	164	4777.82	3646.44	814.82	2600.72	742.49	76%
2007 年	项目个数	合同总金额	累计确认收入	累计确认成本	本期确认收入	本期确认成本	累计确认收入/合同总金额
含二次开发的软件销售	45	2895.60	2227.50	293.20	1562.65	231.12	77%
技术服务	212	3125.00	2437.50	853.20	1127.74	370.41	78%
合计	257	6020.60	4665.00	1146.40	2690.39	601.52	77%

上述拓尔思案例中，没有列出各项目已收款的情况，但其对项目完工进度的确认（计算）方式披露非常详细，可供借鉴。另外，拓尔思对完工比例对不同阶段是一个区间数（即对不同项目会采取略有不同的确认比例），而卫宁软件则是对完工比例不是一个区间数而是一个固定比例（即不同项目，只要达到了这个阶段就按同一个完工比例确认收入）——请不要误解，此处并无对错之分，只是提醒读者留意比较、思考，对不同的项目、不同的企业做出最适合的选择。

无论如何，按完工百分比法确认收入，虽然完工阶段必然是经客户确认但完工比例毕竟是你公司自己定的，因而常常会导致很多疑问，这样的例子太多了，再如 2011 年 2 月 22 日上市的捷成股份、2011 年 8 月 18 日上市的卫宁软件、2011 年 1 月 25 日上市的万达信息等，这些公司在首发招股说明书中对采用完工百分比法确认收入的项目进行了详尽的披露和说明，此处不再赘述，读者如有兴趣可查阅其首发招股说明书。总之，如果你准备按完工百分比法确认收入，你就要先把这些准备好，看看确认方式谨慎不谨慎、依据充分不充分。

之所以产生不同的理解和确认方式，根源在于定制化软件兼具有“服务”（或“建造合同”）的一些特征，而“服务”则是完全按完工百分比法确认收入的，但毕竟定制化软件产品毕竟与服务有所不同：你提供的定制化“产品”或“服务”最终能不能被认可，是需要验收的，如果不合格，我可以不要，这与标准的“服务”是有所区别的。总之，定制化软件的这些特征造成了收入确认上的复杂和多样，认为定制化软件是“服务”的绝不是一种推测或理论的推演而是已出现在现实的案例中，这种不同的理解也体现在不少案例中。比如 2007 年 8 月 13 日上市的石基信息，其在首发招股说明书中披露：

公司的软件开发与销售、系统集成，技术支持与服务三类业务中，系统集成、技术支持与服务两类业务主要是以“服务”的形式提供：软件开发与销售业务虽然有“软件产品”可供提供，但公司的软件产品并非通用的、标准化的应用软件，所提供的基础软件产品必须通过按需定制、再开发的过程以及严格规范的用户培训方可提供用户使用。一个典型酒店信息管理系统解决方案的简要实施过程可以表示为：

（1）签订合同；（2）设备采购、送货与收货确认；（3）工程实施（硬件配置与网络平台搭建，应用软件系统按需定制，再开发）；（4）工程完工验收；（5）免费维护期过后，签订技术支持与服务合同；（6）提供技术支持与服务。

如果对定制化软件理解得深刻些，就一定会产生这种感觉。再如2012年1月12日通过发审会审核的厦门精图信息技术股份有限公司，其首发招股说明书即直接说明“平台开发业务实质上属于为客户提供劳务，公司按照劳务收入确认原则对该业务收入进行确认”“本公司的数据整合服务业务是根据客户的需求向客户提供数据库产品的数据更新，以及软硬件的日常维护或维修，实质上属于提供劳务，适用于会计准则中提供劳务收入的确认原则”。

（六）按“建造合同”确认收入

还有一类“软件项目”，建造合同的性质非常明显，因而对这类“软件项目”适用于建造合同准则的要求（事实上，所有的定制化软件开发业务都有一定的“建造合同”的性质，但实践中只有对具有“建造合同”特点非常明显的该类业务才按“建造合同”准则处理）。典型的如2007年11月1日上市的延华智能，其首发招股说明书披露收入确认和计量的具体方法：

1. 建造合同收入的核算

（1）公司智能工程业务按建造合同收入方式核算，智能工程项目均为同类业务，不需要进行其他分类核算。

（2）延华智能的智能工程收入确认具体原则。

依据《企业会计准则——建造合同》的规定，延华智能的智能工程收入确认原则为完工百分比法，具体原则为：

①智能工程收入，按下列条件均能满足时按完工百分比法予以确认：

A. 合同总收入能够可靠地计量；

B. 与合同相关的经济利益很可能流入企业；

C. 实际发生的合同成本能够清楚地区分和可靠地计量；

D. 合同完工进度和为完成合同尚需发生的成本能够可靠地确定。

②完工百分比计算办法和智能工程收入确认原则。

完工百分比计算办法：

智能工程的完工百分比 = 智能工程项目实际发生的合同成本/智能工程项目预计的总成本（或工程完工时实际发生的总成本）

智能工程项目实际发生的合同成本包括智能工程施工中实际发生已安装和已使用的材料成本、人工成本、其他直接成本费用等，不包括智能工程施工中未安装和未使用的材料成本。

智能工程项目预计的总成本根据智能工程预算资料合理预计，智能工程预算资料由延华智能工程预算部门按工程合同约定的工程材料和工程量等进行计算、编制。

智能工程收入确认原则：

未完工智能工程的工程收入 = 合同金额 × 完工百分比 - 以前会计年度累计已确认的工程收入

已完工未决算（或未全额结算）智能工程的工程收入 = 合同金额 - 以前会计年度累计已确认的工程收入

已完工已决算（或已全额结算）智能工程的工程收入 = 决算金额（或已全额结算金额）- 以前会计年度累计已确认的工程收入

③如果建造合同的结果不能可靠地估计，且合同成本能够收回的，合同收入根据能够收回的实际合同成本加以确认，合同成本在其发生的当期确认为合同费用；合同成本不能收回的，于发生时立即确认为费用，不确认收入。

④如果合同预计总成本将超过合同预计总收入，超过部分作为预计损失立即计入当期费用。

（3）智能工程期末成本结转金额及占实际发生总成本的比例情况分析。

表 1－5

单位：元

工程名称	成本结转金额					预计总成本（未完工程）	实际发生总成本（已完工程）	成本结转金额占实际发生总成本（或预计总成本）的比例					
	2004年以前	2004年度	2005年度	2006年度	2007年1～6月			2004年以前	2004年	2005年	2006年	2007年1～6月	累计比例
上海汤臣海景	—	6,848,211.85	4,130,276.45	16,392,462.34	—	—	27,370,950.64	—	25%	15%	60%	—	100%
北京怡海花园	—	—	2,169,526.84	9,777,206.86	—	—	11,946,733.70	—	—	18%	82%	—	100%
山东东营智能化工程	—	2,337,910.25	4,253,440.53	2,665,810.50	1,159,905.77	—	10,416,878.68	—	22%	41%	26%	11%	100%
上海世茂滨江花园	—	2,049,885.67	2,759,386.81	4,896,625,57	—	—	9,705,898.05	—	21%	28%	51%	—	100%
国家生物芯片研究中心	4,886,027.75	4,739,716.44	—	—	—	—	9,625,744. 19	51%	49%	—	—	—	100%
上海金鹰大厦	—	574,936.16	8,195,151.10	473,259.35	46,722.04	—	9,290,068.65	—	6%	88%	5%	1%	100%
上海外汇交易中心	—	—	3,262,923.06	5,506,018.25	—	—	8,768,941.31	—	—	37%	63%	—	100%
上海祥和名邸	1,225,046.22	4,586,368.47	—	—	—	—	5,811,414.69	21%	79%		0	—	100%
苏州嘉业阳光城	633,200.17	2,859,740.71	815,380.62	615,474.50	—	—	4,923,796.00	13%	58%	17%	12%	—	100%

续表

工程名称	成本结转金额					预计总成本（未完工程）	实际发生总成本（已完工程）	成本结转金额占实际发生总成本（或预计总成本）的比例					
	2004年以前	2004年度	2005年度	2006年度	2007年1～6月			2004年以前	2004年	2005年	2006年	2007年1～6月	累计比例
城市经典（三期）	—	1,089,758.62	3,179,515.65	88,017.29	—	—	4,357,291.56	—	25%	73%	2%	—	100%
上海绿城一期	87,880.36	2,849,567.61	778,208.69	23,933.37	—	—	3,739,590.03	2%	76%	21%	1%	—	100%
上海东苑古龙城	223,494.53	2,930,466.11	465,767.02	62,225.00	—	—	3,681,952.66	6%	80%	13%	1%	—	100%
上海家园	1,170,026.41	2,359,465.02	—	—	—	—	3,529,491.43	33%	67%	0%	0%	—	100%
北京怡海花园国际学院	—	—	—	—	3,495,290.51	—	3,495,290.51	—	—	—	—	100%	100%
杭州世贸丽晶城	—	149,708.73	820,612.73	2,511,276.91	—	—	3,481,598.37	—	4%	24%	72%	—	100%
上海叶城四街坊（清水颐园）	—	396,143.90	1,934,462.14	1,147,391.34	—	—	3,477,997.38	—	11%	56%	33%	—	100%
南京银河大厦	—	244,459.01	2,007,313.62	1,101,574.54	—	—	3,353,347.17	—	7%	60%	33%	—	100%
上海康城二期	140,840.37	1,142,098.55	1,544,016.38	248,161.96	154,784.28	—	3,229,901.54	4%	35%	48%	8%	5%	100%
苏州天辰花园	—	—	171,079.12	2,199,866.33	669,254.28	—	3,040,199.73	—		6%	72%	22%	100%

续表

工程名称	成本结转金额					预计总成本（未完工程）	实际发生总成本（已完工程）	成本结转金额占实际发生总成本（或预计总成本）的比例					
	2004年以前	2004年度	2005年度	2006年度	2007年1~6月			2004年以前	2004年	2005年	2006年	2007年1~6月	累计比例
上海静安艺阁	—	96,192.16	1,346,103.72	1,490,391.95	—	—	2,932,687.83	—	3%	46%	51%	—	100%
上海松江世纪新城	906,826.09	1,927,005.44	—	—	—	—	2,833,831.53	32%	68%	—	—	—	100%
上海复地艺墅、爱伦坡	714,786.17	695,287.35	347,643.67	807,918.76	—	—	2,565,635.95	28%	27%	14%	31%	—	100%
上海绿城二期	—	240,310.07	1,964,986.03	169,309.37	—	—	2,374,605.47		10%	83%	7%	—	100%
苏州龙庭锦绣花园	340,772.89	1,429,040.04	577,107.81	—	—	—	2,346,920.74	15%	61%	24%	0%	—	100%
无锡华美达大酒店	—	—	—	20,680.45	1,150,926.54	—	1,171,606.99	—	—	—	2%	98%	100%
上海白鹭湖别墅	—	—	—	—	3,033,327.96	21,476,721.77	—	—	—	—	—	14%	14%
东北电网电力调度交易中心智能化系统工程	—	—	—	—	5,336,586.77	20,384,609.28	—	—	—	—	—	26%	26%

续表

工程名称	成本结转金额					预计总成本（未完工程）	实际发生总成本（已完工程）	成本结转金额占实际发生总成本（或预计总成本）的比例					
	2004年以前	2004年度	2005年度	2006年度	2007年1~6月			2004年以前	2004年	2005年	2006年	2007年1~6月	累计比例
江苏海安行政中心	—	—	—	—	2,230,987.26	15,017,258.83	—	—	—	—	—	15%	15%
上海新湖明珠城	235,261.06	1,200,538.14	1,515,565.82	1,673,079.66	3,371,626.73	10,097,040.80	—	2%	12%	15%	17%	33%	79%
上海天山河畔	88,945.66	2,853,611.97	2,453,724.06	1,954,599.24	732,021.60	9,835,815.16	—	1%	29%	25%	20%	7%	82%
江苏盐城机电高等专科学校	—	—	—	2,840,780.06	2,466,305.08	9,250,110.65	—	—	—	—	31%	27%	58%
上海114地块住宅项目	—	261,547.48	654,620.28	6,571,004.68	678,541.46	8,171,691.20	—	—	3%	8%	80%	8%	99%
上海滩花园	—	—	183,365.83	1,886,870.33	815,133.92	7,928,246.66	—	—	—	2%	24%	10%	36%
青岛银都花园	—	—	—	—	4,036,913.20	7,357,932.32	—	—	—	—	—	55%	55%
康桥社区敬老院一期	—	—	—	—	1,930,489.74	6,774,499.61	—	—	—	—	—	28%	28%
上海中星美华村	—	—	69,228.30	2,792,799.86	128,015.31	5,916,948.87	—	—	—	—	—	2%	2%

续表

工程名称	成本结转金额					预计总成本（未完工程）	实际发生总成本（已完工程）	成本结转金额占实际发生总成本（或预计总成本）的比例					
	2004年以前	2004年度	2005年度	2006年度	2007年1~6月			2004年以前	2004年	2005年	2006年	2007年1~6月	累计比例
东北电网电力调度交易中心设备监控系统	—	—	—	—	1,095,000.05	4,673,934.72	—	—	—	—	—	23%	23%
上海静安豪景苑	—	—	335,617.54	2,680,409.07	305,635.64	4,336,131.74	—	—	—	8%	62%	7%	77%
上海自由国际广场	—	—	—	2,070,675.40	1,356,335.90	4,072,124.69	—	—	—	—	51%	33%	84%
上海绿地吉盛伟邦国际家具村	—	—	—	—	1,281,703.12	2,917,200.56	—	—	—	—	—	44%	44%
合计	10,653,107.68	43,861,969.75	45,935,023.82	72,667,822.94	35,475,507.16	138,210,266.86	147,472,374.80	—	—	—	—	—	—

表格说明：

备注1：成本结转金额占实际发生总成本（或预计总成本）的比例，分以下两种情况，已完工工程占比＝本期成本结转金额/实际发生总成本，未完工程占比＝本期成本结转金额/预计总成本；

备注2：本表中的智能工程项目取2004年度、2005年度、2006年度和2007年1~6月合计成本结转金额前40名。

按“建造合同”准则来进行收入确认，常会导致较大金额的存货：

公司存货在 2007 年 6 月末，2006 年年末、2005 年年末、2004 年年末分别为 92,844,322.27 元、84,818,413.64 元、73,951,138.13 元、35,077,724.55 元，主要是工程施工成本。

①存货余额中工程施工成本的主要构成

工程施工成本期末余额为未完工工程项目实际发生的各项成本，公司报告期末存款余额中工程施工成本的主要构成及金额如表 1－6：

表 1－6

单位：万元

类别		2004 年度	2005 年度	2006 年度	2007 年 1～6 月
工程施工	①＝②－③	15,651	29,534	25,763	32,891
其中： 工程施工—合同成本	②	10,667	20,636	18,015	23,845
工程施工—合同毛利	③	4984	8898	7748	9046
工程结算	④	12,534	22,944	18,027	24,139
抵减后工程施工余额（已完工尚未结算款）	⑤＝①－④	3117	6590	7736	8752

A. 2004 年度存货主要工程施工成本工程项目

表 1－7

单位：万元

项目名称	合同金额	完工进度（%）	工程施工—合同成本	工程施工—合同毛利	工程结算	工程施工余额
上海祥和名邸	923	100	581	342	559	364
山东东营智能化工程	1170	25.2	234	61	—	295
苏州嘉业阳光城	549	70.9	349	40	165	224
上海四季晶园	198	100	140	58	—	198
上海绿地二期	780	95.7	381	243	427	197

续表

项目名称	合同金额	完工进度（%）	工程施工—合同成本	工程施工—合同毛利	工程结算	工程施工余额
上海世茂滨江花园	1100	21.1	205	27	96	136
苏州龙庭锦绣花园	412	75.4	177	134	195	116
上海西班牙名苑二期	102	100	91	11	—	102
上海特惠房	244	100	114	130	151	93
上海维诗凯亚一期	203	100	158	45	115	88
合计	5554	—	2430	1091	1708	1813

B. 2005 年度存货主要工程施工成本工程项目

表 1－8

单位:万元

项目名称	合同金额	完工进度（%）	工程施工—合同成本	工程施工—合同毛利	工程结算	工程施工余额
山东东营智能化工程	1170	71.2	659	174	—	833
上海世茂滨江花园	1100	49.6	481	64	172	373
苏州龙庭锦绣花园	412	100	235	177	237	175
上海四季晶园	198	100	140	58	40	158
苏州嘉业阳光城	549	87.5	431	49	327	153
上海叶城四街坊（清永颐园）	464	67	233	78	172	139
杭州世贸丽晶城	464	27.9	97	32	—	129
上海绿城一期	629	99.4	372	253	511	114
南京新城市广场	221	79.5	134	42	65	111
南京索菲特钟山高尔夫酒店	279	90.2	196	56	154	98
合计	5486	—	2978	988	1678	2283

C. 2006 年度存货主要工程施工成本工程项目

表 1－9

单位:万元

项目名称	合同金额	完工进度（%）	工程施工—合同成本	工程施工—合同毛利	工程结算	工程施工余额
山东东营智能化工程	1170	99.9	926	243	614	555
中茵皇冠国际广场	718	100	584	255	389	450
江苏盐城机电高等专科学校	1201	30.7	284	85	100	269
杭州世贸丽晶城	464	100	368	116	230	234
苏州天辰花园	410	85.4	237	113	172	178
上海世茂滨江花园	1100	100	971	129	943	157
南京美之国花园	344	91.2	237	76	195	118
上海馨亭住宅小区	366	72.9	201	85	191	95
上海自由国际广场	590	50.9	207	93	211	89
无锡复地	169	52.8	70	20	15	75
合计	6679	—	4065	1215	3060	2220

D. 2007 年 1 ~6 月存货主要工程施工成本工程项目

表 1－10

单位:万元

项目名称	合同金额	完工进度（%）	工程施工—合同成本	工程施工—合同毛利	工程结算	工程施工余额
中茵皇冠国际广场	927	100	665	262	421	506
上海 114 地块住宅项目	831	99.9	817	13	457	373

续表

项目名称	合同金额	完工进度（%）	工程施工—合同成本	工程施工—合同毛利	工程结算	工程施工余额
江苏盐城机电高等专科学校	1234	57.4	531	177	350	358
东北电网电力调度交易中心智能化系统工程	3036	26.2	534	261	556	239
南京爱涛花园	409	90.1	255	113	186	182
上海自由国际广场	590	84.2	343	154	323	174
上海天山河畔	1328	82.2	808	282	923	167
上海馨亭住宅小区	392	89.9	247	105	211	141
上海新湖明珠城	1456	79.2	800	353	1023	130
上海轨道交通M8控制中心	225	80.2	129	51	70	110
合计	10,428	—	5129	1771	4520	2380

公司存货余额2005年年末比2004年年末增加3887万元,增长比例为110.80%,主要系工程施工增加,具体金额如表1－11:

表1－11

单位:万元

项目	2004年年末	2005年年末	增加额	增长比例(%)
原材料	29	37	8	27.59
库存商品	362	768	406	112.15
工程施工	3117	6590	3473	114.42
其中:合同成本	10,667	20,636	9969	93.46
合同毛利	4984	8898	3914	78.53
工程结算	12,534	22,944	10,410	83.05
合计	3508	7395	3887	110.08

由表1－9可知,存款增加主要系工程施工余额大幅增加,工程施工余额增加主要系以下几方面形成:

A. 业务量增长,工程施工成本投入增加。

2005年年末未完工合同工程项目为180个,2004年年末完工合同工程项目为143个,未完工合同(包括未完工工程合同和已完工未决算工程合同)总额2005年年末较2004年年末增加了12,370万元,增长比例为31.74%

随着公司业务量增长,工程项目成本投入相应增加。2005年年末工程施工—合同成本余额为20,636万元,2004年年末工程施工—合同成本余额10,667万元,增加9969万元,增长比例为93.46%。工程施工—合同成本余额的增加主要系公司加大了2005年度新开工工程项目施工和2004年度存量工程项目的施工投入,其中2005年度新开工工程项目施工成本增加2727万元,增长比例为25.56%;2004年度存量工程项目施工成本增加7242万元,增长比例为67.90%。

B. 业务量增长及完工进度增加,按完工百分比法计算的工程施工—合同毛利金额相应增加。

2005年年末工程施工—合同毛利余额为8898万元,2004年年末工程施工—合同毛利余额为4984万元,增加3914万元,增长比例为78.53%。由于公司工程施工投入加大工程进度相应增长,及未完工合同总额的增加,依据《企业会计准则——建造合同》规定的按完工百分比法计算的工程施工—合同毛利金额相应增加。其中2005年度新开工工程项目合同毛利增加1199万元,增长比例为24.06%;2004年度存量工程项目合同毛利增加2.715万元,增长比例为54.47%。

C. 业务量增加、工程进度增加,工程结算也相应增加,但工程结算增长幅度低于工程施工成本增长幅度。

随着公司业务量的增加及各项工程施工进度的增长,公司按照施工合同约定及时回收工程款项,加大了对未完工合同工程款项结算的力度。截至2005年年末工程结算余额为22,944万元,较2004年年末增加了10,410万元,增长比例为83.05%。其中2005年度新开工工程项目工程结算增加2300万元,增长比例为18.35%;2004年存量工程项目工程结算增加8110万元,增长比例为64.70%。

由于公司智能工程施工工期较长及行业结算特点,建设单位依据工程项目的进度支付工程进度款,在智能工程完工时,建设单位一般按工程预计造价的70%~80%进行结算及支付工程进度款,在智能工程上决算审计后,工程进度款支付至决算造价的95%,剩余5%作为智能工程修金在保修期(竣工验收后1~3年)满后支付。因此,随着公司业务量增加,工程结算增长幅度一般会低于工程施工成本的增长幅度。

综合上述原因,存货余额2005年年末较2004年年末有较大幅度增长。

②报告期内主要工程施工成本构成

A.发行人报告期内的施工劳务与设备的投入情况如下:

2004年、2005年、2006年、2007年1~6月实际发生的工程施工成本为实际发生已安装和已使用的材料设备成本、人工劳务成本、其他直接成本费用等。其中材料设备所占的比例分别为63.82%、68.83%、70.64%、69.97%,人工劳务成本所占比例分别为23.83%、21.63%、20.96%、20.89%,其他直接成本费用所占比例分别为12.35%、9.54%、8.40%、9.14%。

B.公司是从事专业化建筑智能工程总承包技术服务的综合性工程企业之一,根据所处行业性质和《企业会计准则——建造合同》之规定,公司智能工程业务按工程项目明细核算,智能工程项目均为施工安装业务,按完工百分比法确认收入和结转成本。材料设备与人工劳务不需进行分开核算,主要原因如下:

智能化工程是整个建筑工程施工的一个重要部分,工程工期与土建工程的工期基本一致,贯穿整个建筑工程的施工过程。建筑施工采用完工百分比法确认收入和结转成本,项目完工百分比=项目实际发生的总成本/项目预计的总成本,其中项目实际发生的总成本包括项目施工中实际发生已安装和已使用的材料成本、人工成本、其他直接成本费用等,不包括项目施工中未安装和未使用的材料成本，项目的材料设备与人工劳务不分开核算。智能工程采用完工百分比确认法收入和结转成本，智能工程项目的材料设备与人工劳务也不分开核算。

智能化工程所需材料设备品种繁多，规格不一，材料设备系根据智能工程的规划设计及进度情况逐步到达现场，而非是大批量集中到达现场并进行集中安装。

由于材料设备到达施工现场并非施工人员直接实施安装，而需经公司专业的设备技术人员进行技术加工测试并将不同的材料设备进行组装并调试加工后才能进行安装，由此可见购买的材料设备并不是产成品，需经公司专业技术人员加工测试后才能进行安装，最终的材料设备价值含有人工劳务，材料设备的价值与人工劳务的价值是并存的，不可分开核算。

由于很少有企业完全按合同约定的时间准时付款，常会有滞后期，因而如果存货和应收账款金额较大的话，对存货和应收账款的详细解释与核查是必不可少的，否则会导致对你收入确认方式适当性甚至真实性的质疑——如果不能消除这种质疑对企业成功上市将会产生严重的后果。

对此类建造合同类项目，按照建造合同确认收入的典型例子还有 2009 年 10 月 30 日上市的银江股份，其首发招股说明书对软件销售为何采用建造合同准则进行了详细说明：

1. 各项业务收入确认原则

（1）公司业务的主要特点

公司主要业务为城市交通智能化、医疗信息化和建筑智能化工程，工程项目兼具系统集成及建筑工程的特点，项目工期长，合同金额大，部分项目业主会聘请监理机构进行监理。一般以招投标形式进行，合同形式一般为工程合同、政府采购合同和一般采购合同。其中工程合同所涉及项目均系和建筑工程紧密结合或作为建筑工程主体组成部分的项目；政府采购合同主要是与政府部门签订的、以采购设备为主，包括安装、调试以及售后维护服务的采购合同；一般采购合同系和普通业主单位签订的、包括相关设备安装、调试以及售后维护服务内容在内的采购合同。

由于公司部分智能工程项目系与建筑工程紧密结合,或作为建筑工程主体组成部分,实施时间受该建筑工程施工进度的制约,因此实际实施期间与合同约定期限存在一定的差异,主要表现为开工时间滞后或施工期限延长,公司确认该项目收入成本的时间以实际实施发生为准。部分智能工程项目由于验收决算相对较晚,造成收尾工程滞后,使整个工程实施期较长。上述施工期间与合同约定期的不同非公司自身因素造成,因此并不会对公司经营构成影响。

一般系统集成业务的主要特点为:项目通常与建筑工程无关;一般仅要求参与单位有计算机系统集成方面的资质;工期通常较短,一般不跨会计期间;其质量控制通常不聘请监理机构进行。

(2)公司各类业务收入的具体收入确认方法

表 1-12

业务类别	具体内容	收入确认方法
城市交通智能化业务	智能交通工程项目	按《企业会计准则第15号——建造合同》的规定,采用完工百分比法确认
城市交通智能化业务	智能交通设备销售及安装	根据《企业会计准则第14号——收入》的规定,按销售商品的收入相关规定确认
医疗信息化业务	智能医疗设备销售及安装	根据《企业会计准则第14号——收入》的规定,按销售商品的收入相关规定确认
医疗信息化业务	医疗信息化系统集成	根据《企业会计准则第14号——收入》的规定,按销售商品的收入相关规定确认
医疗信息化业务	数字医疗及弱电系统项目	按《企业会计准则第15号——建造合同》的规定,采用完工百分比法确认
建筑智能化业务	建筑智能化系统项目	按《企业会计准则第15号——建造合同》的规定,采用完工百分比法确认
建筑智能化业务	智能建筑设备销售及安装	根据《企业会计准则第14号——收入》的规定,按销售商品的收入相关规定确认

(3)公司有关业务收入采用完工百分比法确认的原因

公司对智能交通工程、医疗信息化工程中的数字医疗及弱电系统项目、智

能建筑工程收入采用完工百分比法确认,其原因如下:

①公司的工程项目具有建造合同准则的特点。根据上述业务的特点,项目签订的合同金额大、生产周期长,存在项目跨一个或多个年度的情况,为在会计期间客观真实的反映企业的经营成果,遵循了《会计企业准则第 15 号——建造合同》的规定,对工程项目按完工进度进行确认收入与成本。

②公司的智能交通工程项目与相关的道路建筑工程紧密联系,所实施部分构成整体建筑主体的一部分。其资质要求除计算机系统集成外,还有建筑资质方面的要求;其合同均按工程合同要求订立;其实施的过程中的进度与建筑工程主体进度基本一致;业主对其在招投标、付款结算、质量控制、竣工验收等方面的管理,都与主体建筑工程同时进行。根据累计实际已发生成本占预计合同总成本确认的完工进度与监理机构确认的完工进度基本一致。

公司的智能建筑业务与相关建筑工程紧密联系,所实施部分构成整体建筑主体的一部分;其资质要求以建筑资质方面的要求为主,部分要求计算机系统集成资质;其合同均按工程合同要求订立;其实施过程中的进度与建筑工程主体进度基本一致;业主对其在招投标、付款结算、质量控制、竣工验收等方面的管理,都与主体建筑工程同时进行。根据累计实际已发生成本占预计合同总成本确认的完工进度与监理机构确认的完工进度基本一致。

公司的数字医疗及弱电系统项目内容系在智能建筑的基础上增加医疗信息化系统,所实施部分也构成整体建筑主体的一部分;其资质要求包括建筑资质和计算机系统集成资质;其合同一般按工程合同要求订立;其实施的过程中的进度与建筑工程主体进度基本一致;业主对其在招投标、付款结算、质量控制、竣工验收等方面的管理,都与主体建筑工程同时进行。根据累计实际已发生成本占预计合同总成本确认的完工进度与监理机构确认的完工进度基本一致。故对于数字医疗及弱电系统采用与智能建筑业务一致的完工百分比法确认收入。

③如对跨期工程项目在完工当期全部一次性确认收入、成本,不符合企业的实际经营成果。如对跨期项目不按完工进度进行确认,在完工时一次确认,

存在的完工当期的会计期间出现重大的收入、成本异常的波动,不符合权责发生制的会计基础。

根据公司实际情况,为了客观地反映企业的收入、成本及经营成果,遵循了《会计企业准则第 15 号——建造合同》的规定,对工程项目按完工进度确认相关收入与成本。

再如 2010 年 1 月 20 日上市的赛为智能,也是按照建造合同确认收入。

提醒注意的是,本质上适用建造合同准则更多的是针对真正的建造工程项目,如盖大楼这类业务,这类业务基本都是有外部监理的,外部监理的确认对确认工程进度必不可少,因而对“软件项目”适用建造合同准则则需要在有外部监理至少要有客户分步验收的条件下适用才会更为合理,但会造成的问题是在未经验收前存货余额会较大——但这种按照完工进度较按照最终验收确认收入存货余额会小得多,而如果在按照完工进度(或者完工百分比)方式下确认收入而存货又较快增长这种有些“反常”的情况下,详细的解释是不可避免的。现实中,发行人在为客户提供服务的过程中,作为乙方找客户或第三方验收总是不容易,这是造成上述“反常”现象的原因——但毕竟你这种收入确认方式下正常来讲不应会有特别大的存货余额(除非业务在某一个期间暴涨且大量实施而确认完工进度的验收资料准备不齐),数据真实性问题就会凸显出来,加之存货又在各个项目现场,中介机构核查/审计较难,这个问题就更为重要。在银江股份案例中,其解释或许可供借鉴:

存货占营业成本的配比分析如表 1 - 13:

表 1 - 13

项目	2009 - 6 - 30	2008 - 12 - 31	2007 - 12 - 31	2006 - 12 - 31
存货(万元)	13,372.29	13,871.99	6342.73	2083.76
营业成本(万元)	14,818.98	26,040.03	13,853.44	8702.26
存货/营业成本	90.24%	53.27%	45.78%	23.95%

从上述存货和营业成本配比数据来看,公司存货余额增长较快,余额较大。报告期内,公司存货结构如表 1 - 14、图 1 - 2:

表 1－14

项目	2009－6－30		2008－12－31		2007－12－31		2006－12－31	
	金额（万元）	比例（%）	金额（万元）	比例（%）	金额（万元）	比例（%）	金额（万元）	比例（%）
工程施工	12,507.55	93.53	12,656.31	91.23	5960.47	93.97	1921.65	92.22
原材料	77.89	0.58	265.87	1.92	219.18	3.46	162.11	7.78
库存商品	786.85	5.89	949.82	6.85	163.07	2.57	0.00	0.00
存货跌价准备	—	—	0.00	—	0.00	—	0.00	—
存货合计	13,372.29	100.00	13,872.00	100.00	6342.72	100.00	2083.76	100.00

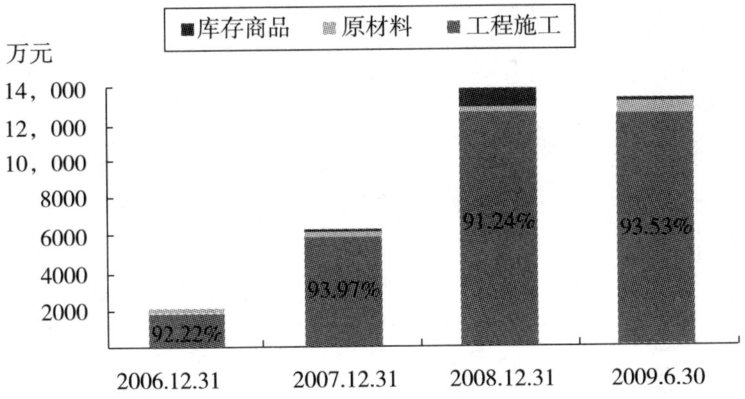

图 1－2

从上述存货结构来看，原材料占比逐步降低；库存商品也逐步上升；增长幅度最大的为工程施工。其增长较快主要是随着公司业务的扩大，未完工智能化工程项目越来越多，未完工智能化工程项目单体合同金额越来越大，同时部分项目合同规定项目在完成隐蔽工程部分后进行一次结算，然后在项目整体完工后进行工程结算。由于隐蔽工程占整体工程比例较小，造成部分项目完工比例高，但结算比例低，致使工程施工期末余额较大，应收账款余额小。

2006 年度工程施工余额 70% 部分明细表如下：

表 1－15

单位：元

项目名称	合同价款	工程成本	工程毛利	工程结算	工程施工余额	当年确认收入	当年确认成本	期末完工进度
一纵三横	26,488,177.20	21,322,801.99	1,935,822.83	18,424,011.20	4,834,613.63	13,480,713.69	12,084,890.85	87.81%
临安电力中心智能化系统集成工程	5,164,355.77	4,079,841.06	1,084,514.71	3,979,418.00	1,184,937.77	4,000,582.00	2,936,767.14	100.00%
绍兴县图书馆弱电智能化工程	1,565,956.00	1,162,044.27	5,841.25	—	1,167,885.52	22,646.38	16,805.13	74.58%
衢州电力局生产调度大楼弱电智能化系统工程	2,692,538.45	2,033,855.03	182,781.88	1,288,000.00	928,636.91	907,563.40	724,781.52	82.33%
余姚市公安局看守所安全防护系统工程	837,500.00	783,114.50	54,385.50	—	837,500.00	837,500.00	783,114.50	100.00%
吴山商城 A、B、C 地块智能化弱电系统工程	3,222,262.71	2,638,787.21	527,757.44	2,473,019.69	693,524.96	137,939.87	112,447.50	98.27%
杭州市公安局交通警察支队交通指挥中心平台改造机房	4,290,000.00	3,436,429.87	219,853.42	3,003,000.00	653,283.30	3,656,283.30	3,453,692.87	85.23%

续表

项目名称	合同价款	工程成本	工程毛利	工程结算	工程施工余额	当年确认收入	当年确认成本	期末完工进度
台州公安局交通警察支队建筑智能化施工项目	3,619,355.36	2,277,391.80	38,612.04	1,750,000.00	566,003.84	1,818,403.84	1,779,791.80	63.99%
上虞市人民医院建筑智能化系统	5,039,331.00	509,667.00	26,126.71	—	535,793.71	535,793.71	509,667.00	10.63%
三门县供电局电力调度大楼弱电工程	5,761,096.00	4,551,265.84	1,209,830.16	5,260,823.41	500,272.59	40,127.21	31,559.20	100.00%
乐清公安局交通指挥系统一期工程	2,360,558.00	2,078,254.43	9645.15	1,652,390.00	435,509.58	115,308.56	115,163.41	88.45%
武汉市中级人民法院弱电系统工程	6,391,596.39	4,841,832.40	1,287,069.37	5,765,041.60	363,860.18	594,629.40	481,707.60	95.89%
绍兴县公安局科技防控三期	1,100,264.00	801,647.79	394.58	440,000.00	362,042.37	6576.40	6481.82	72.90%
杭州市石桥立交智能交通工程	5,562,555.00	273,529.40	26,461.20	—	299,990.60	299,990.60	273,529.40	5.39%
丽水公安局信息指挥大楼智能化工程	4,878,568.00	278,640.21	7234.30	—	285,874.51	50,234.30	48,000.00	5.86%

续表

项目名称	合同价款	工程成本	工程毛利	工程结算	工程施工余额	当年确认收入	当年确认成本	期末完工进度
财通证券经纪有限责任公司四楼简易机房工程	711,000.00	561,690.00	149,310.00	426,600.00	284,400.00	702,222.22	550,000.00	100.00%
浙江水利水电专科学校第二教学楼弱电工程	287,324.43	194,667.00	85,052.00	—	279,719.00	279,719.00	194,667.00	97.35%
中国联通滨江外呼系统机房综合布线	838,882.33	652,455.29	7143.29	380,472.98	279,125.60	32,143.29	31,500.00	78.63%
嘉善县城区五条道路交通安全设施(电子警察)工程	953,326.00	529,129.27	27,947.14	285,997.00	271,079.41	557,076.41	529,129.27	58.44%
温州市黄龙居住区1#地块智能化系统工程	3,487,054.00	232,451.40	30,609.84	—	263,061.24	263,061.24	232,451.40	7.54%
杭州印象西湖岳庙景区监视系统工程	290,700.00	217,021.98	13,852.47	—	230,874.45	230,874.45	217,021.98	79.42%
台州日报社二期综合楼工程(智能化)	815,000.00	594,482.55	38,741.56	448,250.00	184,974.11	143,183.10	134,441.54	77.70%

续表

项目名称	合同价款	工程成本	工程毛利	工程结算	工程施工余额	当年确认收入	当年确认成本	期末完工进度
杭州市赞成林风花园一期智能建设工程	822,382.00	99,300.00	8656.09	—	107,956.09	107,956.09	99,300.00	13.13%
合计	87,179,782.64	54,150,300.30	6,977,642.93	45,577,023.88	15,550,919.35	28,820,528.46	25,346,910.93	

2007 年度工程施工余额 70% 部分明细表如下：

表 1－16

单位:元

项目名称	合同价款	工程成本	工程毛利	工程结算	工程施工余额	当年确认收入	当年确认成本	完工进度
杭州市石桥立交智能交通工程	5,562,555.00	3,615,196.64	1,311,169.84	1,550,009.40	3,376,357.08	4,797,742.35	3,502,291.00	88.56%
文一路(紫荆港—莫干山路)智能交通综合整治工程	14,442,904.00	6,993,736.01	3,774,905.50	7,578,920.99	3,189,720.52	10,768,641.51	6,993,736.01	74.56%
杭州市公安局交通警察支队交通诱导系统三期工程	7,300,000.00	3,945,521.60	2,054,959.17	3,650,000.00	2,350,480.77	6,000,480.77	3,945,521.60	82.20%
杭州市一纵三横工程项目	26,488,177.20	3,901,982.20	267,029.36	1,834,530.40	2,334,481.16	1,360,688.37	1,163,787.49	15.74%

续表

项目名称	合同价款	工程成本	工程毛利	工程结算	工程施工余额	当年确认收入	当年确认成本	完工进度
衢州电力局生产调度大楼弱电智能化系统工程	2,692,538.45	1,810,489.59	470,727.29	—	2,281,216.88	145,767.69	116,410.30	84.72%
杭州市轻纺路（莫干山路—上塘路）智能交通工程	4,240,151.00	1,376,269.05	745,763.16	—	2,122,032.21	2,122,032.21	1,376,269.05	50.05%
滨江区阡陌路、滨兴路延伸段智能交通设施工程	4,100,000.00	1,647,895.00	887,328.08	520,000.00	2,015,223.08	2,535,223.08	1,647,895.00	61.83%
华元梦琴湾弱电智能化工程	3,467,500.00	1,916,551.64	879,176.61	866,875.00	1,928,853.25	2,683,350.87	1,838,375.87	80.63%
杭州市萍水东路智能交通工程	3,516,382.00	974,563.00	524,764.59	—	1,499,327.59	1,499,327.59	974,563.00	42.64%
杭州市公安局交通警察支队交通诱导系统二期工程	7,500,000.00	4,109,059.89	2,579,017.03	5,250,000.00	1,438,076.92	6,688,076.92	4,109,059.89	89.1%
温州市黄龙居住区1#地块智能化系统工程	3,487,054.00	1,379,145.86	207,605.43	—	1,586,751.29	1,386,751.29	1,279,145.86	45.5%
黄岩总商会大厦智能化系统工程	2,912,000.00	920,800.00	125,523.63	—	1,046,323.63	—	—	35.93%

续表

项目名称	合同价款	工程成本	工程毛利	工程结算	工程施工余额	当年确认收入	当年确认成本	完工进度
宁波北仑区动态治安监控工程	4,669,999.00	806,633.20	203,280.22	—	1,009,913.42	1,009,913.42	806,633.20	21.63%
浙江省三门县总商会大厦弱电工程	11,471,389.00	1,195,906.80	263,099.50	450,000.00	1,009,006.30	1,459,006.30	1,195,906.80	12.72%
三门县供电局电力调度大楼弱电系统工程	5,761,096.00	833,606.19	146,952.58	—	980,558.77	593,795.79	452,209.92	17.02%
中信银行宁波分行机房建设工程	1,575,731.00	1,437,769.16	137,961.84	—	1,575,731.00	1,575,731.00	1,437,769.16	100.00%
宁波鄞州农村合作银行远程监控联网工程	2,908,582.00	605,025.00	160,090.14	—	765,115.14	765,115.14	605,025.00	26.31%
嘉善县施家路小学弱电系统工程	1,931,908.68	557,762.30	156,173.44	—	713,935.74	—	—	36.95%
临安电力中心二期智能化系统集成工程	1,579,241.00	549,001.81	141,642.47	—	690,644.28	413,894.81	335,648.86	43.73%
衢州公安局弱电工程	5,990,000.00	550,100.00	136,424.80	—	686,524.80	180,000.00	54,000.00	11.46%
长城大厦智能化系统工程	5,010,513.95	536,780.96	369,949.62	—	906,730.58	672,387.12	536,780.96	18.10%

续表

项目名称	合同价款	工程成本	工程毛利	工程结算	工程施工余额	当年确认收入	当年确认成本	完工进度
浙江金融职业学院弱电系统工程	4,700,600.00	720,746.77	203,524.84	—	924,271.61	924,271.61	720,746.77	19.66%
中国桐乡鞋业皮革城弱电工程	1,958,000.00	684,200.00	150,524.00	236,547.70	598,176.30	820,642.77	684,200.00	42.63%
慈溪市环驰景观花苑智能化系统安装工程	1,200,000.00	201,828.20	381,396.33	—	583,224.53	—	—	48.60%
浙江省监狱管理局沈家村省直专用房弱电项目	3,184,938.00	398,925.83	107,709.97	—	506,635.80	498,256.48	398,925.83	15.91%
瑞安天天家园智能系统工程	1,058,652.00	369,044.19	102,594.28	—	471,638.47	459,634.52	369,044.16	44.55%
多蓝水岸小区弱电工程	12,795,313.00	2,639,802.87	1,013,680.52	559,063.00	3,094,420.39	3,653,483.39	2,639,802.87	28.55%
杭州市劳动和社会保障局信息中心机房建设工程	3,380,000.00	329,913.48	95,674.91	—	425,588.39	14,835.43	10,000.00	12.59%
临安电力中心智能化系统集成工程	4,560,000.00	389,865.45	49,538.00	—	439,403.45	155,726.50	106,188.50	9.64%
嘉兴新湖绿都二期安防系统工程	2,006,005.66	280,946.94	75,293.78	—	356,240.72	66,116.04	27,384.00	17.76%

续表

项目名称	合同价款	工程成本	工程毛利	工程结算	工程施工余额	当年确认收入	当年确认成本	完工进度
丽水云和电力局中心机房建设工程	1,112,008.00	538,333.35	432,814.50	—	971,147.85	971,147.85	538,333.35	87.33%
丽水电视中心建筑智能化系统工程	2,075,488.00	308,199.50	72,353.20	—	380,552.70	380,552.70	308,199.50	18.34%
嘉善县公安局看守所扩建工程安防工程	2,196,661.00	908,971.50	123,760.08	439,000.00	593,731.58	1,032,731.58	908,971.50	47.01%
上虞市人民医院建筑智能化系统	5,039,331.00	437,500.00	127,553.49	—	565,053.49	565,053.49	437,500.00	11.21%
杭州市赞成林风花园一期智能建设工程	822,382.00	658,034.18	82,769.46	145,920.00	594,883.64	740,803.64	658,034.18	90.08%
杭州市之江路、候潮路、二号支路、四号支路工程——交通控制系统工程	1,651,356.50	194,009.20	84,580.67	—	278,589.87	278,589.87	194,009.20	16.87%
泰和花园三期弱电系统工程	900,000.00	395,366.00	169,285.28	—	564,651.28	564,651.28	395,366.00	62.74%

续表

项目名称	合同价款	工程成本	工程毛利	工程结算	工程施工余额	当年确认收入	当年确认成本	完工进度
德胜快速路工程中段交通工程监控工程	12,843,555.00	6,292,905.61	3,398,135.07	9,416,767.00	274,273.68	9,403,237.25	6,106,019.61	75.45%
杭州财校综合楼弱电系统工程	497,700.00	109,731.62	160,090.14	—	269,821.76	—	—	54.21%
浙江省交通厅工程质监定额站检测基地弱电工程	880,000.00	431,196.60	71,367,50	—	502,564.10	502,564.10	431,196.60	57.11%
台州发电厂网络中心信息机房改造工程	541,400.00	189,053.00	47,263.25	—	236,316.25	236,316.25	189,053.00	43,65%
中国濮院国际贸易中心智能化系统	4,180,000.00	670,220.00	279,866.34	250,786.24	699,300.10	950,086.34	670,220.00	22.73%
财通证券经纪有限责任公司四楼简易机房工程	711,000.00	411,000.00	110,970.00	339,900.00	182,070.00	8777.78	3500.00	73.41%
台州日报社二期综合楼工程（智能化）	815,000.00	157,775.64	16,274.51	—	174,050.15	—	—	21.36%

续表

项目名称	合同价款	工程成本	工程毛利	工程结算	工程施工余额	当年确认收入	当年确认成本	完工进度
杭州市滨江区农村多层住宅第十四区块一、二期智能化系统	5,807,469.00	154,298.00	16,997.49	—	171,295.49	—	—	2.95%
嘉善文化艺术中心弱电系统工程	1,975,938.00	569,996.26	191,391.28	469,598.40	291,789.14	528,813.28	397,422.00	38.53%
怡合家园一期智能化系统工程	1,836,452.86	15,251.95	126,066.66	—	141,318.61	15,497.85	14,413.00	7.70%
华夏银行绍兴分行机房建设工程	839,000.00	40,393.40	99,330.65	—	139,724.05	50,582.18	40,393.40	16.65%
武警边防远程视频管理项目	2,068,000.00	1,066,867.20	700,654.17	—	1,767,521.37	1,767,521.37	1,066,867.20	85.47%
苏州三江锦绣江南一期弱电系统	2,118,000.00	105,922.00	27,539.72	—	133,461.72	9740.34	8717.95	6.30%
浙江省国家安全厅智能化系统	230,000.00	101,564.09	28,133.25	—	129,697.34	—	—	56.39%
秦山核电生活区技术防范系统	1,420,000.00	611,521.68	238,050.96	—	849,572.64	849,572.64	611,521.68	59.83%
杭州出口加工区监控系统修复工程	114,693.00	89,276.30	19,940.58	3969.30	105,247.58	1593.10	698.29	95.23%

续表

项目名称	合同价款	工程成本	工程毛利	工程结算	工程施工余额	当年确认收入	当年确认成本	完工进度
三门县行政大楼、审批办证中心等工程	9,483,255.00	74,145.00	19,277.70	—	93,422.70	92,517.89	74,145.00	0.99%
衢州市人民检察院办案和专业技术用房建筑智能化系统工程	2,448,034.00	259,959.40	114,387.34	244,803.40	129,543.34	374,346.74	259,959.40	15.29%
杭州市丁桥大型居住区 R21－07、08 号地块经济适用房项目	2,400,000.00	312,883.96	78,220.99	360,000.00	31,104.95	391,104.95	312,883.96	16.30%
嘉善四洲中学弱电系统工程	2,696,941.79	1,658,000.00	22,527.46	—	1,680,527.46	1,880,527.46	1,658,000.00	62.31%
杭州市公证处弱电系统	735,129.00	612,002.00	123,127.00	—	735,129.00	735,129.00	612,002.00	100.00%
桐庐县供电局调度所机房装修工程	3,323,359.00	9978.21	2594.33	—	12,572.54	—	—	0.38%
武义县国家税务局办公楼弱电工程	378,311.00	3806.00	1141.80	—	4947.80	—	—	1.31%
合计	233,591,695.09	63,067,231.28	24,709,945.82	34,166,690.83	53,610,486.27	75,582,351.90	53,224,747.92	—

2008年度工程施工余额70%部分明细表如下：

表1－17

单位：元

项目名称	合同价款	工程成本	工程毛利	工程结算	工程施工余额	当年确认收入	当年确认成本	期末完工进度
杭州五纵六路项目	22,106,545.00	16,531,576.26	5,574,968.74	5,943,549.74	16,162,995.26	2,854,282.52	2,647,489.69	100.00%
多蓝水岸小区弱电工程	12,795,315.00	10,492,158.30	2,303,156.70	7,758,689.00	5,036,626.00	7,258,006.92	6,301,403.63	100.00%
杭州图书馆新馆弱电工程	33,506,120.00	21,605,000.00	5,195,000.00	22,091,578.60	4,708,421.40	25,506,120.00	20,800,000.00	79.99%
嘉善公安局城乡社会治安电力监控投保金	5,209,401.71	3,582,930.73	1,013,235.49	—	4,596,166.22	4,209,401. 71	3,496,166.22	88.23%
杭州市钱江新城核心区块交通安全设施第二标	4,298,929.00	2,529,749.06	1,287,562.42	520,371.72	3,296,939.76	3,034,850.68	2,413,756.79	88.80%
淳安县劳动和社会保障信息一体化硬件设备及安装	3,473,116.65	2,570,106.32	903,010.33	373,116.65	3,100,000.00	2,973,116.65	2,400,000.00	100.00%
广西农村党干部远程教育基础、设施建设	3,180,029.06	2,225,518.04	718,497.34	—	2,944,015.38	2,680,029.06	2,044,015.38	92.58%

续表

项目名称	合同价款	工程成本	工程毛利	工程结算	工程施工余额	当年确认收入	当年确认成本	期末完工进度
杭州市司法局直属西郊监狱和第一劳教所视频监控工程	3,908,795.00	3,104,966.63	803,828.37	1,005,172.48	2,903,622.52	121,446.93	101,284.16	100.00%
随州职业技术学院计算机机房工程	2,784,615.42	2,162,737.14	610,917.57	—	2,773,654.71	2,584,615.42	2,073,654. 71	99.61%
三门行政中心弱电系统工程	9,483,255.00	2,131,757.50	528,242.50	534,000.00	2,126,000.00	2,526,621.36	2,060,000.00	28.05%
中国濮院国际贸易中心智能化系统	4,180,000.00	2,487,383.00	1,038,666.09	1,090,786.24	2,435,262.85	2,575,962.75	1,817,163.00	84.36%
丽水电视中心建筑智能化系统工程	2,075,488.00	1,393,839.00	348,869.50	—	1,742,708.50	1,357, 368.53	1,085,639.50	83.97%
绍兴县中国轻纺城市场改造升级三期工程智能化系统	1,845,096.00	1,322,274.00	330,654.50	—	1,652,928.50	1,652,178.46	1,321,674.00	89.58%
呼和浩特大召旅游商贸居住区B1、B2组团智能化弱电系统工程	7,545,000.00	1,320,375.00	330,093.75	—	1,650,468.75	1,650,468.75	1,320,375.00	21.88%

续表

项目名称	合同价款	工程成本	工程毛利	工程结算	工程施工余额	当年确认收入	当年确认成本	期末完工进度
杭州市钱江新城两冀城市阳台工程——交通控制系统工程	1,792,956.00	1,731,464.64	47,485.26	475,901.52	1,303,048.38	—	—	99.22%
方正证券长沙中心机房建设工程机房区	3,152,200.00	2,240,870.40	583,701.92	1,000,000.00	1,824,572.32	2,824,572.32	2,240,870.40	89.63%
杭州快速公交二号线交通信号优先系统工程	3,471,299.00	1,913,873.43	1,038,849.65	694,260.00	2,258,463.08	2,952,723.08	1,913,873.43	85.06%
银湖翡翠小区一期智能化系统工程	2,548,000.00	1,206,371.90	301,592.97	—	1,507,964.87	1,507,964.86	1,206,371.90	59.18%
余杭区良渚中学弱电项目	2,304,100.00	1,145,891.35	286,472.84	—	1,432,364.19	1,432,364.19	1,145,891.35	62.17%
浙江省监狱管理局沈家村省直专用房弱电项目	3,184,938.00	1,476,441.44	370,822.60	470,377.00	1,376,887.04	1,349,007.56	1,007,515.61	58.00%
长城大厦智能弱化电工程	4,890,513.95	2,578,157.52	573,971.31	1,584,882.00	1,567,246.83	2,479,598.86	2,041,262.52	64.45%
浙江省三门县总商会大厦弱电工程	11,471,389.00	2,568,265.85	644,556.03	1,592,482.00	1,620,339.88	1,716,779.12	1,372,359.05	28.01%

续表

项目名称	合同价款	工程成本	工程毛利	工程结算	工程施工余额	当年确认收入	当年确认成本	期末完工进度
滨江区农村多层住宅第十一区块三、四、五期智能化系统工程	4,491,281.00	975,694.25	244,951.17	—	1,220,645.42	1,220,645.42	975,694.25	27.18%
杭州市轻纺路(莫干山路—上塘路)智能交通工程	4,240,151.00	2,060,731.25	1,116,654.81	1,151,259.2	2,026,126.86	1,055,353.85	684,462.20	74.94%
宁波市公安局北仑分局治安动态监控系统二期工程	4,670,000.00	867,284.00	218,564.87	—	1,085,848.87	64,949.05	51,875.80	23.25%
江阴市城市客厅——景观轴线配套智能化工程	13,516,800.00	800,000.00	281,344.00	—	1,081,344.00	1,081,344.00	800,000.00	8.00%
丽水公安局信息指挥大楼智能化工程	4,878,568.00	3,361,871.21	565,599.41	2,600,906.47	1,326,564.15	3,027,962.20	2,591,902.00	80.50%
温州岛中岛渡假村二期工程	2,900,000.00	709,994.20	177,498.55	—	887,492.75	887,492.75	709,994.20	30.60%
杭州市永久盛路、胜稼路智能交通工程	2,146,426.00	660,790.00	359,596.21	—	1,020,386.21	1,020,386.21	660,790.00	47.54%
浦江行政便民服务中心弱电工程	2,697,412.00	439,719.59	150,199.41	—	589,919.00	565,118.40	419,919.00	27.44%
合计	188,746,739.79	98,197,792.01	27,948,564.31	48,887,332.62	77,259,023.70	84,170,731.62	67,775,403.79	

2009 年度工程施工余额 70% 部分明细表如下：

表 1－18

单位：元

项目名称	合同价款	工程成本	工程毛利	工程结算	工程施工余额	当年确认收入	当年确认成本	期末完工进度
留石二期智能交通工程	8,907,585.00	3,208,877.90	1,736,338.82	—	4,945,216.72	4,945,216.72	3,203,877.90	55.52%
杭州市富春路、城星路、解放东路、清江路智能交通系统工程	8,146,823.00	5,397,136.40	2,749,686.60	4,606,649.00	3,540,174.00	726,302.49	569,640.00	100.00%
杭州市轻纺路（莫干路—上塘路）智能交通工程	4,517,501.00	2,778,966.25	1,738,534.75	1,151,259.20	3,366,241.80	1,062,764.94	680,885.00	100.00%
杭州职业技术学院实训基地建筑智能化工程	11,488,020.00	4,414,405.05	1,482,429.08	2,872,005.00	3,024,829.13	5,896,834.13	4,414,405.05	40.82%
杭州市钱江新城核心区块交通安全设施第二标段	3,521,086.03	3,109,286.39	411,799.64	520.371.72	3,000,714,31	—	—	100.00%
机场路（良山西路—笕桥机场）智能交通	7,899,549.00	5,547,018.00	2,352,531.00	5,054,704.00	2,844,845.00	—	61,580.27	100.00%

续表

项目名称	合同价款	工程成本	工程毛利	工程结算	工程施工余额	当年确认收入	当年确认成本	期末完工进度
中山路整治交通安全设施智能交通工程	4,740,651.00	3,094,903.80	1,668,686.71	2,022,366.00	2,741,224.51	2,054,895.20	1,335,065.00	100.00%
杭州快速公交二号线交通信号优先系统工程	3,471,299.00	2,109,328.43	1,144,932.52	694,260.00	2,560,000.95	301,537.87	195,455.00	93.75%
滨江区阡陌路、滨兴路延伸智能交通设施工程	4,100,000.00	2,697,523.20	1,402,476.80	1,570,000.00	2,530,000.00	—	—	100.00%
浙江省监狱管理局沈家村省直专用房弱电项目	3,184,938.00	2,603,707.02	581,230.98	770,377.00	2,414,561.00	1,337,673.96	1,127,265.58	100.00%
晋江市公安局管理高清晰卡口与电子警察系统设备以及安装	10,751,780.00	1,476,940.77	770,637.46	—	2,247,578.23	2,049,073.31	1,334,059.40	21.10%
德清行政中心智能弱电系统	13,478,576.00	3,578,009.83	793,443.66	2,197,857.60	2,173,595.89	2,130,803.09	1,807,351.98	33.17%
长城大厦智能化弱电工程	4,590,513.95	3,583,465.77	1,007,048.18	2,601,573.00	1,988,940.95	1,738,385.12	1,276,503.25	100.00%

……

由于发行人部分智能工程项目系与建筑工程紧密结合,或作为建筑工程主体组成部分,实施时间受该建筑工程施工进度的制约,因此实际实施期间与合同约定期限存在一定的差异,主要表现为开工时间滞后或施工期限延长,本公司确认该项目收入成本的时间以实际实施发生为准。部分智能工程项目由于验收决算相对较晚,造成收尾工程滞后,使整个工程实施期较长。上述施工期间与合同约定期的不同非本公司自身因素造成,因此并不会对本公司经营构成影响。2008 年度前十名施工期限滞后于合同规定期限的工程项目明细如表 1 – 19:

表 1 – 19

合同名称	金额(元)	合同日期	计划完工时间	2008 年年底完工进度	原因
泉州晋江市交警大队基于 GIS 的交通管理集成软件平台项目	10,751,780.00	2008 年 9 月 4 日	150 天	2.04%	业主原因推迟
桐乡市第一人民医院拆建工程建筑智能化系统	8,486,936.00	2008 年 9 月 20 日	270 天	4.26%	建筑主体工期限延长
呼和浩特大召旅游商贸居住区 B1、B2 组团智能化弱电系统工程	7,545,000.00	2008 年 4 月 28 日	与土建同步	21.88%	建筑主体工期限延长
三门县交通局新建办公大楼建筑智能化系统设备采购及安装工程	4,858,468.00	2008 年 6 月 23 日	与土建同步	1.48%	建筑主体工期限延长
杭州市桐庐县城区交通标志及过境诱导标志改善工程	3,970,050.00	2008 年 7 月 24 日	70 天	52.31%	建筑主体工期限延长
杭州公交二号线(BRT – 2)交通信号优先系统	3,471,299.00	2008 年 1 月 8 日	2008 年 9 月 30 日前	85.06%	建筑主体工期延长
宁波万达广场二区(酒店、酒店式商务楼)智能化	3,380,188.00	2008 年 5 月 6 日	2009 年 6 月 30 日前	2.96%	业主未按时开工

续表

合同名称	金额(元)	合同日期	计划完工时间	2008 年年底完工进度	原因
长兴县城市水面道路等三条道路智能交通工程	3,172,449.00	2008 年 10 月 27 日	2008 年 10 月 28 日至 2008 年 12 月 26 日	41.63%	业主未按时开工
学院路(余杭塘路—天目山路)智能化交通工程	2,903,504.00	2008 年 4 月 28 日	开工令后 28 天	70.31%	建筑主体工期限延长
苏州三江尊园工程智能化弱电系统工程	2,850,000.00	2008 年 1 月 8 日	390 天	24.66%	建筑主体工期限延长

虽然公司存货余额增长较快,期末余额较大,但经分类对比期末存货账面成本与其可变现净值,不存在需要计提存货减值准备的情形。

海通证券核查后认为:发行人存货余额增加,与公司业务特点与实际情况相吻合,且未发现存在需要计提存货减值准备的情形。

申报会计师经过实质性核查后认为:发行人期末存货余额主要系工程施工余额,期末存货余额越来越大,与公司业务特点与实际情况相吻合。虽然公司存货余额增长较快,期末余额较大,但未发现需要计提存货减值准备的情形。

如此详尽的披露,无疑是应审核人员的反馈问询所要求。

总之,对定制软件开发的收入确认方式是最值得深入研究、慎重决定的,在最终确定哪种方式之前,一定先找些大额的合同看看依所初步确定的收入确认方式下,完工进度、收款进度与收入确认的匹配程度、预收账款明细及结转情况(一定要核查其预收账款转收入项目的实际进度情况),如果收款进度与收入确认的匹配程度相差过大则此种收入确认方式就说明不一定适合企业自身的经营实际,反之如匹配性较好则表明该种方式适合企业,相应的资产负债表、利润表和现金流量表的各指标也会较为匹配;另外一点是,慎用完工百分比法,进度是可以找客户确认的但完工比例是不可能由客户确认的,并且现实中有几个客户是完全按合同约定的进度付款的?使用完工百分比法就决定了会导致应收账款大、经营性现金流量净额与净利润匹配性差的问题。比如可以这样先来测算和检验(表 1 - 20 具有一定的通用性):

报告期内，公司确认营业收入的合同总金额500万元以上的工程情况，包括合同签订时间、工程名称、合同总金额、工程完工进度、工程款项的结算情况等。

（1）2009年1～6月

表1－20

序号	工程名称	合同签订日期	合同总金额	预计结算款	2009年6月末完工进度	2009年6月末累计结算金额	2009年1～6月确认收入	2009年6月末累计收款
1	华为南方工厂弱电分包工程[1]	2008.1	4749.38	4749.38	95%	4511.92	1592.41	3478.00
2	深圳前海湾保税港区封关监控项目[2]	2009.4	4546.20	4546.20	90%	3191.58	3191.58	2041.00
3	上海虹桥机场行李处理控制系统	2008.11	2780.00	2376.07	40%	950.43	475.21	556.00
4	广州汽配全球采购港智能化工程	2008.8	1800.00	1800.00	85%	1530.00	990.00	1067.72
5	华南国际皮革皮具原辅料物流区二期智能化工程	2008.6	1780.00	1780.00	50%	890.00	356.00	738.92
6	北京中海大厦智能化项目	2008.4	1639.88	1639.88	80%	1311.90	491.96	958.19
7	深圳高新区软件大厦弱电工程	2009.2	1600.75	1600.75	30%	480.22	480.22	352.15
8	深圳石厦村智能化系统安装工程	2008.1	1105.16	1105.16	100%	1105.16	165.77	1100.00
9	深圳下梅林环境综合整治电子监控系统工程	2009.6	1053.41	1053.41	60%	632.05	632.05	230.00

续表

序号	工程名称	合同签订日期	合同总金额	预计结算款	2009年6月末完工进度	2009年6月末累计结算金额	2009年1~6月确认收入	2009年6月末累计收款
10	佛山市顺德喜来登海景酒店智能化及群控节能服务工程	2008.10	951.50	951.50	80%	761.20	380.60	657.60
11	深圳益田假日广场智能化项目商业办公部分[3]	2007.2	939.75	939.75	100%	939.75	134.52	849.97
12	成都恒大城温江项目首期智能化工程	2008.2	913.82	913.82	20%	182.76	91.38	33.46
13	深圳南山区社会治安监控项目	2006.12	908.69	908.69	100%	908.69	90.87	873.55
14	广州华标涛景湾三期(品峰)智能化系统安装工程	2008.7	888.00	888.00	50%	444.00	177.60	132.80
15	深圳红树西岸智能化系统工程	2005.2	800.00	800.00	100%	800.00	80.00	693.32
16	深圳时代财富大厦智能化系统	2007.3	777.00	777.00	100%	777.00	70.00	746.90
17	深圳海岸城广场弱电系统项目[4]	2007.1	750.90	750.90	100%	750.90	30.71	713.40
18	成都恒大绿洲龙泉智能化项目	2008.2	712.04	712.04	20%	142.41	71.20	79.09

续表

序号	工程名称	合同签订日期	合同总金额	预计结算款	2009 年 6 月末完工进度	2009 年 6 月末累计结算金额	2009 年 1～6 月确认收入	2009 年 6 月末累计收款
19	广州九龙湖社区 A 区智能化工程	2009.1	624.13	624.13	15%	93.62	93.62	15.44
20	深圳新怡景商业中心城智能化工程[5]	2006.4	615.91	615.91	100.00%	615.91	-4.90	615.91
21	广州地铁黄沙站商住发展项目弱电系统	2007.10	599.59	599.59	90%	539.63	179.88	467.02
22	深圳机场 1 号楼改扩建工程项目	2003.5	594.64	594.64	100%	594.64	57.74	594.64
23	安徽淮北金陵大酒店智能化系统工程	2007.4	555.86	555.86	90%	500.27	27.79	414.00
24	东莞旗峰山会舍弱电系统智能化工程[6]	2006.9	511.00	511.00	100%	511.00	61.00	450.00
25	深圳长虹科技发展大厦智能化工程	2008.9	508.00	508.00	40%	203.20	203.20	39.04
合计			32,705.61	32,301.68		23,368.24	10,121.22	17,898.12

注：

1. 华为南方工厂弱电分包工程原合同金额为 3649.38 万元，后合同金额净增加 1100 万元，合同金额变更为 4749.38 万元。
2. 深圳前海湾保税港区封关监控项目原合同金额为 3546.20 万元，后合同金额净增加 1000 万元，合同金额变更为 4546.20 万元。
3. 深圳益田假日广场智能化项目商业办公部分原合同金额为 648.20 万元，后合同金额净增加 291.55 万元，合同金额变更为 939.75 万元。
4. 深圳海岸城广场弱电系统项目原合同金额为 508.80 万元，后合同金额净增加 242.10 万元，合同金额变更为 750.90 万元。
5. 深圳新怡景商业中心城智能化工程原合同金额为 600 万元，后合同金额净增加 15.91 万元，合同金额变更为 615.91 万元。
6. 东莞旗峰山会舍弱电系统智能化工程原合同金额为 500 万元，后合同金额净增加 11 万元，合同金额变更为 511 万元。

（2）2008 年度

表 1－21

序号	工程名称	合同签订日期	合同总金额	预计结算款	2008 年年末完工进度	2008 年年末累计结算金额	2008 年度确认收入	2008 年年末累计收款
1	深圳市轨道交通二期三号线工程自动化集成系统	2008.5	8504.69	8504.69	30%	2551.41	2551.41	1802.90
2	深圳大铲湾码头港区闭路监控/一卡通及会议系统	2007.8	4473.20	4473.20	90%	4025.88	635.00	4006.16
3	深圳福田区社会治安电子防控管理平台安装工程	2007.3	3781.29	3781.29	90%	3403.16	1890.64	3013.70
4	华为南方工厂弱电分包工程	2008.1	3649.38	3649.38	80%	2919.51	2919.51	2540.10
5	上海虹桥机场行李处理控制系统	2008.11	2780.00	2376.07	20%	475.21	475.21	556.00
6	深圳宝安区电子防控工程——A 包新安街道工程[1]	2006.11	2182.49	2182.49	100%	2182.49	273.24	2076.42
7	华为数据中心数据机房弱电分包工程	2002.4	1994.53	1994.53	100%	1994.53	－20.69	1994.53
8	广州汽配全球采购港智能化工程	2008.8	1800.00	1800.00	30%	540.00	540.00	82.72
9	华南国际皮革皮具原辅料物流区二期智能化工程	2008.6	1780.00	1780.00	30%	534.00	534.00	14.81

续表

序号	工程名称	合同签订日期	合同总金额	预计结算款	2008年年末完工进度	2008年年末累计结算金额	2008年度确认收入	2008年年末累计收款
10	北京中海大厦智能化项目	2008.4	1639.88	1639.88	50%	819.94	819.94	389.95
11	深圳福田区社会治安电子防控工程前端设备安装工程	2007.3	1469.87	1469.87	90%	1322.89	485.06	1176.40

……

(5)报告期内合同总金额500万元以上的主要工程项目合同金额、收入确认情况及收款情况分析

表1-22

序号	项目名称	合同金额	增量*	合同总金额	已完工项目决算或全额结算金额	累计完工进度	收入确认金额					累计收款金额				
							2006年度以前	2006年度	2007年度	2008年度	2009年1~6月	2006年以前	2006年年末	2007年年末	2008年年末	2009年1~6月
1	深圳市轨道交通二期三号线工程自动化集成系统	8504.69	—	8504.69	—	30%	—	—	—	2551.41	—	—	—	—	1802.90	1802.90
2	深圳大铲湾码头港区闭路监控/一卡通及会议系统	4780.63	-307.43	4473.20	—	90%	—	—	3390.88	635.00	—	—	—	2614.76	4006.16	4006.16

续表

序号	项目名称	合同金额	增量*	合同总金额	已完工项目决算或全额结算金额	累计完工进度	收入确认金额					累计收款金额				
							2006年以前	2006年度	2007年度	2008年度	2009年1~6月	2006年以前	2006年年末	2007年年末	2008年年末	2009年1~6月
3	深圳福田区社会治安电子防控管理平台安装工程	3781.29	—	3781.29	—	90%	—	—	1512.52	1890.64	—	—	—	1249.80	3013.70	3246.30
4	华为南方工厂弱电分包工程	3649.38	1100.00	4749.38	—	95%	—	—	—	2919.51	1592.41	—	—	—	2540.10	3478.00
5	深圳前海湾保税港区封关监控项目	3546.20	1000.00	4546.20	—	90%	—	—	—	—	3191.58	—	—	—	—	2041.00
6	上海虹桥机场行李处理控制系统	2780.00	—	2780.00	—	40%	—	—	—	475.21	475.21	—	—	—	556.00	556.00
7	深圳宝安区电子防控工程——A包新安街道工程	2121.39	61.10	2182.49	2182.49	100%	—	1272.83	636.42	273.24	—	—	636.42	1591.04	2076.42	2076.42
8	华为数据中心数据机房弱电分包工程	1966.04	28.49	1994.53	1994.53	100%	2015.22	—	—	-20.69	—	1745.27	1994.10	1994.10	1994.53	1994.53

续表

序号	项目名称	合同金额	增量*	合同总金额	已完工项目决算或全额结算金额	累计完工进度	收入确认金额					累计收款金额				
							2006年以前	2006年度	2007年度	2008年度	2009年1~6月	2006年以前	2006年年末	2007年年末	2008年年末	2009年1~6月
9	广州汽配全球采购港智能化工程	1800.00	—	1800.00	—	85%	—	—	—	540.00	990.00	—	—	—	82.72	1067.72
10	华南国际皮革皮具原辅料物流区二期智能化工程	1780.00	—	1780.00	—	50%	—	—	—	534.00	356.00	—	—	—	14.81	738.92
11	北京中海大厦智能化项目	1639.88	—	1639.88	—	80%	—	—	—	819.94	491.96	—	—	—	389.95	958.19
12	深圳高新区软件大厦弱电工程	1600.75	—	1600.75	—	30%	—	—	—	—	480.22	—	—	—	—	352.15
13	华为中试弱电分包项目	1599.59	269.22	1828.81	1828.81	100%	2084.84	—	-256.04	—	—	1598.07	1598.07	1789.78	1789.78	1789.78
14	深圳福田区社会治安电子防控工程前端设备安装工程	1469.87	—	1469.87	—	90%	—	—	837.83	485.06	—	—	—	547.40	1176.40	1176.40

续表

序号	项目名称	合同金额	增量*	合同总金额	已完工项目决算或全额结算金额	累计完工进度	收入确认金额					累计收款金额				
							2006年以前	2006年度	2007年度	2008年度	2009年1~6月	2006年以前	2006年年末	2007年年末	2008年年末	2009年1~6月
15	珠海海洋温泉渡假村一期楼宇自控系统	1250.00	61.75	1311.75	—	90%	1125.00	55.59	—	—	—	977.26	1021.35	1021.35	1020.62	1020.62
16	深圳石厦村智能化系统安装工程	1105.16	—	1105.16	1105.16	100%	—	—	—	939.39	165.77	—	—	—	980.00	1100.00
17	华为数据中心二楼机房续建工程	1100.34	—	1100.34	—	92%	1011.66	—	—	—	—	1011.52	1038.17	1038.17	1038.17	1038.17

……

序号	项目名称	合同金额	增量*	合同总金额	已完工项目决算或全额结算金额	累计完工进度	收入确认金额					累计收款金额				
							2006年以前	2006年度	2007年度	2008年度	2009年1~6月	2006年以前	2006年年末	2007年年末	2008年年末	2009年1~6月
54	深圳南玻ITO镀膜线自动控制系统	519.20	—	519.20	443.76	100%	—	—	133.13	310.63	—	—	—	103.84	311.52	493.24
55	深圳海岸城广场弱电系统项目	508.80	242.10	750.90	750.90	100%	—	—	563.23	156.95	30.71	—	—	492.83	574.35	713.40

续表

序号	项目名称	合同金额	增量*	合同总金额	已完工项目决算或全额结算金额	累计完工进度	收入确认金额					累计收款金额				
							2006年以前	2006年度	2007年度	2008年度	2009年1~6月	2006年以前	2006年年末	2007年年末	2008年年末	2009年1~6月
56	深圳长虹科技发展大厦智能化工程	508.00	—	508.00	—	40%	—	—	—	—	203.20	—	—	—	—	39.04
57	东莞旗峰山会舍弱电系统工程	500.00	11.00	511.00	511.00	100%	—	115.00	285.00	50.00	61.00	—	100.00	350.00	425.00	450.00
58	深圳机场1号楼改扩建工程项目	427.30	167.33	594.63	594.63	100%	536.89	—	—	—	57.74	534.57	534.57	534.57	564.31	594.64
59	安徽淮北金陵大酒店智能化系统工程	414.07	141.79	555.86	—	90%	—	—	222.34	250.14	27.79	—	—	124.00	374.00	414.00
合计		74,135.70	4418.32	78,554.02	22,407.12		13,023.62	5674.40	13,298.82	17,408.15	10,121.22	6620.79	14,564.99	27,884.26	44,124.11	52,544.21

* 增量包括两部分的内容:(1)根据项目增补合同情况相对应增加或减少的金额;(2)根据实际完工决算情况增加和减少的金额。

另外,需要提前检测的还有一个重要内容:按照财务确认收入的具体分类,将报告期内各种类型的收入、成本、毛利率分别列示,从这个角度也要对财务情况进行判断;如果有可能,尽力将收入再按照消费群体(或客户类别)进行另一种分类,列示各类收入、成本和毛利率。这样从不同角度、维度(至少有上面两种维度)对收入、成本和毛利率进行复核,如果有问题是基本藏不住的。在证监会审核过程中,即使你没有按财务确认收入的方式分细,反馈意见也会要求你将各种具体类型的收入、成本和毛利率分别列示并分析的,所以你不能等着将来再复核,而是尽量要在审计报告定稿前必须将这个工作做了,才能确认收入确认方式的政策和具体执行是不是有问题,以免将来发现解决不过去了而对项目产生不良影响;同时,也为将来尽快回复反馈问题和推进项目进度打下了良好的基础。

在解释说明企业的收入确认政策时,不妨举一个典型的例子(当然,更多时候是应反馈的要求而补充,但在首次申报时这样做只会有更好效果而不会起到反作用)。通过一个典型的例子,能够使审核人员和投资者更为直观、清晰地看到具体的处理方式,如 2012 年 4 月 24 日公告招股说明书(申报稿)的北京东方道迩信息技术股份有限公司,其对收入确认的具体方法披露如下:

一般情况下,先由客户向本公司销售部门提出相关需求,销售部门再根据客户所需的地理信息数据产品及应用服务或者数据处理加工外包服务的具体要求,与客户协商确定该项目合同或订单。生产/服务部门按要求完成后,通过客户登录本公司内部网络的专用客户端下载、本公司提交刻录光盘以及本公司专员上门完成平台安装、软件调试、数据传输、人员培训一系列流程等多种方式,为客户提交其所需的相关数据及应用服务。客户验收合格后,通过完工确认单或电子邮件方式予以确认,本公司根据客户确认单据或电子邮件以及双方的销售合同确认销售收入。

对于工作量较大的合同,本公司一般采用阶段完工、阶段提交的方式。对于跨期项目,按照年末客户实际签收确认的工作量(一般为面积)及合同约定的单价确认收入,并计入当期损益。

本公司的营业成本主要包括数据获取成本、软件成本、外委成本、技术开发成本。各项成本均按照各项目的实际发生金额归集。对于跨期项目，待客户签收确认后将该阶段实际发生的成本全部结转计入当期营业成本。期末未获客户签收的，在在产品项目核算。

例如，2009 年，本公司与土勘院签署了《2009 年度统一时点底图生产遥感数据采购》和《RapidEye 卫星数据采购》两份合同，按要求共向土勘院提供我国 797 万平方公里 RapidEye 卫星数据产品。从 2009 年 11 月开始，本公司按区域分批向土勘院提供完工数据产品。截至 2009 年年末，本公司分 12 批共向土勘院提供了累计 518.05 万平方公里数据产品，并获取对方签署的完工确认单。本公司按照合同约定的单价 9 元/平方公里，在 2009 年对上述完工数据产品确认营业收入 4662.45 万元，并将该阶段生产中按权责发生制耗用的 RapidEye 卫星数据获取成本、技术开发成本（该项目没有软件成本、外委成本）全部计入 2009 年营业成本。余下 278.95 万平方公里数据产品尚未完工，该阶段对应的 432.48 万元成本在产品核算。2010 年 1～3 月，本公司分 18 批向土勘院提供了余下数据产品。本公司根据完工确认单于 2010 年 1 季度确认营业收入2510.55万元，并将权责发生制下累计耗用的数据获取成本、技术开发成本1087.91万元全部计入 2010 年 1 季度营业成本。

三、服务

服务收入，主要是指按合同要求向客户提供咨询、实施和产品售后或维护服务的业务。

在大多数情况下，服务的收入确认并没多少特别之处，均是按照会计准则对劳务确认收入的标准进行。用一句话即可概括“服务收入在劳务已经提供，收到价款或取得收取款项的证据时，确认劳务收入”；但如果公司提供的服务种类较多，也可有更详细的表述，比如 2006 年 12 月 5 日上市的国脉科技，其首发招股说明书披露：“电信网络技术服务是指为电信网络建设以及维护过程中提供相关的技术服务，主要包括电信设备系统维护服务、电信咨询服务、软件服务。电信网络技术服务确认原则:(1)对于一次性提供的服务收入,公司在服务已提供,与服务相关的收入已经取得或取得了收款的凭据时确认收入;(2)对于需要在一定期间内(同一会计年度)提供的服务,在服务已完成,并经服务接受方验收合格,同时在相关的收入已经取得或取得了收款的凭据时确认收入。若服务是跨期提供的,公司在资产负债表日根据服务的完成程度,并经服务接受方验收合格,同时在相关的收入已经取得或取得了收款的凭据时确认收入。"

随着信息产业的不断发展,服务的提供模式和收费方式无疑也会呈现多样化,相应的收入确认亦需要与此种模式相匹配。典型的如 2009 年 10 月 30 日上市的网宿科技,其首发招股说明书披露"收入确认的具体方式":

公司的合同一般分为固定合同与敞口合同。

合同明确约定服务提供量为固定合同,每月按固定金额收取费用。

敞口合同为合同约定单价但未约定使用量的,需经客户核对确认使用量后确认收入。

公司的 CDN 服务共有五个收费项目:

1. 初始调试费:是客户使用 CDN 服务一次性初始设置费。

2. 节点使用费:根据客户使用的节点数按月收取的固定费用。

3. 存储服务费:是针对存储量特别大的客户如:视频网站、音乐网站因为其数据量特别巨大需要特别提供存储设备,按月收取固定费用。

4. 增值服务费:是指为客户提供的如网站访问分析、流量统计查询网站优化等额外服务的费用,按月收取。

5. 带宽或流量服务费:是 CDN 服务最主要的费用,是两种不同的计费方式。带宽服务费是指按照客户占用的带宽按月收取费用,流量服务费是指按客户具体使用的信息流量收取的费用,具体按何种方式收取费用由合同中明确规定。

公司 IDC 收费项目包括:带宽服务费、空间占用费、服务器租用费和增值服务费。

1. 带宽服务费 = 使用带宽量 × 带宽单价，按月收费；

2. 空间服务费：按照占用空间大小，按月收费；

3. 服务器租用费：根据客户租用服务器配置，按月收费；

4. 增值服务费：根据客户选取的增值服务种类，按月收费。

最后，笔者需要说明的是，以提供电子商务平台、收取会员费及其增值服务费为主的互联网企业（典型的如焦点科技），其也属于"软件企业"的大范畴，但其收入确认主要是依据对"服务"类别的收入确认方式来进行，本身不复杂，与上面详细说明的"软件定制开发"业务有较大区别，因而对此种收入确认方式不予过多说明。

四、系统集成

系统集成业务，是指与客户订立软件产品销售的同时，为其提供软件嵌入所需的设备配件和安装服务，既有硬件设备的销售也有标准化或定制化软件产品（项目）的销售和安装服务。系统集成业务，有时也常称为"行业解决方案"，但"行业解决方案"会让人感觉更有核心技术、更有技术含量——如果就是买来客户指定的产品装上则称系统集成更合适些，如果在整体业务中主要还是为客户量身定制的整体解决方案会更贴切些，为表述方便起见，此处统一称为"系统集成"业务。

对于系统集成业务，多数采取的方式是：如果软件收入与设备配件及安装服务收入能分开核算，则硬件收入按上述商品销售的原则进行确认，软件收入按上述软件产品销售的原则进行确认。如果软件收入与设备配件及安装服务收入不能分开核算，则将其一并核算，待系统集成于安装完成后确认收入，或根据合同约定的完工确认条件确认收入。典型的如启明星辰、久其软件、太极股份等均是以此种方式对系统集成业务进行确认收入。

2010 年 2 月 10 日上市的太极股份，其首发招股说明书披露"行业解决方案与服务收入"确认的具体方法：

行业解决方案与服务，是指为政府、公共事业、金融、能源等行业客户提供以行业应用软件开发为核心的、涵盖 IT 基础设施建设、系统集成及系统运行维护的系列服务,通常包括提供计算机软、硬件产品及相关设备安装、系统集成和运维服务。太极行业解决方案与服务类业务有以下三个主要特点:(1)信息化工程总集成项目数量较多;(2)通常签订的是一份综合合同,而不会将多个子系统拆分成多个分项合同;(3)除客户与监理需要对按工程进度投入的设备进行验收外,项目通常只进行工程总体验收,而不会在合同实施的不同阶段进行分项验收。

收入确认时,如销售商品部分与提供劳务部分能分开且单独计量时,分别按销售商品收入和提供劳务收入的原则确认收入。如由于业务特点销售商品部分和提供劳务不能够区分的,则按下列情况分别确认:(1)在同一会计年度内开始并完成的,应根据项目完工验收单在项目完工时确认收入,确认的金额为竣工结算书或合同总金额。(2)如项目的开始和完工分属不同的会计年度,且在资产负债表日能对该项交易的结果作出可靠估计的,按完工百分比法确认收入。

完工百分比的确认方法:根据累计发生的实际成本占合同预算总成本的比例确定。(1)对发生成本的核算;行业解决方案与服务的成本主要包括材料设备成本及人工成本。对于占成本主要部分的材料设备,公司根据项目实际进度分批采购,并依据客户或监理的验收确认成本。(2)预算总成本的编制;公司对项目预算管理通过编制项目总体预算来实现,预算事项主要包括设备采购成本、人工费用、差旅费、其他费用等支出。其中材料设备成本在制定预算时通过市场询价、商务谈判确定,人工成本根据项目投入的人员、时间来编制预算。

但也有以简单或复杂合同来区分的(本质上是按照是否同时销售有复杂的定制化软件来区分),如国脉科技首发招股说明书披露:

"1. 简单系统集成是指不需要安装或只需要简单安装,同时不需要经过试运行的系统集成业务。

简单系统集成收入确认原则:公司已将商品所有权上的主要风险和报酬

转移给购买方,公司不再对该商品实施继续管理权和控制权,与交易相关的收入已经取得或取得了收款的凭据,相关的收入和成本能够可靠地计量时,确认收入实现。

2. 复杂系统集成是指根据系统集成项目建设的需求提供系统集成项目的方案设计、协助客户优选系统集成项目的技术和产品,并为客户采购组成系统集成项目的各个分离子系统(或部分),将其有机地组合成为一个完整、可靠的系统集成项目的集成业务。

复杂系统集成收入确认原则:公司在合同已签订,合同相关的设备已交付,已取得购买方对该项工程的初验报告,同时与合同相关的收入已经取得或取得了收款的凭据时,确认项目初验收入;公司在已取得购买方对该项工程的终验报告,并且与合同相关的收入已经取得或取得了收款的凭据时,确认合同剩余部分收入。"

同时,国脉科技首发招股说明书在"财务会计信息"一节中的"其他重要事项"中披露:

"2004 年 6 月公司变更了复杂系统集成收入的确认原则的具体原因:

变更前,公司的复杂系统集成收入按照收款的三阶段,以开具发票的进度来分段确认收入,由于复杂系统集成业务不属于劳务,按完工百分比法来确认收入不合适,同时又由于设备到货时相关的风险尚未转移到购买方,此时确认收入使收入的确认整体前移。公司认为,双方对完工项目进行初验并交付使用是是否确认收入的关键环节,初验报告是该环节的重要标志,因为此时公司已将商品所有权上的主要风险和报酬转移给购买方;公司既没有保留通常与所有权相联系的继续管理权,也没有对已售出的商品实施控制;与交易相关的经济利益能够流入公司;相关的收入和成本能够可靠地计量,这既符合《企业会计制度》的要求也符合公司的实际情况。在此基础上,本着稳健的会计原则,公司变更了复杂系统集成收入确认的具体原则,分为两个阶段即项目完工已经进行初验并取得初验报时确认项目初验收入;项目终验并取得终验报告时确认合同剩余部分收入。"

即对于复杂系统集成业务,国脉科技实际上采取的是初验和终验两步确认收入的方式。而对于 2008 年 6 月 23 日上市的川大智胜,其对系统集成业务虽然也区分为简单合同和复杂合同(明确了复杂合同指金额在 1000 万元及以上的合同),但对于复杂合同项目则是按完工百分比法确认收入:

“系统集成合同收入:

(1)对于简单系统集成合同项目(指合同金额在 1000 万元以下的),于项目完成并经客户验收时确认收入。

(2)对于复杂重大的系统集成项目(指合同金额在 1000 万元及以上的),根据建造合同准则,本公司对于在建的系统集成开发项目按完工百分比法确认收入。具体原则如下:

当一系统集成开发项目之合同的最终结果能够可靠地衡量时,则根据完工百分比法在资产负债表日确认该合同的收入与费用,完工进度的确认方法为:(1)合同约定有工程进度的,根据合同约定的进度比例确定完工进度;(2)合同未约定工程进度的,按已投入工作量占预计总工作量的比例确定完工进度。

如合同的最终结果不能可靠计量,则区别下列情况处理:(1)合同成本能够收回的,合同销售收入根据能够收回的实际合同成本加以确认,合同成本在其发生的当年度确认为费用。(2)合同成本不能够收回的,则在发生时立即确认为当年度费用,不确认合同销售收入。

已经完成的合同工作量占预计合同的总工作量的比例计算之累计在建合同毛利,大于以前年度累计已确认在建合同毛利时,其超过部分应确认为当年度收益,若小于,该部分则列为当年度损失。当合同预计总成本大于总收入时,则将预计损失确认为当期费用。”

即川大智胜本质上是将复杂系统集成业务按建造合同来确认收入的。对较复杂的系统集成业务按照建造合同来确认收入,典型的案例还如 2012 年 1 月 5 日预披露招股说明书(申报稿)的上海华虹计通智能系统股份有限公司,其“华虹计通轨道交通 AFC 系统集成收入按《企业会计准则第 15 号——建造合同》的规定,采用完工百分比法确认收入”。

2010 年 1 月 6 日上市的皖通科技,其首发招股说明书披露对系统集成业务的收入确认方式为:

公司根据合同将项目分为一般系统集成项目和复杂(分阶段)的系统集成项目。

(1)一般系统集成项目为一次性确认收入,即服务已经提供,并经接受服务方验收合格,取得相关的收款依据时确认为收入的实现。

(2)复杂(分阶段)的系统集成项目为分阶段确认收入,即工程项目服务已分阶段提供,接受服务方或工程监理第三方,根据工程进度检验情况确认工程结算报告,公司据此开出结算票据取得相关的收款依据时确认收入实现。

该业务模式款项结算方式:根据合同一般为项目开工时预收 5% ~20% 款项,项目分阶段提供时,根据接受服务方或并工程监理第三方的工程进度检验情况确认工程分阶段结算款,项目完工验收合格后结算工程款 95% 左右,剩余款项 5% 左右,一般在提供免费运行维护服务结束后收取。

其实皖通科技对系统集成业务的收入确认,与合同约定的收款条件是紧密相关但不写收款的条件(因为本质上收入确认与收款没有必然联系,但业务执行中却是有紧密联系的:你给人家做了阶段性工作人家才会给你付款,这也容易使现金流与收入搭配),对于系统集成这种占用资金量较大的业务,如果有对方或第三方的验收证明(包括阶段性的验收证明),这种兼顾到收入确认进度与现金流匹配的方式,是一种比较好的方式。

个别企业如 2010 年 7 月 29 日上市的榕基软件,其对系统集成业务的收入确认是在“完成集成实施测试即初验”之后即确认收入,并不是说不行,但毕竟这种情况比较少见。

还有企业原来对系统集成采用完工进度法,后来改为验收作为确认收入的依据的案例,如 2011 年 12 月 20 日上市的荣之联,其首发招股说明书披露“关于收入确认方法变更”:

2008 年度及以前,公司对于系统集成收入按完工进度确认收入。系统集成项目通常需要经过咨询、方案设计、采购、软件开发、到货点验、系统搭建、安装调试、试运行、系统验收等过程。由于在客户尚未对系统集成项目进行验收之前,项目并未最终实施完毕,风险与报酬尚未完全转移,理论上还存在客户要求退货或者追加成本的可能。

随着公司业务规模的不断扩大,需要安装调试和系统验收的系统集成项目不断增加,公司根据系统集成业务的特点,并参考了行业内其他上市公司的做法,认为有必要以更为稳健的方式确认系统集成业务的收入。

2009 年 5 月 18 日,公司召开第一届第八次董事会并作出决议:对于公司系统集成收入,需要在完成系统安装调试并取得买方签署的验收报告时,确认系统集成收入的实现。

公司管理层认为,公司系统集成收入确认方法的变更,使公司的收入确认方法更加稳健、符合公司业务实质、符合行业内通行的做法。收入确认方法变更后,公司对之前的财务报表进行了追溯调整,以保证公司申报财务报表各期间会计政策的一致性和可比性。上述变更事项使公司 2008 年、2009 年申报财务报表与原始财务报表产生一定差异,但该差异并不影响报告使用者对公司申报财务数据的理解。

公司管理层认为,公司申报财务报告中近三年及一期的财务数据真实、准确、完整地反映了近三年及一期公司的财务状况、经营成果和现金流量,上述变更是合理的、谨慎的。

总体来说,虽然对于系统集成业务收入确认方式并不是完全统一,但大部分还是以验收(多是终验)作为收入确认的依据。

最后,对于从事互联网服务的公司,多数情况下其收入确认要简单得多,因为这类公司并没有像上述这类软件企业从事定制开发软件的业务,典型的如 2012 年 3 月 16 日预披露招股说明书(申报稿)的北京光环新网科技股份公司,其收入确认原则和具体方式为:

公司的营业收入包括宽带接入服务收入、IDC 及其增值服务收入和其他收入。

宽带接入服务收入:主要是通过专线、光纤等各种传输手段向用户提供将计算机或者其他终端设备接入互联网的服务所获得的收入。

IDC 及其增值服务收入:是电信企业利用已有的互联网通信线路、带宽资源,建立标准化的电信专业级机房环境,为企业、政府部门等提供服务器托管、租用以及相关增值等方面的全方位服务所获得的收入。

其他收入包括系统集成和商品销售收入。

系统集成收入:主要是本公司为客户提供网络及综合布线系统、自动化控制系统、安全防范系统、视频及多媒体系统等智能化系统工程所获得的收入。

商品销售收入:主要是本公司为客户提供技术服务过程中,销售网络产品及相关设备配件获得的收入。

(1)宽带接入服务、IDC 及其增值服务收入确认原则及方法

宽带接入服务、IDC 及其增值服务收入确认原则:公司根据合同约定提供相应服务,公司统计客户的带宽使用量得到客户确认,相关的成本能够可靠计量时确认收入。公司的主要成本构成包括向电信运营商租用的带宽费用和房屋租赁费用、折旧费用及维修等其他费用。

宽带接入服务、IDC 及其增值服务收入确认的具体方法:

公司宽带接入服务的合同一般为固定合同,该类合同一般为明确约定服务提供量,每月按固定金额确认收入。

IDC 及其增值服务合同分为固定合同与敞口合同。固定合同即合同明确约定服务提供量;敞口合同仅约定单价,主要约定带宽与电费的单价。对于固定合同,在合同服务期限内按月平均确认;对于敞口合同,实际使用带宽流量根据监控系统统计的当月平均带宽使用量编制月客户收费通知单,并经客户核对确认,实际使用电费根据电表计量编制月客户收费通知单,并经客户核对确认。

公司按业务合同收入的大小进行分类管理,公司对合同金额五万元以上的客户建立了相对完善的管理制度,把收入在合同服务期限内平均分摊进行确认;对合同金额在五万元以下(含五万元)的客户,由于数量较多,考虑到成

本效益原则和业务量相对稳定的特点,在收到客户款项的当月计入收入,不再进行分摊。

保荐机构和申报会计师经核查认为:

公司对合同金额在五万元以下(含五万元)的相关业务,在收到客户款项的当月计入收入,是根据公司业务特点、重要性原则和实际管理情况做出的连续性的核算政策,对报告期内公司业务收入的影响很小;公司业务收入不存在以跨期为目的人为调整情况。

(2)其他收入的确认原则及方法

其他收入确认原则:相关销售商品及服务所有权上的主要风险和报酬转移给买方,公司不再对其实施继续管理权和实际控制权,相关的收入已经收到或取得了收款的证据,与其有关的成本能够可靠的计量时确认销售收入。

其他收入确认的具体方法:对于商品销售本公司在相关的收入已经收到或取得了收款的证据时确认销售收入;对于系统集成收入按照项目进度比例确认收入。

由此可见看到,这类公司的收入确认要相对简单得多;同时,光环新网的收入确认方式也非常典型,处理方式也很合理、易于操作,值得借鉴。

五、不能忽视的节点

需要特别说明的是,无论对于哪一类公司、哪一类业务,如果确实没有执行的合同或者是根本就不可能从对方那里收到款项的合同,或者对于虽然约定了按期收款(典型的如定期开发合同)但从收款进度判断根本就没有收到款项的迹象,此时一定不要确认收入,如果金额很大但申报报表中却确认了收入,则有可能会造成重大障碍,无论是上述哪类合同,“收款”的节点或“迹象”无论如何都不能忽视,尤其对于大额合同,宁可更谨慎些。

典型的如2010年5月召开的2010年第27次创业板发审会否决天玑科技时的重要原因之一:

“……创业板发审委在审核中关注到,你公司存在以下情形:

……

二、申请人与中国邮政集团和中国邮政储蓄银行2009年7月签订了服务期达五年的总价格为2950万元的业务合同,合同履行期限为2009年1月1日至2013年12月31日,根据合同所附的价格清单,主要服务内容按每年报价为253万元,现场服务按每人每天0.8万元计算,申请人在2009年度即确认了1260万元营业收入,依据申报材料无法判断上述营业收入确认是否符合企业会计准则的规定,申请人在现场的陈述也没有消除对该营业收入确认的疑点。上述情形不符合《首次公开发行股票并在创业板上市管理暂行办法》第20条的规定……”

上述案例中突出地体现了,即使是定期开发的服务类合同,也同样要特别关注其收入确认的谨慎性,否则金额重大的话会造成重要影响。

再如,2012年3月16日预披露招股说明书(申报稿)的北京光环新网科技股份公司,该公司与长城宽带存在未决诉讼,尽管双方有服务协议,但仍不能确认收入,这样处理绝对胜过合同确认收入所能增加的那一点利润,披露“报告期内与长城宽带合同的收入确认情况”:

报告期内公司没有与长城宽带签署合同。2004年4月29日,公司与长城宽带签署了《关于VIP机房电力使用和机房维护协议书》,协议有效期自2003年4月1日起至2016年4月1日止,其主要内容有:长城宽带委托公司代为管理机房;电力计费标准为0.95元/度,机房维护费为7000元/月。该协议在报告期内仍然有效,但并没有实际执行。因此,报告期内公司不存在对长城宽带合同确认收入的情况。

看完上面这些内容,尤其是第五点“不能忽视的节点”这部分内容,相信你再看收入确认的原则,你就会有不同和更深刻的理解:

“(1)销售商品

公司销售的商品在同时满足下列条件时,按从购货方已收或应收的合同或协议价款的金额确认销售商品收入:①已将商品所有权上的主要风险和报酬转移给购货方；②既没有保留通常与所有权相联系的继续管理权，也没有对已售出的商品实施有效控制；③收入的金额能够可靠地计量；④相关的经济利益很可能流入企业；⑤相关的已发生或将发生的成本能够可靠地计量。

合同或协议价款的收取采用递延方式，实质上具有融资性质的，按照应收的合同或协议价款的公允价值确定销售商品收入金额。

（2）提供劳务

在资产负债表日提供劳务交易的结果能够可靠估计的，采用完工百分比法确认提供劳务收入。

在资产负债表日提供劳务交易结果不能够可靠估计的，分别下列情况处理：①已经发生的劳务成本预计能够得到补偿的，按照已经发生的劳务成本金额确认提供劳务收入，并按相同金额结转劳务成本。②已经发生的劳务成本预计不能够得到补偿的，将已经发生的劳务成本计入当期损益，不确认提供劳务收入。”

第三节　小结与启示

正是由于软件企业提供“产品”或“服务”模式的特殊性，实践中常采用按验收确认收入或按完工百分比或按建造合同准则确认收入；加之，软件企业的客户多为政府部门或规模较大的企业，这些部门或企业多执行预算管理的模式，造成了软件企业收入和利润的季节性波动。当公司的项目在年底验收确认收入较多时，会导致年底应收账款较大；当公司的项目在年初验收并确认收入较多时，就会造成上年末存货和预收账款较大。上述变动，将进而导致净利润、应收账款周转率、存货周转率等指标出现波动。

对于软件企业而言，收入确认是个非常关键的因素，收入确认方式确定了，存货、应收账款、现金流等这些才能谈到与收入、利润的匹配问题，如果产生背离、不符合公司实际业务的经营状况，必须面临复杂的解释、核查等种种问题，最后也不见得能顺利通过；总体上说，一个铁定的无论在何时都不能变的原则是：收入确认一定要有外部的依据，坐在自己的公司财务室按照你实施的进度就不断确认收入是绝对不行的，不要误解了完工百分比法的真正含义和会计准则的谨慎性原则。可以这样说，确定了合理的收入确认方式不见得一定能通过证监会和发审委审核，但确定了不合理的收入确认方式一定不能通过证监会和发审委的上市审核，收入确认是企业财务政策确定的首要问题，对于软件企业而言，由于其较为复杂的“产品”或“服务”模式，使这个问题显得更为重要。

第二章　研发费用资本化：常怀谨慎、敬畏之心

第一节 问题概述与路径规划

研发费用资本化对于所有企业来说,都是一个非常敏感的问题,软件企业由于研发投入普遍较一般企业更多,因而这个问题就会显得更为突出。同时,我们把软件企业的研发费用资本化问题搞清了,其他企业的研发费用资本化问题也就能基本理清楚了。

研发费用资本化问题之所以敏感,是因为研发费用资本化的多少会直接影响到当期利润的状况——而这种情况是在销售合同、对外采购、现金流等都是在没有发生变化的情况下产生的,如果说某企业通过制造一笔假销售合同增加利润的话,那还需要有合同支持或内外部的其他证据(如收款、发货单、人员考勤记录、生产计划等)支持,而研发费用资本化却连这些也不需要,直接通过企业内部的相关文件(如研发项目立项通知单、参与研发人员工时记录、研发项目完成审核表等)就能决定公司发生的金额不低的费用开支,是记在当期冲减当期的净利润,还是可以进行递延从而增加当期的净利润,这就产生了非常容易的调节空间和调节方式,原因就在于这种方式根本就不涉及销售合同、出库单、回款等这些对产生业绩不同有重要影响的因素。

事实上,2006 年开始发布执行的会计准则,改变了之前不允许研发费用资本化的规定,从道理上讲是对的,因为开发阶段不同于研究阶段,开发阶段所产生的无形资产能够使公司在随后较长的一个时期内受益——这自然是符合会计准则关于“资产”的定义的,为什么不能资本化?从这个角度来讲,允许将开发阶段的开发费用资本化是更加公允地核算了企业的财务善和经营业绩。但是,研发费用资本化需要企业至少能够准确划分研究和开发阶段、准确核算开发人员的工时记录、同一开发人员在不同开发项目上的投入成本——而这对很多企业是根本就没有的制度,或者有这种制度也几乎流于形式,在这种情况下,你怎么进行资本化?如果在这种管理水平和核算基础上,怎么能保证损益核算的真实性?总之,研发费用资本化是一把锋利的“双刃剑”,用得不好会伤到自身,因为将研发费用资本化公允地核算,需要公司内部较高的整体管理水平、良好的会计核算基础和管理层及实际控制人的敬畏、公允之心,如果执行得不对虽然审计、检查也能查出,但毕竟第一道关还是要企业自身去把控,正如同仁堂的名言和准则“修合无人见,存心有天知”,现实中,笔者见到不少企业家,有着这样的水平和境界。

总之,敢用“双刃剑”的人,一定要自身功夫过硬,境界要高,如果自身还没达到这个水平,还是谨慎些好。

第二节 案例分析与操作指引

如果拟上市企业在报告期内进行了研发费用的资本化处理，一方面，要通过下文的案例对照看公司的管理和核算水平是否达到了相应的要求，能否支持研发费用资本化处理；另一方面，在申报材料中对公司采用研发费用资本化的情况解释清楚、充分，也是非常必要的。本节选取了部分典型的案例，可供大家借鉴。

一、天源迪科/网宿科技：细化研发流程及各阶段费用处理

要想把研发费用资本化讲清楚，首先，要把拟上市企业所进行的研究阶段、开发阶段分清晰；其次，要将每一大阶段再进行细化，让审核人员和投资者简洁、明了地看清楚公司研发中的各细化阶段；最后，根据各细化的阶段，明确说明哪些阶段的费用是资本化还是费用化。

2010 年 1 月 20 日上市的天源迪科，其首发发行保荐工作报告中披露内核小组审核意见及落实情况，对研发各阶段中费用支出的处理说明得非常清晰。

2009 年 7 月 21 日，内核小组对天源迪科首次公开发行股票并在创业板上市项目进行了审核，审核过程中内核小组成员主要关注以下问题：

请对研发费用资本化的具体标准细化，明确研究支出和开发支出的标准。对内核小组审核意见的落实情况如下：

（一）软件产品开发流程

与传统行业相比，软件产品功能的实现重在“设计和开发”，而一般意义的“生产”只占很小的比重，软件产品的开发流程如图 2－1：

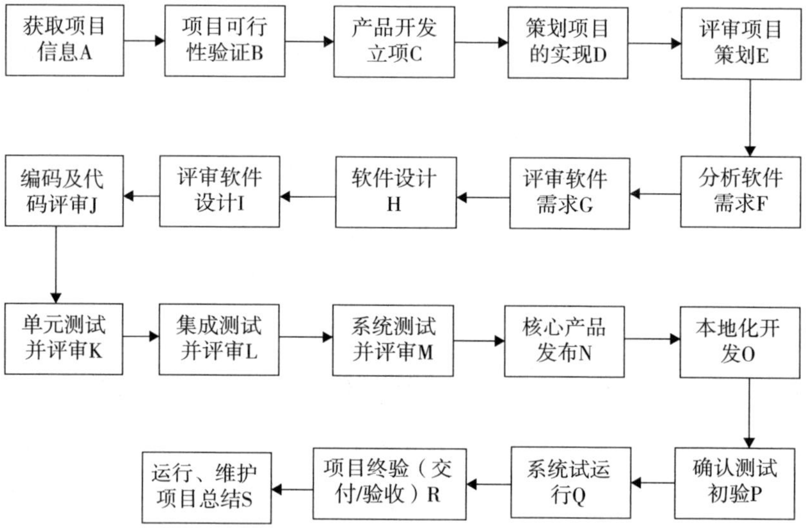

图 2 – 1

(二)软件产品开发不同阶段的费用处理

A – B 项目研究阶段:所发生的费用予以费用化,直接计入当期损益。

C – N 项目开发阶段:研发项目立项后,所发生费用包括开发人员的薪酬、办公、房租水电、设备折旧、差旅、培训等费用,为开发项目所购买的工具、材料、软件平台,发生的测试费用等,先计入开发支出,研发项目完成后,办理项目结束手续,在同时满足下列条件的前提下,将该阶段发生的费用予以资本化,由开发支出转入无形资产:

1. 完成该无形资产以使其能够使用或出售在技术上具有可行性;

2. 具有完成该无形资产并使用或出售的意图;

3. 无形资产产生未来经济利益的方式,包括能够证明运用该无形资产生产的产品存在市场或无形资产自身存在市场;无形资产将在内部使用时,应当证明其有用性;

4. 有足够的技术、财务资源和其他资源支持,以完成该无形资产的开发,并有能力使用或出售该无形资产;

5. 归属于该无形资产开发阶段的支出能够可靠计量。

根据软件产品生命周期的一般规律和过往的经验,发行人软件产品的生命周期一般为5年。因此,发行人确定该类无形资产的使用寿命为5年(60个月),在寿命周期内按直线法摊销,残值为零。

O－S项目实施阶段:已经确定销售对象,进行本地化开发所发生的费用计入营业成本,不予资本化。

例如,2009年10月30日上市的网宿科技,其首发招股说明书披露"研究与开发费用的核算方法":

公司内部研究开发项目研究阶段的支出,于发生时计入当期损益。

企业内部研究开发项目开发阶段的支出,能够证明下列各项时,确认为无形资产:

1. 从技术上来讲,完成该无形资产以使其能够使用或出售具有可行性;

2. 具有完成该无形资产并使用或出售的意图;

3. 无形资产产生未来经济利益的方式,包括能够证明运用该无形资产生产的产品存在市场或无形资产自身存在市场;无形资产将在内部使用时,应当证明其有用性;

4. 有足够的技术、财务资源和其他资源支持,以完成该无形资产的开发,并有能力使用或出售该无形资产;

5. 归属于该无形资产开发阶段的支出能够可靠计量。

公司是一家高新技术企业,非常重视技术研发,已经成功研发了网宿私有传输协议、负载均衡技术、网页内容智能分发技术等具有知识产权的核心技术,并依托核心技术搭建互联网业务平台,成功开发了CDN路由系统、CDN边缘服务器群、CDN监控系统、CDN管理系统以及CDN客户服务系统,为各类门户网站、网络游戏运营商、流媒体网站、企业网站等客户提供互联网业务平台解决方案,并通过技术的不断开发满足客户的个性化需求。公司的研发流程如图2－2:

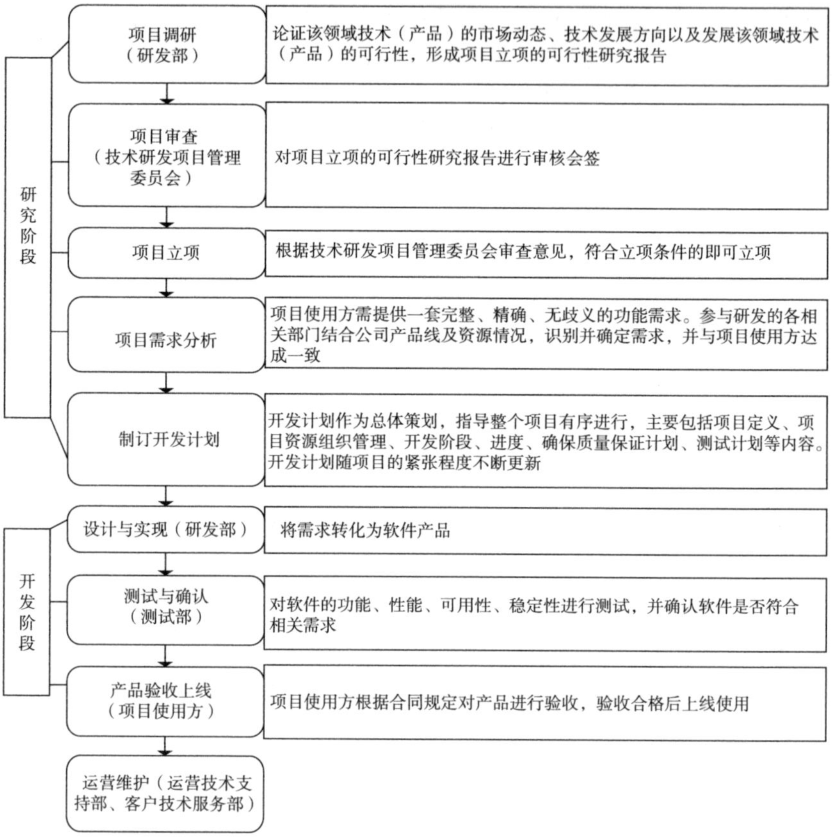

图 2－2

公司根据研发项目所处的阶段为判断标准来划分研究阶段支出与开发阶段支出。研究阶段包括图 2－2 中的项目调研阶段、项目审查阶段、项目立项阶段、项目需求分析阶段、制订开发计划阶段前五个阶段，开发阶段包括设计与实现阶段、测试与确认阶段、产品验收上线阶段后三个阶段。

公司开发支出的确认依据为：(1)项目通过前期调研、审查及市场分析，已经制订出完善的开发计划，进入实质性开发阶段；(2)已经完成了全部计划、设计和测试活动，可以使其达到原设计规划中的功能、特征和技术认证；(3)项目与公司相关，可以有效提升现有的技术水平和能力；(4)已经配备足够的技术支持和技术能力，同时能够保证有充足的财务资源和其他资源支持；(5)可以单独核算项目发生的支出，对同时实施多项研究开发活动的情况下，可以按照一定的标准在各项研究开发活动之间进行分配。

笔者在此特别提醒注意的是，予以资本化的开发支出应当是具有在多个项目中具有使用价值的技术从而形成公司的无形资产并具有一定的使用年限，由于网宿科技研发的产品多为网络技术支持平台类的产品，因而其开发支出还包括了“产品验收上线阶段”，对于一般的软件企业，其为客户定制的软件产品只能为单一客户所使用而不是属于公司的“技术平台”，因而此种情况下是不能包括“产品验收上线阶段”的。

二、方直科技：详细说明开发支出的具体内容、业务实质及与其他科目的勾稽关系

解释清楚了研究阶段和开发阶段的各细化流程，并说明了哪些流程阶段的费用予以资本化（从大阶段上讲，只能是开发阶段的支出能够资本化），下一步要说明开发出支中的哪些项目/内容被资本化了，自然被资本化的项目/内容不同企业是略有不同的，但要有理有据；同时，说明开出支出的业务实质、为企业经营所做出的贡献、意义，对解释清楚对该类项目进行资本化是非常有帮助的。

2011 年 6 月 29 日上市的方直科技，其首发招股说明书披露“开发支出”的具体情况：

……

（一）开发支出构成分析

表 2－1

单位：万元

项　　目	2009 年 12 月 31 日	本期增加	本期减少	2010 年 12 月 31 日
农远项目	48.77	39.57	88.34	
中小学教材教参同步软件	160.51	181.54	323.07	18.98
分站式项目	12.15	0.03	12.18	
合　　计	221.43	221.14	423.59	18.98

报告期内,公司开发支出由同步课堂、农远项目、中小学教材教参同步软件、分站式项目组成。同步课堂是一个在线学习站点,它将国内现行各版本教材以多媒体形式在线再现,为学生提供在线课本、在线练习册和口语校正,并建立网络学习档案。农远项目是一个教育资源开发项目,主要运用网络信息化的手段和方式,开发适合我国农村地区教学需求的优质教育资源,有效解决我国广大农村地区教育资源匮乏、师资短缺等问题,是"农村中小学现代远程教育工程"的重要组成部分,内容为小学科学、小学社会、小学语文的探究性学习资源,最终表现形式为多媒体网页,最终用户主要为农村地区的教师和学生。中小学教材教参同步软件是公司新开发的英语同步教育软件和其他学科同步教育软件的开发支出。分站式项目是一个在线销售本公司产品的商业性网站,网站为各地区提供独立的二级域名,每个地区的渠道商都拥有独立的分站和域名,可独立推广和运营。

(二)报告期内开发支出的具体内容

表 2-2

单位:万元

项目名称	2010 年	2009 年	2008 年
工资及福利费	113.5	137.01	89.04
差旅费	0.81	0.38	0.46
办公物耗	0.6	0.3	0.2
折旧	2.76	3.44	0.33
电话费	1.03	1.37	0.57
资料费/培训费	1.81	0.19	5.48
制作费	80.61	76.61	0
租金及水电费	16.05	18.43	10.86
其他	3.97	3.82	3.11
合计	221.14	241.55	110.05

（三）研发费用资本化的具体政策

公司的研发成果在进行商业性生产或使用前，将研究成果或其他知识应用于某项计划或设计，以生产出新的或具有实质性改进的产品的支出归集为开发支出。开发支出在满足会计准则规定的五个条件时予以资本化。具体政策为，对新版本、网络教育、新学科教育软件制作及原有产品的增值开发列入资本化项目，除此之外的其他研发费用当期费用化。

（四）开发支出变动分析

2007 年年末开发支出余额为 0，2008 年、2009 年及 2010 年年末开发支出余额分别为 81.60 万元、221.43 万元和 18.98 万元。

中小学教材教参同步软件项目“外研新标准”于 2007 年 2 月进入开发阶段，并于 2007 年 12 月开发完成结转无形资产，2007 年年末开发支出无余额。

中小学教材教参同步软件项目“先锋北师大”于 2008 年 2 月进入开发阶段，并于 2008 年 12 月开发完成结转无形资产；2008 年，公司网络部负责同步课堂、农远项目的开发，两项目的开发支出予以资本化，金额为 81.60 万元，2008 年年末开发支出余额为 81.60 万元。

2009 年年末开发支出较 2008 年年末增加 139.83 万元，主要是对同步课堂、农远项目持续开发，以及新增加的分站式项目、中小学教材教参同步软件项目发生的开发支出。其中，中小学教材教参同步软件支出为 160.51 万元，由于深圳版初中英语和广州版初中英语教材改版公司累计投入开发支出 45.53 万元，另外，随着公司英语类产品版本的丰富以及多学科业务的拓展，新增冀教版小学语文、河北初中英语、江苏高中英语等多个项目，导致 2009 年年末开发支出余额增加较大。

2010 年年末开发支出余额较上年年末减少 202.45 万元，主要系分站式项目、深圳初中英语、河北小学语文（教师版）、河北初中英语、江苏高中英语、湘少版小学英语、浙江版小学英语、语文社语文 S 版、冀教版小学英语、广州版初中英语等项目开发完成并结转无形资产。

1. 无形资产构成及变动情况

报告期内,公司无形资产主要是公司完成相关项目开发,开发支出结转所致,近一年,无形资产构成和变动如表2-3:

表2-3

单位:万元

项　　目	2009年12月31日	本期增加	本期减少	2010年12月31日
一、原价合计	163.06	335.25	—	498.30
同步课堂	101.72	—	—	101.72
分站式项目	—	12.18	—	12.18
中小学教材教参同步软件	61.34	323.07	—	384.41
二、累计摊销额合计	19.95	54.32	—	74.27
同步课堂	3.39	20.34	—	23.73
分站式项目	—	2.03	—	2.03
中小学教材教参同步软件	16.56	31.95	—	48.51
三、无形资产减值准备累计金额合计	—	—	—	—
同步课堂	—	—	—	—
分站式项目	—	—	—	—
中小学教材教参同步软件	—	—	—	—
四、无形资产账面价值合计	143.11	—	—	424.03
同步课堂	98.33	—	—	77.98
分站式项目	—	—	—	10.15
中小学教材教参同步软件	44.78	—	—	335.90

无形资产无抵押或用于担保的情况。期末无形资产未发现有减值迹象,未计提无形资产减值准备。

2. 报告期内主要无形资产的取得方式、初始金额、摊销年限及确定依据、摊余价值及剩余摊销年限

表 2 –4

单位:万元

项目名称	取得方式	初始金额	摊销年限(月)	截至 2010 年年底摊余价值	截至 2010 年年底剩余摊销年限(月)
同步课堂	开发支出转入	101.72	60	77.98	46
分站式项目	开发支出转入	12.18	60	10.15	50
外研新标准	开发支出转入	32.89	72	15.99	35
先锋北师大	开发支出转入	28.45	72	18.57	47
湘少版小学英语	开发支出转入	38.57	72	35.89	67
浙江版小学英语	开发支出转入	13.39	72	12.46	67
冀教小学英语	开发支出转入	51.77	72	48.18	67
深圳初中英语	开发支出转入	4.26	72	3.67	62
冀教初中英语	开发支出转入	13.03	72	11.22	62
广州版初中英语	开发支出转入	56.08	72	52.97	68
江苏高中英语	开发支出转入	7.91	72	6.81	62
冀教版小学语文	开发支出转入	26.08	72	22.46	62
语文社语文(S 版)	开发支出转入	44.99	72	41.86	67
语文社初中语文	开发支出转入	16.89	72	16.65	71
语文社高中语文	开发支出转入	11.21	72	11.06	71
冀教小学数学	开发支出转入	35.71	72	35.21	71
产品证书		3.18	60	2.90	67

根据公司会计政策,金太阳教育软件产品摊销期限为 6 年,主要在于中小学教材至少 6 年以上才进行一次大的调整。公司开发的同步教育软件,最主要的特点是与学生课本同步配套,其无形资产摊销年限主要根据教材的使用年限确定。而同步课堂、分站式项目、产品证书与教材非同步类项目,摊销期限为 5 年。

3. 报告期内新增无形资产的依据、金额、授权单位和授权方式

表 2 – 5

单位:万元

项目名称	确认依据	确认时间	金额	授权单位	授权方式
外研新标准	开发完成结项书	2007 年 12 月	32.89	外语教学与研究出版社	授权合作模式
先锋北师大	开发完成结项书	2008 年 12 月	28.45	北京师范大学出版社	授权合作模式
同步课堂	开发完成结项书	2009 年 11 月	101.72	无须授权	—
分站式项目	开发完成结项书	2010 年 3 月	12.18	无须授权	—
深圳初中英语	开发完成结项书	2010 年 3 月	4.26	上海世纪出版股份有限公司外语教育图书分公司	授权合作模式
冀教初中英语	开发完成结项书	2010 年 3 月	13.03	河北教育音像出版社	出版发行合作模式
江苏高中英语	开发完成结项书	2010 年 3 月	7.91	译林出版社	出版发行合作模式
冀教版小学语文	开发完成结项书	2010 年 3 月	26.08	河北天鹿电子出版社	出版发行合作模式
湘少版小学英语	开发完成结项书	2010 年 8 月	38.57	湖南少年儿童出版社	出版发行合作模式
浙江版小学英语(练习册)	开发完成结项书	2010 年 8 月	13.39	无须授权	—
冀教版小学英语	开发完成结项书	2010 年 8 月	51.77	河北天鹿电子出版社	出版发行合作模式
语文社语文(S 版)	开发完成结项书	2010 年 8 月	44.99	语文出版社	出版发行合作模式
广州版初中英语	开发完成结项书	2010 年 9 月	56.08	上海世纪出版股份有限公司外语教育图书分公司	出版发行合作模式
语文社初中语文	开发完成结项书	2010 年 12 月	16.89	语文出版社	出版发行合作模式

续表

项目名称	确认依据	确认时间	金额	授权单位	授权方式
语文社高中语文	开发完成结项书	2010 年 12 月	11.21	语文出版社	出版发行合作模式
冀教小学数学	开发完成结项书	2010 年 12 月	35.71	河北天鹿电子出版社	出版发行合作模式
产品证书		2010 年 8 月	3.18	无须授权	—

注：1. 同步课堂、分站式项目、浙江版小学英语（练习册）、产品证书系公司自主开发完成，无须第三方授权；

2. 冀教版即河北版。

4. 报告期开发费用、开发支出和无形资产的勾稽关系

开发费用主要为费用化的研发支出和应计入开发费用的无形资产摊销转入；期末开发支出余额主要为期初开发支出余额加本期开发支出发生额，减去已完成开发结转至无形资产的金额；期末无形资产主要为期初余额加本期完成开发结转至无形资产的金额，减去无形资产摊销金额。

发行人报告期内开发支出、开发费用和无形资产之间的具体关系如表 2－6：

表 2－6

单位：元

项目	2010 年	2009 年	2008 年
一、开发费用			
当期发生额	6,832,374.75	4,598,861.38	4,342,522.47
其中：费用化的研发支出	5,405,783.24	4,462,720.19	4,283.754.57
无形资产摊销转入	543,231.64	136,14.19	58,767.90
开发支出转入	883,359.87		
二、开发支出			
年初余额	2,214,295.73	815,957.89	—
加：本期发生额	2,211,357.01	2,415,504.76	1,100,473.94

续表

项目	2010 年	2009 年	2008 年
减:结转至无形资产	3,352,461.19	1,017,166.92	284,516.05
结转至开发费用	883,359.87		
年末余额	189,831.68	2,214,295.73	815,957.89
三、无形资产			
年初余额	1,431,103.61	550,077.88	324,329.73
加:开发支出转入	3,352,461.19	1,071,166.92	284,516.05
减:无形资产摊销	543,231.64	136,141.19	58,767.90
年末余额	4,240,333.16	1,431,103.61	550,077.88

2010 年开发支出转入开发费用 88.34 万元,主要系结转农远项目开发支出。农远项目是发行人与人民教育电子音像出版社合作开发的教育资源项目,该项目开发形成的无形资产主要是为"农村中小学现代远程教育工程"服务,针对性较强,无法预见未来几年内对其他客户的销售情况,基于谨慎性原则,发行人在农远项目验收合格后,将该项产生的开发支出的账面价值一次性转销进入开发费用。

三、冠昊生物:二次上会延后研发支出资本化时点

广东冠昊生物科技股份有限公司(2010 年 3 月第一次上会被否,2011 年 5 月二次上会获得通过)于 2011 年 6 月 17 日公告的首发《保荐工作报告》,披露"尽职调查中发现的主要问题及解决情况":

根据前次申报情况问题总结和尽职调查,项目组认为公司原研发费用资本化的依据不够充分,会计处理不完全符合谨慎性原则。因此,针对上述情况,公司召开第一届董事会第 16 次会议,修改了《财务管理制度》,将研发费用资本化的开始时点从产品注册检验阶段的产品标准制定阶段调整为开始注册临床试验阶段。具体情况如下:

"本公司在内部研究开发项目支出核算各个研发项目，企业内部研究开发项目的支出，区分为研究阶段支出与开发阶段支出。根据《企业会计准则第6号——无形资产》的规定，发生的内部研究开发支出主要用于研究人员费用、产品试制费及材料费、动力费、测试费、临床试验费、相关设备折旧费、研究开发相关的合作交流与会议差旅费等。

(1)研发阶段及开发阶段划分依据、开发支出转入无形资产依据

①研究阶段

指对技术的研究即针对动物组织处理的系列技术(组织固定技术、多方位除抗原技术、组织诱导技术、蛋白质力学改性技术等)的研究，对材料免疫和病毒的研究，为获取并理解新的科学或技术知识而进行的独创性的有计划调查(含市场研究)，以及产品设计及试制、可行性动物实验注册检验(工业化制作、产品标准的制定、产品型式检验)、预临床试验(若需，包括临床试验、产品有效性与转归验证的动物实验)等所发生的应用研究、评价、最终选择的支出，均属于研究阶段的支出。

研究阶段是为获取新的技术和知识等进行的有计划的调查，为进一步开发活动进行技术基础的准备，已进行的研究活动将来是否会转入开发、开发后是否会形成无形资产等均具有较大的不确定性。其特点是具有计划性、探索性，研究阶段支出应当于发生时计入当期损益，予以费用化。财务部根据公司制定的《研究开发管理制度》，根据项目的立项申请相关资料建立费用化项目，分科研项目及会计科目核算研究阶段支出，并于月末转入管理费用——研究费，计入当期损益。

项目的立项、变更、暂缓、终止及完成均需提供书面的资料，财务部根据相关书面资料进行相应会计处理。

②开发阶段

指利用已有的材料技术平台和已完成研究阶段的工作，在很大程度上具备了形成一项新产品或新技术的基本条件，在进行商业性生产或使用前，进行各种产品的注册临床试验和申报注册活动的支出，均属于开发阶段的

支出。

开发阶段是在进行商业性生产或使用前将研究成果或其他知识应用于某项计划或设计,以生产出新的或具有实质性改进的材料、装置、产品等,开发阶段支出应当单独核算。同时从事多项开发活动的,所发生的支出应当按照合理的标准在各开发活动之间进行分配,并在发生时计入开发支出,予以资本化;无法合理分配的,应当计入当期损益,予以费用化。财务部根据公司制定的《研究开发制度》,对已达到开发阶段的项目支出予以资本化,开发阶段书面资料表现为取得第一例临床开展的注册通知书及CRF(病例报告表)表封面复印件。

公司定期对内部开发项目分阶段进行风险评估,并按照无形资产减值测试要求进行逐项检查,足以证明某项开发项目实质上已经发生了减值的情形时应及时计提减值准备,或将已发生的该项开发支出计入当期损益,予以费用化。

开发阶段的支出,同时满足下列条件的,才能确认为无形资产:

A. 完成该无形资产以使其能够使用或出售在技术上具有可行性;

B. 具有完成该无形资产并使用或出售的意图;

C. 无形资产产生经济利益的方式,包括能够证明运用该无形资产生产的产品存在市场或无形资产自身存在市场,无形资产将在内部使用的,能够证明其有用性;

D. 有足够的技术、财务资源和其他资源支持,以完成该无形资产的开发,并有能力使用或出售该无形资产;

E. 归属于该无形资产开发阶段的支出能够可靠计量。

(2)研究开发支出关于新旧会计准则衔接的会计处理方法

①《企业会计制度——无形资产》第四十五条规定:自行开发并按法律程序申请取得的无形资产,按依法取得时发生的注册费、聘请律师费等费用,作为无形资产的实际成本。在研究与开发过程中发生的材料费用、直接参与开发人员的工资及福利费、开发过程中发生的租金、借款费用等,直接

计入当期损益。已经计入各期费用的研究与开发费用,在该项无形资产获得成功并依法申请取得权利时,不得再将原已计入费用的研究与开发费用资本化。

②《企业会计准则——无形资产》规定:对于企业自行进行的研究开发项目,无形资产准则要求区分研究阶段与开发阶段两个部分别进行核算。研究支出入当期损益,开发支出具有针对性及形成成果可能性较大,是对于研究阶段更进一步,且很大程度上形成一项新成品或新技术的基本条件已经具备,因此可以资本化。

③2007 年 1 月 1 日发行人已按新《企业会计准则——无形资产》规定执行新旧准则转换工作。2007 年 1 月 1 日开始研究阶段费用作为管理费用——研究费,开发阶段费用符合资本化条件的全部予以资本化,如符合无形资产条件则转为无形资产。"

开发支出阶段包括产品的临床试验和申报注册。该阶段是发行人利用自主开发的新型材料,原有产品基础上,根据市场需求、研制样品并通过了可行性研究的基础上,立项进行的产业化开发活动。

冠昊生物研发项目以符合《医疗器械临床试验规定》规定的医疗器械临床试验条件,并取得医院第一例临床注册开展通知书及 CRF 表(病例报告表)封面复印件作为项目费用资本化依据,在此之前,根据国家有关规定,项目已经型式检验和预临床(若需)合格,并且经医院伦理委员会对产品、术式、临场方案有效性安全性审查。产品开发在临床试验和注册检验阶段中具有较大的确定性。

公司研发项目处于研究阶段的项目支出直接记入当期损益;进入开发阶段的项目支出,则予以资本化,先在"开发支出"科目分项目进行明细核算,产品可取得注册证时再转入"无形资产"科目分项目进行明细核算。

公司对于研究开发项目发生的支出分项目进行单独核算,如各项目组研发人员的人员薪酬、折旧费、物料费、试验检测费、会议差旅费等分项目及其所处阶段记入当期损益或予以资本化;对于发生的支出同时支持多个研究开发项目的,则按照各项目组研发人员在各项目中实际工作时间进行分配,计入当期损益或予以资本化;对于无法明确分清项目或阶段的支出,应在支出发生时直接计入当期损益。

公司定期对开发支出阶段项目的实施进度、临床效果等各方面进行风险评价,并按照无形资产减值测试要求进行逐项检查,足以证明某项开发项目实质上已经发生了减值的情形时应及时计提减值准备,或将已发生的该项开发支出计入当期损益,予以费用化。

依据新的财务管理制度,公司对 2007 年、2008 年及 2009 年财务情况进行追溯调整。经调整,公司目前研究开发项目资本化情况如下:

(一)研发费用资本化时点调整到注册临床试验阶段

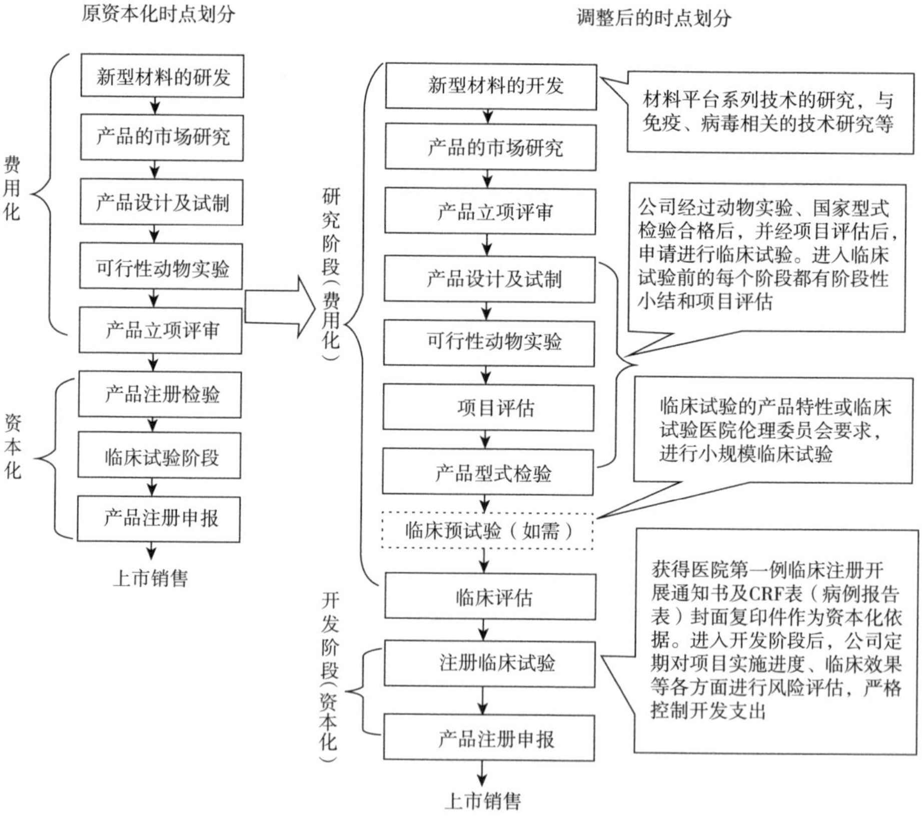

图 2-3

（二）2010 年开发支出情况

2009 年 6 月，公司天然脑膜项目正式进入注册临床阶段，2010 年 8 月已进入申报注册阶段。2010 年冠昊生物开发阶段项目为天然脑膜项目，开发支出实际发生额为 169.95 万元，余额为 228.78 万元。

在对内部核查部门关注问题的回复中：

经第一届董事会第十六次会议审议通过，公司修改了《财务管理制度》，按谨慎性原则将研发费用资本化的时点从产品注册检验阶段的产品标准制定阶段调整为开始注册临床试验阶段，并按照《企业会计准则》的要求，追溯调整 2007～2009 年的财务数据，根据立信羊城会计师事务所有限责任公司出具的 2010 年羊专审字第 20357 号《关于截至 2008 年 4 月 30 日股改审计报告净资产修正的说明》：

2007 年度以前发生调整事项：减少 2008 年 4 月 30 日的未分配利润，相应减少净资产 883,219.36 元。

2007 年调整事项，减少 2007 年 12 月 31 日的未分配利润，相应减少净资产 360,664.24 元，所得税费用减少 133,319.56 元，相应增加净资产 133,319.56 元。

2008 年 1～4 月调整事项：减少 2008 年 4 月 30 日的未分配利润，相应减少净资产 1,799,122.93 元，所得税费用减少 269,868.44 元，相应增加净资产 269,868.44 元。

综上所述，经调整后 2008 年 4 月 30 日净资产余额为 31,882,773.75 元，调整后股本 31,000,000.00 元，资本公积 882,773.75 元。

经调整后，2008 年年末，应交税费影响数为 －1,959,083.25 元，盈余公积影响数为 －570,481.93 元，未分配利润影响数为 －5,128,757.45 元；2009 年年末，应交税费影响数为 －6,334,682.39 元，盈余公积影响数为 －1,821,867.08 元，未分配利润影响数为 －16,391,223.74 元。

四、启明星辰:综合性案例

2010 年 6 月 23 日上市的启明星辰对公司将开发阶段支出资本化的判断标准、分产品的具体认定等方面进行了充分说明,尤其是对报告期内的研发费用资本化进行了多角度解释,包括研发部门的独立性、研发部门人员数量与薪酬的合理性、资本化项目为公司发展带来的收益、开发支出的具体项目、与可比公司的比较等多个角度进行了充分说明,具有一定的借鉴意义。启明星辰首发招股说明书披露"研究开发过程中开发阶段支出资本化的确定方法":

开发阶段支出,是指在进行商业性生产或使用前,将研究成果或其他知识应用于某项计划或设计,以生产出新的或具有实质性改进的材料、装置、产品等发生的支出。

(一)研发费用资本化的会计处理

报告期内发行人增加无形资产和开发支出内容为内部研究开发项目开发阶段的相关支出。

发行人内部研究开发项目开发阶段的支出在符合会计准则规定的条件下,于相关费用发生时先记入开发支出,于该技术达到预定用途时转入无形资产。

(二)开发阶段和资本化范围的判断

开发阶段:从新产品(含新版本)项目立项时开始到新产品(含新版本)发布时结束。

资本化范围:新产品(含新版本)开发阶段的能可靠计量的、能直接归属某项产品的人工费用予以资本化,其他间接费用直接记入当期损益。属于开发阶段且符合资本化范围的支出形成各期资本化无形资产和开发支出。

从时间上来看,发行人每个研究开发项目的开发阶段以"立项时间"为开发阶段开始,以"发布时间"为开发阶段结束;从文档形成上,以《工作任务书》

及《产品正式发布的通知》为标志。

从管理上来看,发行人对产品立项和产品发布均有较完善的流程,即《产品立项工作执行流程》(2007 年)和《产品发布流程》(2007 年)。各开发团队严格按照流程中的规定和要求开展工作。

“产品立项”主要分为四个阶段:产品立项发起、市场调研及总结、可行性研究、立项评审。评审通过签发《工作任务书》至产品开发团队,由开发团队的产品经理按照在立项中形成的结果组织开发工作。“产品发布”主要阶段为提交产品发布业务呈批、组织评审、新发布产品,主要由产品管理团队完成。

(三)项目开发支出的归集方法

通过以上情况的分析,开发人具备了较完善的财务核算管理和项目管理制度。符合资本化条件的研发费核算清楚,开发阶段标志清晰。现对其开发支出的归集方法进行简述如下:

项目开发支出的归集按照公司安全产品的主要类别进行,即威胁检测类、安全网关类、应用监管类、安全工具类、安全管理平台(SOC)类。前 4 个产品线主要由研究开发中心和 PMC 的开发部门负责;SOC 类产品主要由泰合中心的开发部门负责。

1. 威胁检测、安全网关、应用监管、安全工具项目开发支出的归集

公司为更好地管理研究开发的成本,将负责公司研发项目较多的“研究开发中心”按照部门、产品线两个维度进行核算,即同一部门的不同人员可以按照其负责产品开发的不同分布在不同的产品线。在研发中心 11 个部门目前划分为 14 条产品线,在 14 条产品线中有 4 条产品线对应 4 大类产品。其他产品线包括测试组、安全事件组、预研、国家项目、驱动软件平台、泰合项目、VWP 平台等,其中除测试组外的产品线与 4 大类产品线开发不直接相关。

由于各产品线中主要产品的特征和开发差异比较显著,各产品线的划分相对稳定和准确,在产品线开发变化较大的情况下进行相应调整。即研究开发中心形成了以产品线为依托的费用体系,使归属至各产品线的开发支出实现了独立核算。在开发支出归集时,首先取得4大类产品线的直接人力费,根据实际情况将有测试产品线的费用分摊至相关产品线,两者合计为应归集至4大类产品的开发支出。

PMC的开发部门即为对应各4大类产品的部门,可以直接取得其人力费归集至4大类产品的开发支出。

2. 安全管理平台(SOC)类项目开发支出的归集

SOC类产品主要由泰合中心的开发部门负责,可以直接取得其对应的人力费进行归集。同时,在研究开发中心的"泰合项目"产品线也是应归属至该类产品的费用。两者合计为该类项目的开发支出。

以上两类归集方法以研究开发中心、泰合中心和产品管理中心进行介绍,其他平台的技术类专家如果有参与项目开发的情况参照以上的方法进行归集。

(四)上述处理和判断符合《企业会计准则第6号——无形资产》的相关规定

1. 公司在具体执行时的判断依据和过程

《企业会计准则第6号——无形资产》第9条规定:"企业内部研究开发项目开发阶段的支出,同时满足下列条件的,才能确认为无形资产:(一)完成该无形资产以使其能够使用或出售在技术上具有可行性;(二)具有完成该无形资产并使用或出售的意图;(三)无形资产产生经济利益的方式,包括能够证明运用该无形资产生产的产品存在市场或无形资产自身存在市场,无形资产将在内部使用的,应当证明其有用性;(四)有足够的技术、财务资源和其他资源支持,以完成该无形资产的开发,并有能力使用或出售该无形资产;(五)归属于该无形资产开发阶段的支出能够可靠地计量。"

公司在执行时的具体判断过程如下:

(1)公司在新产品(含新版本)开发立项时,研发等技术部门已对新产品的技术支持做了充分的论证,且一般是在公司核心技术上的延伸,故满足准则

要求的第 1 条;

(2)公司所有资本化范围内的开发活动均是根据市场需求及产品开发战略展开,目标是为市场提供更丰富,功能更强大的可销售产品。故满足准则要求的第 2 条;

(3)公司在新产品立项时,市场部会对该类产品的未来几年内的市场容量进行预测。公司主要产品均连续多年占国内市场份额第一,故能够证明市场上存在对该类产品的需求,产品开发以后存在外在的市场需求可以出售并带来经济利益的流入,故满足准则要求的第 3 条;

(4)公司已成立 13 年,从技术方面、财务方面、销售方面均有详细的经营计划,且已经过上述各环节,故可以满足准则要求的第 4 条;

(5)本着谨慎性的原则,公司资本化的费用只包括开发阶段的人工费,故可以可靠的计量,满足准则要求的第 5 条。

2. 从公司版本分类和开发工作流程角度的审慎判断

(1)公司版本分类和开发工作流程

公司的产品开发所对应的版本主要有以下几种:主要产品版本、重要版本、修订及补充版本。

①主要产品版本。这种产品软件版本主要是体现在软件著作权证和产品测试合格等各种资质中,一般情况下不会有过多调整。该产品版本的形成是公司新产品诞生的过程,包括产品类别的定义,功能的定义等,重要版本和修订补充版本均是在主要产品版本框架下发展形成的。在形成的过程中,主要产品版本的市场调研、可行性分析、决策通过、研究阶段等均需要投入较多的人力和资源,由于关系到公司产品战略布局,因而在决策方面也更为谨慎。

该类性质研究开发的支出,公司财务处理上将研究阶段的支出费用化,开发阶段的研发人员的直接人工费用予以资本化。

主要产品版本的研究开发流程如图 2 - 4:

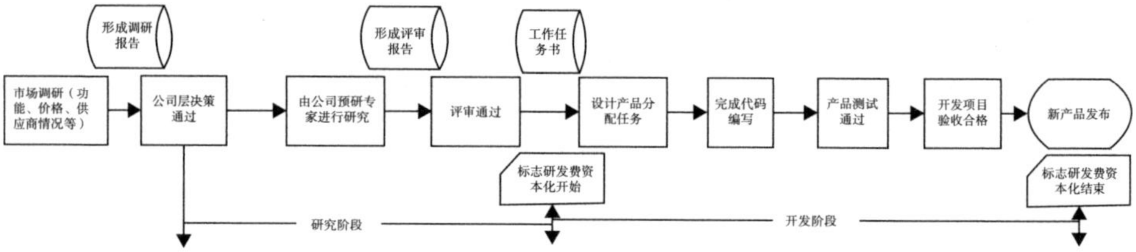

图 2 -4

在该流程中参与项目开发的主要团队有:开发团队(研发中心和泰合中心的相关开发 & 管理部门)、测试团队(研发中心和泰合中心相关测试部门)、产品管理团队(PMC)。即在公司产品战略决策及产品预研基础上"产品开发团队"接收"工作任务书"进行立项,立项后由"产品开发团队"开展开发工作,在开发后期"测试团队"提出修改意见获得测试通过,由"产品管理团队"开展项目验收和评审,并进行"新产品发布"。

②重要版本。为主要产品版本的重要升级,主要体现产品重要功能的增加、性能的加强,一般经过比较严格的需求审核、开发、测试、发布等流程,周期较长,通常需要 6 ~ 12 个月的开发时间。

该类性质的支出,公司财务处理上将开发产品的研发人员直接人工费用予以资本化。

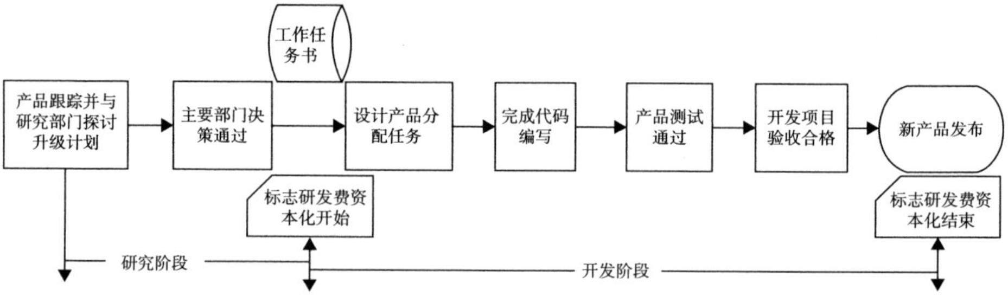

图 2 -5

由图 2 -5 可见,由于重要版本是在主要产品版本框架下发展形成的,其研究阶段相对简单。负责开发各部门的情况与主要版本基本一致,但其立项过程比主要产品版本简单,主要产品版本需公司层领导决策,重要产品版本的立项由 PMC 主导并通过相关部门领导审批。

③修订及补充版本。这类版本主要是针对产品使用过程中出现的一些小问题或 Bug 进行修订或补充的工作结果,周期通常在 3 个月之内。由于该类版本内部流程一般比较简单,开发周期短,各部门工作内容相对简单,同时在立项评审、开发任务书下发、测试和实验局、产品交付评审等环节可能会依据情况适当简化,以提高发布效率。

该类研发工作支出,在财务上全部费用化计入损益表,同时日常维护诸如事件库、病毒库的更新支出全部费用化。

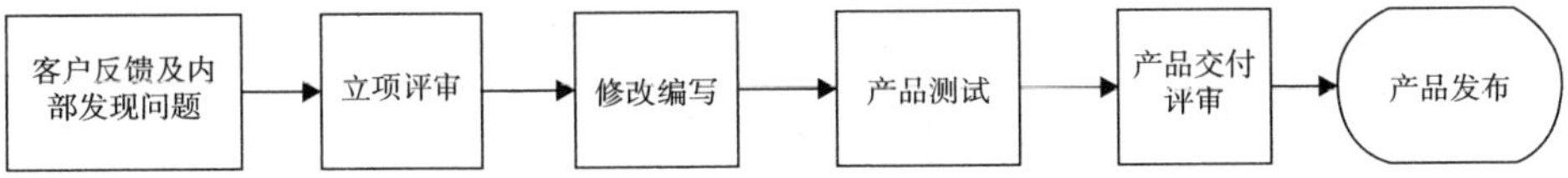

图 2－6

综上所述,发行人对其主要版本和重要版本在开发阶段的开发人员直接人力费进行资本化,对于其他开发过程中发生的费用、修订及补充版本开发的支出以及日常维护中诸如事件库、病毒库的更新支出等全部计入当期损益。

(2)不同版本号开发流程和开发阶段的判断

①主要产品版本及重要版本:

A. 产品管理中心根据对市场需求的持续跟踪,综合销售部门的建议和竞争对手情况,结合公司产品发展方向和整体开发规划提出产品升级计划。该计划将由产品管理中心、研究开发中心以及公司技术委员会相关专家召开会议讨论后并达成共识后,由产品管理中心向研发中心下达正式开发任务(项目立项)。

B. 研发中心根据具体情况将任务分解并由不同研发人员完成代码编写工作。

C. 研发中心根据代码编写情况并汇总后,进行内部测试[alpha 测试](公司内的实验室),经过若干次测试、调试后,在公司外搭建实验局(在公共网络上搭建实际环境下的产品实验环境),再经过若干次测试[beta 测试]后达到原任务书要求标准后提交公司产品管理中心、客服中心、供应链进行验收。

D. 上述验收合格后,由产品管理中心正式向市场发布这一版本。

E. 从主要产品版本、重要版本的项目立项开始到其版本的发布结束为产品开发阶段,这个阶段工作为把研究成果转化为产品的工作,该阶段的人工费用予以资本化,前期的技术研究费用,公司按准则予以费用化计入当期损益。

②修订及补充:

A. 主要是针对客户在实际使用过程中,或公司内部技术人员培训或其他环境使用过程中发现的 BUG 和参数修改等简单需求所做代码调整或修改。

B. 内部流程一般比较简单,可在立项评审、开发任务书下发、测试和实验局、产品交付评审、试生产等环节进行适当简化,以提高发布效率。

(五)资本化的研发费用计算方法及举例

其主要步骤如下:

1. 每月由相关业务部门向财务部提交产品立项和结项的情况统计。

2. 由财务人员对新立项的项目进行编号以便入账和统计。

3. 计算五大类产品线中研发人员的人力费,分摊相关测试产品线的人力费至各产品线,合计作为该产品线的待资本化研发费。

4. 同一产品线下的待资本化研发费平均分摊至该产品线下尚处开发阶段的各项目,形成开发支出。

5. 当月进行产品发布的项目的累计开发支出转入无形资产管理。

例如,2009 年 3 月立项的"天玥网络安全系统审计 CA 系列 V6.0.8.2"(属应用监管类产品),该项目于 2009 年 10 月结项。将该项目研发费资本化核算过程简述如下:

1. 2009 年 3 月底,根据项目统计情况,财务人员对该新立项的项目编号为 Y09 - 02,即研发中心 2009 年第 2 号项目。

2. 计算应用监管类产品线下待资本化的研发费。

3. 应用监管类产品在该月有 2 个项目处于开发阶段(另一个项目为“天玥网络安全系统审计 CA 系列 V6.0.8.0”),将该产品线下待资本化的当月人力费在两个项目上进行分摊形成该项目的开发支出。以此类推,至 10 月该项目结项。

4. 10 月新产品发布,将该项目上的开发支出累计值结转至无形资产。

至此,“天玥网络安全系统审计 CA 系列 V6.0.8.2”项目的研发费资本化流程完毕。

(六)形成过程及会计处理

发行人内部研究开发项目开发阶段的支出在符合会计准则规定的条件下,于相关费用发生时先记入开发支出,于该技术达到预定用途时转入无形资产。

开发阶段的判断:从新产品(含新版本)项目立项开始到新产品(含新版本)发布结束。资本化范围的判断:新产品(含新版本)开发阶段能可靠计量的、能直接归属某项产品的人工费用予以资本化,其他间接费用直接记入当期损益。属于开发阶段且符合资本化范围的支出形成各期资本化无形资产和开发支出。

以项目立项为资本化时间起点,直接相关的人工费用记入开发支出——资本化支出:

借:开发支出——资本化支出

　　贷:应付职工薪酬等科目

于产品开发完成,新产品发布时转入无形资产:

借:无形资产——非专利技术

　　贷:开发支出——资本化支出

期末未完成开发的项目相关支出留在开发支出余额。

保荐人逐项核查了公司各项资本化无形资产的立项书(工作任务书)、产品发布通知书、研发项目人员的薪酬、相关会计账簿、记账凭证及原始凭证等资料,认为发行人的会计处理符合《企业会计准则》的要求。

申报会计师逐项核查了公司各项资本化无形资产的立项书(工作任务书)、产品发布通知书,并根据两个时点复核了公司资本化期间是否正确,根据参与研发项目人员的薪酬复核了资本化范围是否正确,经核查认为发行人的会计处理符合《企业会计准则》的要求。

……

研发支出分析:

公司作为软件企业非常重视研发工作,每年投入大量的资金用于科技开发。根据公司数据资料,报告期内公司用于研发支出的金额如表2-7:

表2-7

项　　目	2009年度	2008年度	2007年度
研究费用和开发支出合计	5690.07	4793.21	4053.67
营业收入	30,409.91	27,347.87	23,586.32
主营业务收入	29,828.29	26,889.65	23,446.27
研发支出占营业收入比	18.71%	17.53%	17.19%
研发支出占主营业务收入比	19.08%	17.83%	17.29%

公司其他业务收入较少,因而无论是研发支出占营业收入比还是研发支出占主营业务收入比均在17%~19%,研发支出占比稳定且水平较高,有力地保障了公司技术水平的领先和研发团队的稳定。据启明星辰年度数据,研发支出主要是人工成本,如表2-8所示:

表2-8

项　　目	2009年度	2008年度	2007年度	三年平均	
				金　额	占　比
研究开发费——工资	3080.78	2646.25	2255.99	2661.01	54.92%
研究开发费——福利费	1076.65	853.74	698.18	876.19	18.08%
研究开发费——折旧费	256.58	167.88	161.93	195.46	4.03%
其　　他	1276.05	1125.35	937.56	1112.99	22.97%
合　　计	5690.07	4793.21	4053.67	4845.65	100.00%

研发支出中工资支出平均占比54.92%,福利费支出平均占比18.08%,前述两项之和即主要人力费用的支出平均占比达到73.00%,这种状况与公司的战略、发展规划和行业定位是相匹配的。由于公司非常重视研发投入,预计未来研发投入仍将保持一定的增长,但随着销售收入的增长,研发费用比率会保持相对稳定,研发投入增加会进一步提升公司核心竞争力。

1. 与同行业可比公司的比较分析

表2-9选取了从营业收入规模、研发模式角度更为可比的公司,与发行人的研发费用资本化情况比较。

表2-9

公司简称	项目	2009年1~6月	2008年度	2007年度	年度平均
北斗星通	营业收入	14,652.22	22,886.22	15,036.90	21,030.14
	年度无形资产资本化金额	0.00	132.73	0.00	53.09
	年度开发支出金额	574.71	2316.56	372.55	1305.53
金智科技	营业收入	20,310.61	39,473.66	35,627.03	38,164.52
	年度无形资产资本化金额	3031.32	2766.95	0.00	2319.31
	年度开发支出金额	1632.92	2568.36	1776.89	2391.27
科大讯飞	营业收入	11,015.80	25,755.21	20,581.02	22,940.81
	年度无形资产资本化金额	1705.83	1110.36	469.66	1314.34
	年度开发支出金额	897.83	1818.42	1173.36	1555.84
平均水平	营业收入	15,326.21	29,371.70	23,748.32	27,378.49
	年度无形资产资本化金额	1579.05	1336.68	156.55	1228.91
	年度开发支出金额	1035.15	2234.45	1107.60	1750.88
启明星辰	营业收入	7260.46	27,347.87	23,586.32	23,277.86
	年度无形资产资本化金额	1066.13	1676.50	785.07	1411.08
	年度开发支出金额	1144.97	2309.05	1203.65	1863.07

注1:资料来源:巨潮资讯网:www.cninfo.com.cn披露的可比公司定期报告。

注2:"年度平均"值的计算方法为2007年度、2008年度和2009年1~6月数据之和除以2.5。

注3:同行业可比公司的选取说明:上表选取的北斗星通、金智科技、科大迅飞同为侧重自主研发的软件企业,且营业收入规模与发行人较为接近,研发情况具备可比性。中国软件、东软集团、浪潮软件营业收入规模远超出发行人的规模;久其软件营业收入规模仅有发行人的1/2左右(久其软件2007年、2008年分别为12,772.30万元和13,019.72万元),在研发方面可比性不强。启明星辰与已经上市的其他安全行业公司相比较,虽然在客户、产品应用领域有较多相似之处,但在具体产品类别、规模和研发模式上有较大区别,因此在研发方面作为可比公司并不适宜;而北斗星通、金智科技、科大迅飞在研发方面作为发行人的可比公司则更有实际参考意义。

从可比公司来看,启明星辰研发费用中计入开发支出的金额较金智科技低、较北斗星通和科大迅飞高;从年度平均来看,启明星辰计入开发支出的研发费用为1863.07万元,可比公司为1750.88万元。从年度无形资产资本化金额来看,启明星辰为1411.08万元,可比公司年度平均值为1228.91万元,与可比公司的情况均较为接近。

2. 公司的研发投入保障了公司战略的实施和市场的领导地位

根据赛迪顾问公布的研究报告,2007年IT整体市场规模为6797.95亿元人民币,而同期中国信息安全产品市场销售额达到66.87亿元人民币,以此计算,信息安全市场规模仅占IT市场整体规模的1%。根据知名研究机构Forester的调查数据显示,2007年北美和欧洲的组织已把信息安全投入占IT总投资的比例由2006年的7.75%提高到7.91%,由此可以看出我国信息安全投入在IT整体投入比重相对欧美发达国家市场差距比较大,也证明了我国信息安全市场仍有巨大的发展空间。

正是由于中国信息安全市场的巨大潜力,一方面,国内涌现数以千计的安全厂商,分别聚焦在各技术产品领域;另一方面,国际安全厂商巨头纷纷进驻中国,把中国作为未来的重要增长点,凭借较强的品牌和技术参与竞争。中国的信息安全在百花齐放、百家争鸣的局面下,也出现"单产品厂商无法抗衡国际厂商、大量厂商集中在无核心技术的低层次竞争上、品牌缺失、人才匮乏"的格局。在这种局面下,用什么产品在当前特别是未来参与竞争、怎样竞争、怎样在竞争中胜出,是摆在志图领航信息安全的厂商面前的重要课题。启明星辰公司正是通过前瞻性的产品布局,以把握未来竞争格局,早在1999年即成立了研发中心,产品管理团队、ADLAB等团队也相继成立,布局全线产品、加深核心技术积累、立足自主原创、探索国际市场、树立产品品牌优势。公司在UTM、IDS、IPS、安全审计、安全平台、漏洞扫描等领域成为国内领军企业，积累了大量的核心技术，为企业长期持续增长奠定了坚实的基础。具体体现在以下几个方面：

（1）多产品线布局，构筑整体解决方案竞争优势

安全市场包括安全产品、安全服务、安全集成。其中安全产品又可分为防火墙、UTM、防病毒、IDS、IPS、安全审计、漏洞扫描、终端安全、安全平台、安全加密、身份认证等产品领域，目前国内大部分厂商都是主要在某一个单独产品领域生存和发展。

由于用户的本质需求是“网络和各类应用系统使用得更好”，使业务更加快速和更加稳定，未来的竞争将不再单独某一个产品的竞争，而是安全整体解决方案的竞争。这就要求安全厂商具备提供整体解决方案的能力，因此，启明星辰公司立足现在，着眼未来，在UTM、IDS、IPS、漏洞扫描、终端安全、安全审计、WEB安全、安全管理平台等众多产品领域均投入研发，以形成未来整体解决方案的竞争优势。这些产品是国内信息安全市场的主要构成部分，也是增长迅速的部分，因此这些投入带来的收益将在中远期得以体现。

（2）强化“热产品”积累，形成深厚竞争技术壁垒

从客户应用角度来看，由于安全产品在对抗环境下存在，具有明显的时效性，根据其对时效性技术的依赖，安全产品可分为“冷产品”和“热产品”。

“冷产品”，是指一旦阶段性版本开发完成，研发投入即可中止，客户即可长期使用的安全产品，如防火墙、加密机等。

“热产品”，是指在阶段性版本开发完成后，为了产品价值的发挥，安全厂商还需持续进行人工技术研究、产品开发和服务，并纳入客户已采购的产品版本中，例如，防病毒/IDS/IPS/UTM/漏洞扫描器/安全审计等，需要不断更新病毒库、事件库、漏洞库等。

由于“冷产品”无须安全厂商再陆续投入除了版本的升级，具备工业化大规模生产特性，因此除非存在政策限制的产品，冷产品必将发展为网络设备厂

商所主导,如防火墙属于“冷产品”,思科、华为等网络设备厂商在网络设备中集成防火墙功能,凭借品牌优势和规模化生产优势可以迅速成为市场上主导厂商。

而“热产品”需要安全厂商持续在攻击行为研究、漏洞基理、防御措施、应用协议等方面持续投入,形成了产品与客户之间巨大的黏性效应,同时也构成了安全产业的核心技术壁垒。没有长期的、持续的投入,无法保证产品的价值发挥。因此,启明星辰在这些产品的研发上,一直并将长期保持投入,并已经在入侵检测特征库、漏洞库、数据库应用协议审计等方面建立了国内领先的知识库体系。

(3)立足自主原创,形成国内市场竞争优势

出于产业发展和国家安全的考虑,国家政府通过各项政策大力促进自主原创安全产品的发展,甚至在一些重要的行业应用中,明确规定需要采购自主原创产品,不仅仅是政府军工等领域,在企业化市场如金融机构、电信运营商、电力石化等领域均在倾向于自主原创安全产品。启明星辰全部产品采取自主原创的方式进行研究开发,其天阗 IDS 和天清汉马安全网关已获得中国信息安全测评中心的自主原创证明(其他所有产品正在陆续参测),是唯一获得首批拥有两个主流产品认证的企业,而不是通过外购第三方技术或以贴牌方式快速形成市场销售带来收益。由此短期内将体现为研发投入较大,但形成的自主原创优势,正在国内安全市场形成一道坚实的竞争壁垒。

同时,自主原创的产品又在产品融合与整体解决方案的形成上具备更强的技术可行性和效率保障,例如,为满足用户对网络边界和终端边界的统一防护,启明星辰将自主原创的 UTM 和终端安全产品进行产品组合开发,形成了国内首创的 UTM2 产品。而如非自主原创,在这种代码级的组合开发上与合作协调上将存在巨大的壁垒。

(4)产品迈出国门,领先国际市场竞争战略

经济全球化带来全球市场的竞争,信息安全产品也不例外。作为领航信息安全的启明星辰公司,一方面,在国内这个“国际化市场”与国外安全巨头进

行竞争；另一方面，也在迈出国门，参与全球市场的竞争，如调研北美、欧洲、日本市场、参展中东市场等。在中东、东南亚等市场，已经发现大量的安全产品市场机会，并建立了相应的市场拓展途径。

在产品的准备上，根据全球区域市场的“性能高、易用性高、本地化”需求特征，启明星辰将 IDS 和 UTM 等产品进行持续的本地化改造，满足区域市场的语言、功能、性能等需求特征，并在 UTM 上突破万兆技术瓶颈，这也是当前研发投入的一部分。随着国际业务的逐渐展开，产品的本地化开发上还将持续投入，保持与国内各产品的同步。

（5）产品持续创新和可定制，巩固品牌竞争优势

启明星辰的全线产品布局，主要定位在竞争充分的市场，而非加密机类指定研发指定生产指定销售的非充分竞争市场。因此，各产品线必须面对充分的客户需求和充分的市场竞争，品牌优势至关重要。而品牌优势也是未来全产品布局、国际业务战略的重要保障。目前启明星辰在 IDS/IPS、UTM、漏洞扫描器、安全管理平台、WEB 应用检测、数据库审计等领域属于国内领导企业，一方面，要保持持续创新；另一方面，要满足各行业客户的差异化需求，以抵御其他厂商的进攻。

在创新上，启明星辰充分发挥组织结构优势，将需求管理、技术预研、产品开发、攻击防御技术积累等有机结合起来，不断在各个产品线实现创新。例如在 IDS 产品上，“可视化”版本的发布，创新性地解决了用户对 IDS 漏报误报的困扰，帮助用户从宏观整体上掌控安全状态；再如在数据库审计上，三层关联技术的创新，将帮助用户切实实现对数据库安全合规操作身份的监管；又如安全服务与木马检测、漏洞研究技术的结合，形成创新的 WEB 安全检测产品，可以帮助用户建立对 WEB 业务的安全防护体系。

在客户化需求上，启明星辰根据行业需求和应用需求的差异性，通过产品架构设计和开发流程的革新，力图实现产品可定制，衍生出面向各行业各应用需求的定制版本，进行外部或内部的高密度发布，以保持各产品的持续品牌优势。

事实证明,在过去十几年的发展中,启明星辰公司也正通过前瞻性的产品布局,才成就了其在信息安全行业的领先地位。也只有通过这种多产品线、强化热产品积累、自主研发、放眼全球、巩固品牌优势的全面布局,公司才能够在日益激烈的竞争中胜出。同时,产品布局的投入也使公司近几年在研究开发的投入上一直保持了较高的水平。

2009 年 11 月,启明星辰天清汉马一体化安全网关的万兆高端型号顺利中标中国移动 2009 年防火墙集中采购项目,标志着启明星辰率先成功进入了电信运营商高端安全网关业务领域。中国移动本次防火墙集采是全球一次性采购量最多的高端万兆安全网关设备项目,云集了华为、JUNIPER 等全球绝大多数知名的通信设备厂商和信息安全厂商,经中国移动的严格测试,启明星辰的天清汉马产品脱颖而出,成为中国移动防火墙集采万兆级产品中唯一入围的中国信息安全厂商。公司持续的研发投入有力保障了公司在行业中的市场领导地位。

3. 报告期内无形资产、开发支出的合理性分析

(1)报告期内研发费用支出、构成、整体费用的比较如表 2 - 10 所示:

表 2 - 10

项　　目	2009 年度	2008 年度	2007 年度	年平均值
总人力费用(万元)	10,791	9984	7346	9374
公司总人数(人)	799	768	678	748
人均人力费用(万元)	13.5	13.0	10.8	12.4
研发总人力费用(万元)	4157	3500	2954	3537
研发总人数(人)	247	233	218	233
研发人均人力费用(万元)	17.0	15.0	13.6	15.2
研发人员占总人数比例	31%	30%	32%	31%
研发人员费用占人力费用比例	39%	35%	40%	38%
研发费资本化(万元)	2135	2309	1204	1883
资本化占总研发人力费比例	51%	66%	41%	53%

注:总人力费用为各年度实际发生的人力费用,没有扣除研发费资本化及政府补助等对人力费用总额的影响。

通过表2-10可见,公司研发人员占全体员工人数比例保持稳定,在30%~32%之间,平均为31%;研发人员人力费用占人力费用比例也保持稳定,在35%~40%之间,平均为38%;研发人均人力费用在13.6万~17.0万元之间,平均为15.2万元,符合目前国内软件研发人员人力成本的实际情况。

此外,公司研发人员的工资待遇水平略高于总体人员的工资水平,充分体现了公司注重科研人才培养以及对自主研发产品研发投入的重视,这将为公司保持市场领导地位、持续提升公司核心竞争力提供了有力保障。

(2)公司研发机构和人员相对独立

公司本着谨慎性的原则,无形资产资本化的范围仅是相关人员的人工费用,因而研发机构和人员相对独立与明确对会计核算极为重要。

在网络安全行业竞争日益激烈的情况下,为保持技术上的领先地位,发行人近几年来的研发费投入呈逐年增长趋势,在研发团队的建设和管理上也逐渐健全和完善。研发团队各部门独立设立、独立核算,业务上共同遵循IPD(集成产品开发)产品开发流程。

目前,公司内部负责和参与产品研发的主要中心有:研究开发中心、泰合中心、产品管理中心(PMC)、安全研究中心(ADLab)以及个别部门的技术专家。

研究开发中心:研发产品以4大类安全产品为主,即威胁检测、安全网关、应用监管、安全工具。研发中心下设11个部门,按照其工作内容和性质可以分为管理部门、预研部门、开发部门及测试部门;其中开发类部门按照产品公用组件性质不同开设部门独立管理,例如驱动组、安全事件组、测试组等;

泰合中心:研发产品主要为安全管理平台(SOC),泰合中心下设10个部门,可以分为管理部门、开发部门、项目实施部门。其中与SOC产品开发直接相关的部门主要有:新业务研发部、战略项目管理部、解决方案办公室、平台管理部;

产品管理中心(PMC):对公司产品需求进行管理,制定发展规划。在产品的开发阶段进行跟踪指导、在产品验收阶段进行评审和发布工作。PMC下设6个部门,其中4个部门分别按照4大类产品线设置(同研发中心4大类产品),其主要职能为对相应产品线的产品开发服务;另有2个部门为管理部门,主要负责产品需求和规划的管理工作。

安全研究中心(ADLab):作为安全攻防技术研究中心,负责对各种类别的安全技术进行深入研究,建立全面专业的漏洞库、攻击工具库、恶意代码库等,为产品的开发提供技术前提和基础。

可见,除ADLab目前尚未直接参与产品开发以外,其他中心均有产品开发团队,即研究开发中心和PMC主要负责威胁检测、安全网关、应用监管、安全工具4大类产品,泰合中心主要负责安全管理平台(SOC)。

综上,公司研发机构和人员相对独立,且研发流程进展的相关规定明确,从而能够确保公司研发费用资本化的合规性。

4. 保荐机构和申报会计师的意见

保荐机构经过核查后认为,从合理性角度,公司无论是从与行业内可比公司的比较还是从研发机构和人员独立性、人均研发费用支出等情况判断,研发费用资本化情况均具有现实的合理性;从合规性角度,公司在报告期内研发费资本化的会计处理符合《企业会计准则》的相关要求。

申报会计师经核查后认为,公司在报告期内研发费资本化的会计处理符合《企业会计准则》的要求。

启明星辰案例,是一个相当综合的案例,用到了解释研发费用资本化合规性、合理性的多个角度和思路,可供读者仔细思考和借鉴。

最后需要说明的一点是,在报告期中间某一年度开始执行研发费用资本化的相关规定,而在以前年度并未执行,此种因适用新旧会计准则而在报告期内适用不同处理方式的,无须追溯调整;对于原来因不具备执行条件而未执行研发费用资本化的,则是无法追溯调整。比如网宿科技在报告期内对研发支出因适用新旧会计准则而进行了不同的处理:

"报告期内,公司的开发支出科目具体情况如表2-11:

表 2－11

单位：万元

项目名称	2009－6－30	2008－12－31	2007－12－31	2006－12－31
CDN 服务支撑系统	105.13	77.39	—	—
CDN 客户服务系统	—	69.85	—	—
资源管理系统 V1.0	99.18	75.00	—	—
CDN 内容分发系统	91.16	67.97	—	—
CDN 服务运营管理系统 V1.0	23.14	—	—	—
服务质量监控系统 V2.0	20.57	—	—	—
网宿 CDN 配置自动部署平台 V1.0	24.51	—	—	—
网宿分布式海量存储系统 V2.0	29.64	—	—	—
网宿全球负载均衡系统 V1.0	26.00	—	—	—
网宿科技企业信息化系统	21.62	—	—	—
合计	440.96	290.22	—	—

公司是一家高科技企业，坚持科技发展路线，高度重视互联网业务平台的软件及系统研发，根据市场情况不断进行研发的投入。公司 2007 年度之前执行旧企业会计准则对研发直接费用化处理，从 2008 年开始实行新企业会计准则启用了开发支出科目。”

五、金智科技：从质疑与澄清中进一步理解

2009 年 8 月 11 日，夏草（署名）在其博客中发表题为《金智科技：开发支出或是照妖镜》的文章，对金智科技研发支出资本化提出质疑，限于篇幅等原因，在此不再引用（但笔者建议应仔细品味该文章质疑的思路，以加深对开发支出资本化这一处理的理解），读者可搜索“金智科技：开发支出或是照妖镜”即可查到详细内容。

2009 年 8 月 15 日，金智科技发布《澄清公告》，其主要内容如下：

(一)背景情况

2009 年 8 月 11 日,夏草(署名)在其博客中发表题为《金智科技:开发支出或是照妖镜》的文章,对公司研发支出资本化提出质疑,怀疑公司开发支出过度资本化,包括虚增资本化的开发支出以及营业成本资本化,并对公司经营活动现金流量净额提出质疑。

(二)澄清说明

经核实,本公司针对上述事项说明如下:

1. 公司认真组织自查,履行了核对有关规定、文件及财务记录等自查程序,形成自查报告,自查报告已经保荐机构和会计师发表核查意见,自查和核查结论为:公司进行资本化的研发项目均获立项批准,公司资本化金额与项目开支范围相符,并在研发项目达到准则规定的资本化时点时方予以资本化,研发费用资本化的会计处理符合《企业会计准则》的规定。

2. 根据财政部规定,公司自 2007 年 1 月 1 日起执行新会计准则,公司自 2007 年度起将符合资本化条件的研发支出进行资本化,涉及的研发项目均为募集资金投资项目,详见表 2-12:

表 2-12

单位:万元

项目名称	批准文号	承诺投资总额	投资总额(调整后)	是否发生研发支出资本化	2007 年度资本化金额	2008 年度资本化金额	2009 年 1~6 月资本化金额
基于现场总线的发电厂电气自动化系统项目	宁发改高技字〔2005〕464 号	4405.00	4405.00	是	911.95	990.07	—
数字化变电站自动化系统项目	宁发改高技字〔2006〕389 号	6878.00	6878.00	是	—	1578.29	1453.02

续表

项目名称	批准文号	承诺投资总额	投资总额（调整后）	是否发生研发支出资本化	2007年度资本化金额	2008年度资本化金额	2009年1～6月资本化金额
高校信息化企业集成平台及应用系统项目	宁发改高技字〔2005〕464号	3420.00	2369.38	是	864.94	—	—
基于"五合一"装置的中小水电综合自动化系统项目[注1]	宁发改高技字〔2005〕464号	2920.00	—	否	—	—	—
电网高压/超高压保护装置项目[注2]	江宁发改投字〔2009〕95号	—	3064.00	是	—	—	179.90
合计		17,623.00	16,716.38		1776.89	2568.36	1632.92

［注1］由于水电开发明显转向大中型水电等因素的影响，项目外部市场需求发生变化，继续实施本项目无法达到预期的经济效益，经2008年度股东大会批准变更为"电网高压/超高压保护装置"项目。

［注2］项目投资额3064万元，资金来源于原项目募集资金2920万元，资金缺口以自有资金解决。

3. 公司开发支出资本化的依据如下：

（1）开发支出的资本化条件

根据《企业会计准则第6号——无形资产》及应用指南的相关规定，企业内部研究开发项目开发阶段的支出，同时满足下列条件的，应当确认为无形资产：

①完成该无形资产以使其能够使用或出售在技术上具有可行性；

②具有完成该无形资产并使用或出售的意图；

③无形资产产生经济利益的方式，包括能够证明运用该无形资产生产的产品存在市场或无形资产自身存在市场，无形资产将在内部使用的，应当证明其有用性；

④有足够的技术、财务资源和其他资源支持，以完成该无形资产的开发，并有能力使用或出售该无形资产；

⑤归属于该无形资产开发阶段的支出能够可靠地计量。

(2)公司研发项目资本化依据

①基于现场总线的发电厂电气自动化系统项目。该项目自 2007 年 4 月已完成项目的技术预研、需求分析、方案设计,进入开发阶段。完成上述研发项目在技术上具有可行性,项目已进入开发中试。项目实施完成后形成的新产品均为对原有优势产品的升级换代,具有较好的市场容量和市场占有率,可以为项目收益提供有力保障。同时公司有足够的技术、财务等资源的支持,并单独核算,支出能够可靠地计量。故公司从 2007 年 4 月对该项目研发费用予以资本化。该项目已于 2008 年 5 月末完成,于 2008 年 6 月 1 日结转无形资产,并按 5 年摊销。

②高校信息化企业级集成平台及应用系统项目。该项目自 2007 年 4 月已完成项目的技术预研、需求分析、方案设计,进入开发阶段。完成上述研发项目在技术上具有可行性,项目已制定产品化及市场推广规划,基础数据应用集成平台已在用户单位试投入运行。项目实施完成后形成的新产品均为对原有优势产品的升级换代,具有较好的市场容量和市场占有率,项目收益能够得到保障。同时公司有足够的技术、财务等资源的支持,并单独核算,支出能够可靠地计量。故公司从 2007 年 4 月对该项目研发费用予以资本化。

该项目已于 2007 年年末完成,于 2008 年 1 月 1 日结转无形资产,并按 5 年摊销。

③数字化变电站自动化系统项目。该项目自 2008 年 3 月已完成项目的技术预研、需求分析、方案认证,进入开发阶段。完成上述研发项目在技术上具有可行性,产品的原型确认工作已完成,技术难点和风险已得到控制,目前各级电网公司都在进行数字化变电站的试点工作,今后 2 ~ 3 年预计将规模推广,具有较好的市场容量,公司通过实施本项目,可以采用技术领先策略分享该领域的市场机遇。同时公司有足够的人员队伍、技术、财务等资源的支持,并单独核算,支出能够可靠地计量。故公司从 2008 年 3 月起对该项目研发费用予以资本化。

该项目已于2009年5月末完成，于2009年6月1日结转无形资产，并按5年摊销。

④电网高压/超高压保护装置项目。该项目截至2009年6月已完成项目的技术预研、需求分析、方案认证，进入开发阶段。完成上述研发项目在技术上具有可行性，技术难点和风险已得到控制，目前我国电网投资规模保持持续增长，电网高压/超高压保护装置是骨干电网设备安全保障的关键，具有较好的市场容量，也能进一步提升公司在电网自动化领域的技术水平和品牌影响力。同时公司有足够的人员队伍、技术、财务等资源的支持，并单独核算，支出能够可靠地计量。故公司从2009年6月起对该项目研发费用予以资本化。

4. 公司开发支出资本化金额高于同行业上市公司，主要为公司于2006年12月上市，2007年1月起执行新会计准则，2007年开始至今正是公司研发投入强度较大的期间，特别是募投项目。公司对开发支出予以资本化的全部是募投项目在实施过程中的开发支出，其中资本化的开发人员薪酬均限定为上述研发项目的项目组人员。

以公司资本化金额最高的数字化变电站自动化系统项目为例，资本化的开发支出包括项目开发人员薪酬、研发设备和开发工具折旧与摊销、项目研发过程中发生的试验费、检验费、鉴定费、技术合作费用以及研发人员为研发工作所发生的差旅费等，上述费用均与项目开发过程密切相关。数字化变电站是国家电网公司重点示范应用项目，也是未来智能电网的重要部分，公司为把握机遇，力争占据大规模推广的先机，集中资源保障投入，项目进展顺利。2009年5月，由我公司承接的“国家电网天津陈甫220KV数字化变电站工程”成功投运，该工程数字化覆盖率达到100%，是迄今国家电网公司投运的自动化程度最高、技术水平最先进的数字化变电站。（2009年5月26日中央电视台新闻联播节目报道）

5. 公司2006年、2007年、2008年及2009年上半年经营活动现金流量净额呈现下降趋势，低于净利润水平，主要原因如下：

（1）公司2003～2005年度经营活动现金流量净额较净利润高4826万元，

主要体现为预收账款的增加,公司预收账款从 2003 年年初的 2183 万元增加到 2005 年年末的 6517 万元,增加 4334 万元。上述情况在 2006 年后逐步出现了回补,对公司经营现金流水平构成了一定压力。

(2)2006 年至今,围绕募集资金项目的实施,研发投入的力度明显高于以往年度,也是影响经营现金流的重要原因。2006 年至 2009 年上半年,进行资本化且计入经营活动现金流出的研发投入(如资本化的研发人员薪酬计入为职工支付的现金)为 2889 万元。

(3)公司应收账款和存货水平的增加也是影响经营现金流的因素,主要源于电力自动化业务应收账款和存货的增加。2008 年度电力自动化业务营业收入较 2005 年度增长 51%,2009 年度上半年较 2008 年上半年增长 9%。电力自动化业务规模增长、行业特点以及公司电力自动化业务发展所处阶段是电力自动化业务应收账款和存货增加的原因。公司应收账款周转率和存货周转率高于电力自动化行业上市公司的平均水平。

(4)公司将通过市场开拓、提升营运效率、加强销售回款的考核和激励力度、柔性生产等方面采取措施,提升资产周转效率,提升经营活动现金流量净额。

6. 公司自成立以来,一直以“合法合规”为企业生存、发展的基础,严格遵守法律法规、企业会计准则、上市规则等规范的要求,诚信经营,依法纳税,努力以更好的业绩回报投资者、回报员工、回报社会。企业的发展历程必然会出现增长、平缓、再增长的周期,我们将通过不懈努力,扎扎实实做好每一项工作,实现企业的可持续发展,不辜负投资者和监管部门的期望。

相信读者能够从上述质疑和澄清过程中得到良多启示,其实这些也更能印证我们本章第三节“小结与启示”中所讲的内容。

第三节 小结与启示

拟上市企业对研发费用资本化,一定要慎重对待:第一,如果公司不具备相应的管理和会计核算水平,则并不宜对开发支出进行资本化;第二,即使具备了较高的管理和会计核算水平,研发费用资本化也完全是受公司管理层和实际控制人掌握的,并且外部人判断和核查研发费用资本化金额与项目究竟是否合适,其实非常难,因为对一个研发项目,外部人很难判断他的价值,基于这种特点,如果管理层和实际控制人没有一颗敬畏、公允之心,研发费用资本化也同样可能会沦为利润调节的橡皮筋——到头来,你会发现其实得不偿失。在同济同捷(2009 年被否)案例中,其被否的可能原因之一即是涉嫌以将研发费用资本化调节 2008 年损益,以保证盈利的增长(2007 年和 2008 年扣非后归属于母公司股东净利润分别为 2280 万元、2336 万元,2007 年无研发支出资本化,2008 年在某自主研发的项目下进行研发支出资本化金额 1107 万元,即如果不考虑研发支出资本化金额,则 2008 年净利润较上年有所下降)。

由于研发费用资本化处理的这种特征,中介机构的尽职调查,应当尽力与企业一起将这个事做实、公允、真实反映企业的经营和损益情况。比如列出报告期各期末的各无形资产明细项目的余额,以及开发支出对应的研发项目(未来的无形资产)明细,核实每一个项目的具体内容、用途、摊销年限等(尤其是摊销年限,一定要符合实际、讲出使人信服的道理,切不可自作聪明故意拉长摊销年限,否则会因小失大);此外,还要列出当期费用化的研发费用金额,与进入开发支出的金额进行比较等多方查证。企业也要切实对无形资产的形成、归集、开始、结束等过程严格执行内部程序,在确定摊销年限时一定要谨慎、符合实际,这样拉出来的明细单子才经得起推敲,任何一个项目都要拉出各期末的无形资产明细项目及期余额,对发生开发支出的企业必然会要求披露开发支出对应的研发项目明细,如果随意处理或经不信推敲,必然会有破绽,企业绝不能认为这类完全是企业内部就能决定的事就可以放松——恰恰相反,越是在这种问题上,拟上市企业越应谨慎、严格。其实,如果认为以前年度将开发支出资本有些不够谨慎,完全可以在申报报表中将其调整进入当期费用——当然,这要综合多种情况加以判断和决定。

从一个更长的期间来看,如果公司在报告期内一直进行研发费用资本化,如果摊销年限合理,其实对净利润的影响会很小,因为每年将开发支出资本化的金额与以前年度资本化形成的无形资产的摊销额可能相差无几,此时对当年净利润的影响会相当低,除非是在某一年大幅提高开发支出资本化的金额或对开发支出形成的无形资产的摊销年限不合理,则会实质上对当期损益产生不公允的影响。

第三章 募投项目设计：紧抓软件企业的特点

第一节　问题概述与路径规划

软件企业募投项目的设计很关键,但同时又比一般企业较难安排。原因在于软件企业的项目开支主要为人员费用、租赁或房产折旧费用,人员费用安排过大使人不太容易理解为何需要这么多的人员费用;如果你去买房产用于公司生产经营,可能会导致原来固定资产折旧与新增固定资产折旧产生较大差别,以及新增折旧较多对本来就不高的利润侵蚀较大的问题;研发中心建设(扩建),对于一个软件企业而言非常重要,但却不产生直接的经济效益,需要适当控制其投入资金的规模,才能使上市后的利润不致出现下滑。

同时,软件产品(项目)的生命周期一般在5~8年,且在3~5年之后即开始逐渐有新的产品(项目)或原产品的新版本替代,其作为募投项目所产生的收益测算如何更合理、更能接近实际同样是一个重要问题。

一般的工业企业或制造业企业,募投项目一般主要用于扩大产能,而扩大产能就需要购买机器设备、招聘人员等,这些机器设备的折旧期、产品的生命周期也会较长,招聘的人员不会像软件企业那样多、薪酬普遍也不会那么高,所以这种募投项目就较好安排,也更易测算和理解。

但软件企业却不是这样,软件企业本身的特点就造成了募投项目安排上考虑的因素要更多一些,自然也使软件企业的募投项目安排有了更多自身的特点,而这些特点也正是软件企业的特点,紧紧抓住软件企业的特点,就能安排好各个募投项目。

第二节　案例分析与操作指引

一、确定募投项目的方向

无论如何,首先需要明确的是募投项目的方向性问题,至于详细的测算和安排明细投入,则是募投项目规划的第二层问题。如果募投项目的方向性问题有了“偏差”(或更准确讲是让不同的人有了很多不同理解或异议,因为事实上企业发展哪些项目实际上企业高管层有明确的判断,但对于上市而言则是有一定的要求的,产生异议的原因往往在于高管将远期的目标或风险较大的项目安排进了募投项目,对企业发展自然是必要,但对上市而言则产生了不必要的风险),对审核过会而言在募投项目安排上产生较大的风险则是完全没有必要的,因为这个问题完全是设计出来的,而在设计上制造了风险岂不是太不值了?在软件企业募投项目安排上,最重要的精力一定是放在确定合适的募投项目(即确定大的募投资金投资方向),不能产生不必要的不同理解或异议。

大多数软件企业往往对某一个行业或某一类别的产品或服务依赖性较大,软件应用的范围很广,一家企业不可能是什么软件产品都存在优势,某一个行业或某一类别的产品或服务就可以支撑一家软件企业每年产生 3000 万元以上的净利润,当一家软件企业的净利润达到 3000 万元以上后,基本会形成较大的业务规模和相应的竞争优势,往往也会考虑运作上市。此时,在确定募投项目过程中往往会面临一个选择:如果你朝原来的领域或客户确定主要募投项目,可能面临市场增长缓慢的问题;而如果你朝原来介入不多的领域或客户进行新的拓展,则会面临如何证明你能够实现销售、客户是否需求该产品的问题。

好在软件产品是一种需要不断更新的产品,其实你只要盯住原来的优势项目和产品进行升级(或扩展新的功能模块)就完全可以,因为谁都知道软件产品和服务需要不断升级。这是最安全的方式,正是说难也不难,但如果你陷入上面所说的所面临的两个"选择"的怪圈,确实不容易让人想明白。这样的例子非常多,如2011年1月25日上市的万达信息,其首发招股说明书披露募投项目如表3-1:

表3-1

项目名称	项目总投资(万元)	备案情况
综合业务基础软件平台V4.0系统	4916	沪发改高技〔2008〕005号和沪发改高技〔2010〕004号
综合劳动和社会保障V3.0系统	4480	沪发改高技〔2008〕016号和沪发改高技〔2010〕008号
民航信息一体化V2.0系统	3863	沪发改高技〔2008〕008号和沪发改高技〔2010〕005号
企业综合监管平台V2.0项目	3520	沪发改高技〔2008〕012号和沪发改高技〔2010〕006号
医疗卫生信息化V2.0系统	2787	沪发改高技〔2008〕013号和沪发改高技〔2010〕007号
其他与主营业务相关的营运资金	—	—

在"募集资金运用"一节中,对上述项目"募集资金投资项目与现有业务之间的关系"中披露:

发行人募集资金投资项目中综合业务基础软件平台V4.0系统、综合劳动和社会保障V3.0系统、民航信息一体化V2.0系统、企业综合监管平台V2.0系统、医疗卫生信息化V2.0系统均是对公司目前核心业务系统所做的系统性升级,升级前后该系统的功能、架构和应用范围都有了重大提升,具体参见表3-2。

系统升级情况对比如表3-2:

表 3－2

项目名称	版本		系统结构、业务功能		应用目标和范围		销售对象	
	升级前	升级后	升级前	升级后	升级前	升级后	升级前	升级后
综合业务基础软件平台	V3.0	V4.0	包括应用运行支撑环境、应用开发环境、应用监管环境，对上层多个应用提供统一支撑。	(1)完善应用运行支撑环境，完善统一身份认证授权、工作流工能，新增业务规则、智能报表、决策分析功能；(2)完善应用开发环境，支持 MDA 方式开发应用；(3)完善应用监管环境；(4)完善和新增 200 多个城市信息化领域业务构件，主要包括：除综合劳动和社会保障类业务构件、综合企业管理和服务类业务构件、政府综合管理与决策类业务构件之外，拓展城市基础设施管理服务类业务构件如国土资源、交通、物流、水务、环保等；(5)新增应用门户功能等。	面向政府信息化。	面向“公共事务”为核心的城市信息化领域。	结合公司整体解决方案进行销售，最终用户群不断扩大。	
综合劳动和社会保障系统	V2.0	V3.0	以劳动和社会保障的主要业务处理为核心，实现“五保合一”的业务需求，提供职业培训、劳动力资源管理、职业介绍、失业保险、城镇社会保险等功能。	(1)对系统体系架构进行了优化，支持跨系统异构、立体化联接。(2)以综合社会保障的概念设计应用功能为框架，将劳动社保、民政救助、社会福利等相关管理职能整合成一个整体，对外提供服务。(3)通过信息流、资金流、物件流的统一，支持参保人员的异地流动养老、救助、就医。(4)在完善业务处理功能的同时，加强对业务的监管和对数据的分析功能。	针对劳动和社会保障的基本业务功能，实现业务处理的信息化。	面向政府综合社会保障职能，在统一系统架构下，实现对跨地域的社会公众的管理和服务。	人力资源和社会保障部门。	政府综合社会保障职能相关的所有部门。

续表

项目名称	版本		系统结构、业务功能		应用目标和范围		销售对象	
	升级前	升级后	升级前	升级后	升级前	升级后	升级前	升级后
民航信息一体化系统	V1.0	V2.0	以民航机场运营为重点，实现了机场生产运营的信息化，并实现了基本的机场管理和信息服务功能。以空管业务处理为重点，实现了航班等信息的采集、处理和显示功能。	(1)在统一系统架构基础上，实现民航信息系统的一体化深化设计，实现统一门户。(2)在机场核心运营系统的基础上，加强和完善了机场综合管理和服务功能。(3)在空管业务处理系统的基础上，完善和加强了空管流量管理系统、航班信息显示系统，整合了气象、航行情报、飞行航班等各类信息，实现实时动态的、图形化的工作指挥、监督管理。	针对民航机场生产运营的基本功能，实现生产管理的自动化。	面向民航一体化管理需求，通过提升流量管理水平，实现高效的运营、智能的管理和便捷的服务。	民航机场运营部门	民航相关的机场运营、空中管制、领导监管等部门。
医疗卫生信息化系统	V1.0	V2.0	以公共卫生管理和监督为主要内容，实现了卫生管理部门对公共卫生统一管理、应急处理等功能，并提供部分医疗卫生信息的整合功能。	(1)对系统体系架构进行合理规划，在应用层就实现了门户服务、应用系统、支撑平台三层结构，并提供统一的信息资源中心，提升了系统灵活性和可扩展性。(2)以区域卫生医疗信息整合为核心，在统一系统架构基础上，实现卫生服务涉及的社区卫生、疾病预防控制、卫生监督管理和卫生政务管理等所有业务功能。	针对公共卫生管理和监督的基本需求，实现信息共享整合和利用。	满足区域内各医疗卫生机构业务管理和服务需求，实现日常健康管理、疾病控制、医疗救治的一体化，减少个人和国家的支出。	卫生管理部门	区域内涉及医疗卫生服务和管理的所有部门和医疗机构。
企业综合监管平台系统	V1.0	V2.0	以综合监督管理为主要内容，实现了工商管理部门对各类企业的监督管理、市场登记与监督管理等功能。	(1)对系统体系架构进行优化，提升系统灵活性和可扩展性。(2)以综合监管信息整合为核心，在统一系统架构基础上，实现网上市场主体的综合监管，如网上市场登记与监督管理、网上广告登记及其管理，以及流通领域的食品安全监管等新功能。	针对综合监督管理的基本需求，实现信息共享整合和利用。	覆盖了从行政管理各种业务到机关及基层内部管理的各个方面。	工商部门	适合全国各级工商部门和市场监督管理局。

再如,2010 年 6 月 23 日上市的启明星辰,其首发招股说明书中披露募投项目如表 3 - 3:

本次发行募集资金按照轻重缓急,计划用于以下 6 个项目:

表 3 - 3

序号	项目名称	投资金额（万元）	项目备案情况
1	全系列 UTM 产品项目	6646.00	已经北京市海淀区发展和改革委员会海发改〔2008〕241 号文核准
2	基于 WEB 应用的业务安全系列产品项目	4806.00	已经北京市海淀区发展和改革委员会海发改〔2008〕240 号文核准
3	安全管理系统产品项目	4587.00	已经北京市海淀区发展和改革委员会海发改〔2008〕238 号文核准
4	内网终端安全产品项目	2808.00	已经北京市海淀区发展和改革委员会海发改〔2008〕242 号文核准
5	网络安全服务和运营平台项目	4733.00	已经北京市海淀区发展和改革委员会海发改〔2008〕237 号文核准
6	安全研究和开发中心建设项目	3420.00	已经北京市海淀区发展和改革委员会海发改〔2008〕239 号文核准
总计		27,000.00	—

在“募集资金运用”一节中,对上述项目“与公司现有业务的关系”中披露:

公司本次募集资金的拟投资项目均为对公司现有的具有技术和市场领先优势的产品与业务的技术改造和产业化升级,这些项目的顺利实施,有利于公司拓展新的盈利增长空间、扩大营业规模、提升品牌知名度和市场占有率,巩固并提升公司在行业内的领先优势。

表 3 - 4

序号	项目名称	与公司现有业务的关系
1	全系列 UTM 产品	对现有的基于 X86 平台的 UTM 产品进行技术升级,构建基于多核硬件平台的全系列高端 UTM 产品,达到国际先进水平,持续保持公司在 UTM 产品上的技术和市场领先优势。
2	基于 WEB 应用的业务安全系列产品	将公司具有领先优势的 IPS 产品、远程网站安全检查服务和网络安全审计产品进行有机结合,形成全面、高效的 WEB 安全解决方案,充分把握 WEB 安全需求市场快速增长的战略机遇。
3	安全管理系统产品	在处于国内市场领先地位的泰合信息安全运营中心(T - SOC)基础上,融合国内市场占有率第一的启明星辰 IDS 系统作为基础安全信息引擎,形成全新升级的、可互相关联的三类安全管理系统,以满足不同行业客户对安全管理系统的客户化、不断扩张的需求。
4	内网终端安全产品	通过建设终端安全产品线,与公司现有的网关、服务器保护产品构成全面的面向终端层面的网络安全解决方案。
5	网络安全服务和运营平台	依托互联网建设"一站式"安全运营平台,且技术上支撑应急响应、M2S、信息安全培训、风险评估等专业安全服务。本项目成果将作为公司拓展安全服务的载体,也可作为第三方开展专业安全增值服务之用。
6	安全研究和开发中心建设	对公司现有研发中心的升级和提升,主要进行安全前沿技术研究和产品开发,为公司产品、服务和整体解决方案的开发提供技术支撑和组织保障。

再如 2011 年 11 月 4 日上市的海联讯,其首发招股说明书中披露募投项目如表 3 - 5:

经本公司 2010 年第三次临时股东大会决议通过,本次募集资金拟用于投资以下项目:

表 3 - 5

单位:万元

项　　目	项目总投资	第一年	第二年
信息应用系统研发升级项目	9031.73	6617.33	2414.40
技术支持中心项目	4313.99	4313.99	—
其他与主营业务相关的营运资金项目	—	—	—

在“募集资金运用”一节中说明信息应用系统研发升级项目“与现有主营业务密切相关”:

信息应用系统研发升级项目是对公司现有的电力信息化软件(包括企业信息门户、数据中心及商业智能、工程管理等)进行深化应用和功能拓展。项目拟采用目前先进的J2EE技术路线、采用“面向服务的架构”(SOA,Service Oriented Architecture)进行软件开发,与目前采用的开发技术完全一致,项目在开发组织管理、软件技术架构方面成熟、稳定。募投项目的实施,与公司的主营业务模式、业务流程以及面向客户群体均保持了一致性。

总之,这样确认募投项目的方向很稳妥,例子也是很多的。

2007年7月27日公告的久其软件首发招股说明书(申报稿)(被否),披露其募投项目如表3-6:

发行人本次发行募集资金拟投资于以下4个项目:

表3-6

序号	项目名称	项目投资(万元)
1	久其D&A研发与业务生成平台	5915.9
2	久其公司营销网络建设项目	5359.5
3	久其中小企业宽带增值应用	1346.3
4	久其商业智能套件(久其BI套件)	1401.0
合　计		14,022.7

2009年7月23日公告的久其软件首发招股意向书中披露(第二次申报,通过发审会审核;募投项目较前次申报有所调整),其募投项目如表3-7:

发行人本次发行募集资金拟投资于以下5个项目:

表3-7

序号	项目名称	项目投资(万元)
1	行政事业单位资产管理系统项目	7970.90
2	久其D&A研发与业务生成平台	5915.90
3	政府直补一卡(折)通管理信息系统	4008.00

续表

序号	项目名称	项目投资(万元)
4	决算报表大厅	2552.30
5	久其商业智能套件(久其 BI 套件)	1401.00
合　计		21,848.10

2009 年 7 月 23 日公告的发行保荐工作报告中披露了募投项目变动的原因:

内核小组成员主要意见如下:

第一次申报 IPO 时的募集资金投资项目中有 3 个项目被中国证监会认为“市场风险较大,存在较大的不确定性”,请补充说明本次募投项目的项目背景、行业竞争力、可行性及效益状况。其中,“久其商业智能套件(久其 BI 套件)项目”本次仍被列在募投项目中,应有使人可信服的材料来支撑;对“政府直补一卡(折)通管理信息系统项目”及“决算报表大厅项目”两个新增项目的市场前景分析应一步加强;另外,在申报材料中,建议对募集资金投资项目给公司未来 2 年带来多少收入、产生多少收益做一个直观的表格;

……

(一)立项评估决策机构成员审议情况及意见

审议情况

2008 年 1 月 23 日,申银万国投资银行总部项目审核部对久其软件 IPO 项目立项材料进行了审核,共有 4 人参加,审议情况具体如下:

表 3 -8

序号	审核人员主要提问	项目执行成员的答复
1	与 2007 年的申报相比较,公司对募投项目进行了较大幅度的调整,是处于什么样的考虑。	发行人本次申报前对募投项目进行了调整,主要基于经营情况的实际变化及发审委的审核意见两方面的考虑。“行政事业单位资产管理系统项目”“政府直补一卡(折)通管理信息系统项目”及“决算报表大厅项目”三个新项目是公司为积极适应网络化及电子政务的发展趋势来确定的,有其必要性及顺利实施的基础。“久其公司营销网络建设项目”不再作为本次募投项目,主要是基于发审委的审核意见及公司经营的迫切需要,由公司以自有资金投资。

……

(二)项目执行成员在尽职调查过程中发现和关注的主要问题以及对主要问题的研究、分析与处理情况

……

针对第一次申报 IPO 时未通过发审会的原因及发行人经营情况的新变化,如何对募投项目进行适当调整。

发行人第一次申报 IPO 时,发审会的主要审核意见为:申请人本次募投项目中的营销网络建设项目、中小企业宽带增值应用项目和商业智能套件项目的市场风险较大,存在较大的不确定性;且与申请人现有的生产经营规模和财务状况不相适应。针对发审会的审核意见,结合发行人在 2007 年 8 月中标财政部《行政事业单位资产管理系统》项目等经营活动实际情况,需要对本次证券发行募投项目进行适当调整。

……

发行人在本次申报 IPO 时对募投项目进行了调整,“久其公司营销网络建设项目”“久其中小企业宽带增值应用项目”拟由发行人以自有资金进行实施,不再作为募投项目,其中“久其公司营销网络建设项目”已于 2007 年度及 2008 年度基本实施完毕;保留了“久其 D&A 研发与业务生成平台项目”及“久其商业智能套件(久其 BI 套件)项目”,保留后者的原因为商业智能是报表管理软件的自然延伸,是报表产品的高端应用,对于发行人未来业务发展具有重要战略意义,并且有较扎实的客户基础和技术基础;根据经营业务的新变化,发行人增加了“行政事业单位资产管理系统项目”“政府直补一卡(折)通管理信息系统项目”及“决算报表大厅项目”。

本质上,笔者认为投资项目本身不存在对或错,因为企业的负责人绝不会想拿钱去打水漂,只是在综合考虑企业即将上市且是用公众投资者的资金进行项目投资的这一特定背景和要求下,企业负责人需要将远期目标与近期目标、项目风险与可实现的确定收益相协调,不能用过于远期的目标、风险性更高的项目用公众投资者的资金来做——这也是对公众投资者的一种风险,而

这种风险在首发时由公众投资者来承担是不公平的,从这个角度就更容易理解了。

最后需要说明一点的是,对于系统集成业务量较大的公司,由于系统集成需要公司采购大量设备而占用较多流动资金,因而募投项目之一也可为“补充流动资金,扩大系统集成业务”,这种情况虽然不多,但也可以这样安排,因为这与这类软件企业本身的经营特点是紧密相连的。如 2010 年 1 月 6 日上市的皖通科技,其首发招股说明书披露募集资金投资项目之一为“投资 5000 万元用于补充公司运营资金,扩大系统集成总承包业务”;2010 年 1 月 20 日上市的赛为智能也与此类似,总之个别项目根据其业务特点进行这种安排也不是不行,但多数在审核中会受到一定关注,需要准备好充分的理由进行解释。

二、安排具体投入的项目

多数软件企业在上市前固定资产的数量和金额均不是大,最多也就是有个办公场地的软件企业会使其固定资产金额较大,这与制造业、采矿业、电力企业等这些行业在资产量上差别很大,软件企业即是为大家通常所说的“轻资产”企业,这是与其生产和经营模式相适应的。

软件企业的“资产”主要是人,即软件企业的资产其实是“人脑 + 电脑”,人的因素对于软件企业比设备资产更重要。

在募投项目的投入上同样也是这样,在人员支出(包括招聘、培训、薪酬等费用)的安排上要体现这个特点;同时,由于人员办公需要场所,一般软件企业在上市前办公场地并不是很宽裕,因而办公场地的租赁或购置、装修,相关办公设备的配备支出(包括与项目相关的价值较高的专用设备、相关外购软件,不能只理解为硬件设备),以及初期的铺底流动资金(一般不超过所属项目投资总额的 20%),便构成了具有软件企业特征的募投项目支出。另外,研发中心建设项目可以有(这里讲的“研发中心”是指不归属于某一个具体产品的研发中心,与本身即含在某一产品建设项目中的研发不同),但投资额占总募投项目投资总额的比重不宜过高,毕竟募投项目总体上要能在近期为公司带来直接的经济效益,而研发中心项目的投资过大从而折旧摊销、当期人员支出增加较多会大大抵减其他募投项目所产生的收益。这种安排符合软件企业募投项目的特点,也为审核部门所认可,下面是一个典型的软件企业某拳头产品建设项目(升级或扩建)投资支出项目如表 3 – 9:

表 3 – 9

明细项目	说　　明	第 1 年	第 2 年	合计
办公场所租赁费	以每个项目实际租赁面积和单价计算			
办公场所装修费	同上			
硬件购置	按该项目所需人员数量和人员所配备的办公设备、研发设备、项目执行设备计算			
软件购置	同上			
人员招募与培训	按每个项目实际需要招募的人数测算 + 建设期人员费用(人员薪酬包括工资、社保和住房公积金、奖金,要与现有人员和未来一定增幅的薪酬水平相适应)			
营运资金/铺底流动资金	每单个项目中该明细一般不超过项目总投资额的 20%			
合　　计				

在收益的测算期上(当然研发中心或研发平台建设类项目并不会产生直接的经济效益,但要说清其对企业发展的必要性和作用),要充分考虑到软件产品的生命周期,即一般并不会太长(如 5 年左右),且可能在第 4 年左右收益会逐渐减少,这个问题必须要考虑到,否则可能会导致与实际差别非常大且如果被问到也会很难解释。

这样的例子很多,如 2011 年 11 月 4 日上市的海联讯,其首发招股说明书中披露"信息应用系统研发升级项目"的投资情况:

本项目投资额 9031.73 万元。其中固定资产投资 4401.99 万元,无形资产投资 1370.33 万元,研发投资 3259.40 万元。具体投资情况如表 3 – 10:

表 3－10

序号	项目名称	投资金额		
		第一年	第二年	合计(万元)
一	固定资产投资	4001.99	400.00	4401.99
	1.1　房屋建筑类	2000.00	400.00	2400.00
	1.2　办公家具类及装修资产	180.00	—	180.00
	1.3　设备类	1821.99	—	1821.99
二	无形资产投资	1370.33	—	1370.33
三	研发投资	1245.00	2014.40	3259.40
合　　计		6617.33	2414.40	9031.73

1. 固定资产投资

本项目办公场地购置费用为 2400 万元(含预备费),办公场地装修及办公家具购置费为 180 万元(含预备费)。

设备类投资包含开发、测试、培训、演示平台,个人开发工具(PC,笔记本电脑),其他(网络设备、备份设备等),合计 1821.99 万元。

2. 无形资产投资

无形资产投资包含开发、测试、培训、演示平台、相关软件系统,个人开发工具(操作系统、办公软件等),其他(测试软件、安全软件),合计 1370.33 万元。

本项目所需的设备名称、型号、数量、金额以及所需的无形资产等情况如表 3－11 所示:

表 3－11

序号	名称	规格型号说明	数量	单位(万元)	总价(万元)
一、开发、测试、培训、演示平台					2063.6
设备					1231
1	认证服务器	IBM x3850	3	11.5	34.5
2	目录服务器	IBM x3850	3	11.5	34.5

续表

序号	名称	规格型号说明	数量	单位（万元）	总价（万元）
3	智能门户服务器	IBM p5570(8C/64G)	3	86	258
4	内容管理服务器	IBM p6550(4C/16G)	3	31	93
5	搜索引擎服务器	IBM p6550(4C/16G)	3	31	93
6	搜索采集服务器	IBM x3850	2	11.5	23
7	数据仓库服务器	IBM p5570(8C/64G)	3	86	258
8	数据挖掘服务器	IBM x3850	4	11.5	46
9	ETL 数据抽取服务器	IBM x3850	2	11.5	23
10	ESB 服务总线服务器	IBM x3850	2	11.5	23
11	流程集中管理服务器	IBM x3850	2	11.5	23
12	工程管理系统应用服务器	IBM x3850	2	11.5	23
13	数据库服务器	IBM x3850	14	11.5	161
14	其他业务应用服务器	IBM x3850	12	11.5	138
软件					832.6
1	安全认证软件	Novell Access Manager 3	1	19	19
2	目录软件	NOVELL Ldentry Manager 3.5	1	37	37
3	门户产品	IBM Portal	1	50	50
4	门户产品	Oracle WebLogic Portal	1	50	50
5	应用集成产品	BEA WebLogic Integration	1	60	60
6	ETL 软件	Sagent Data Flow	1	80	80
7	BI 分析软件	Cognos 8.1	1	60	60
8	BI 高级分析软件	SAP BW	1	96	96
9	数据挖掘软件	SPSS Clementine Server	1	90	90
10	IBM SOA 架构软件	IBM Websphere Process Server	1	54	54
11	Oracle SOA 架构软件	Oracle ESB Server	1	50	50
12	IBM 工作流平台	Small World 4.0	1	5	5

续表

序号	名称	规格型号说明	数量	单位（万元）	总价（万元）
13	Orcle 工作流平台	SIAS 4.0	1	25	25
14	数据库软件	Oracle 10g Enterprise Edition	1	30	30
15	应用服务器软件	Oracle Weblogic Premium V9	2	56	112
16	操作系统	Windows server 2003	2	2.1	4.2
17	操作系统	RHEL Advanced Platform Premium5	2	3	6
18	操作系统	Windows Sever 2008 Enterprise	2	2.2	4.4
二、个人开发平台和工具					504.48
设备					144
1	PC、笔记本电脑	Lenovo	144	1	144
软件					360.48
1	操作系统	Microsoft Windows 7	144	0.25	36
2	办公软件	Microsoft Office 专业版 2007	144	0.32	46.08
3	系统需求管理工具	Rational 需求管理工具	40	2.21	88.4
4	系统建模工具	Rational 设计建模工具	40	4.75	190
三、其他					472.23
设备					360.23
1	负载均衡	F5	1	70	70
2	其他网络设备	交换机、路由器、网管系统、DNS、邮件服务器	—	—	73.59
3	存储	HP XP20000(16G/16T)	2	80	160
4	机房	机房装修、布线、不间断电源、精密空调、气体消防	—	—	56.64
软件					112

续表

序号	名称	规格型号说明	数量	单位（万元）	总价（万元）
1	测试软件	LoadRunner 软件及服务、性能监控、内存泄露分析和优化工具	—	—	79
2	安全软件	防火墙、入侵检测系统、防病毒软件、内网安全管理系统	—	—	33
合　计				3040.31	
预备费				152.02	
总　计				3192.33	

3. 研发投资

本项目研发投资 3259.40 万元,详细情况如表 3 - 12:

表 3 - 12

单位:万元

序号	项目	第一年	第二年	合计
1	工资及福利	1054.00	1848.00	2902.00
2	培训费用	81.00	86.40	167.40
3	产品定型、检测、评审	50.00	80.00	130.00
4	研讨及咨询费用	50.00	—	50.00
5	知识产权登记费用	10.00	—	10.00
合　计		1245.00	2014.40	3259.40

注:其实对募投项目中具体采购的硬件或软件的型号,不必写得太具体、明确,因为将来具体实施时可能有新的机型或版本了,那时你自然也不会再买确定募投项目定稿可行性研究报告时确定的好机型或版本了;同时,如果确定得这么具体,持续督导时也需要解释,当然不是大事,但完全可以在这时避免这种情况的发生。

再如 2010 年 6 月 23 日上市的启明星辰,其首发招股说明书中披露"募集资金投资项目支出汇总表"如表 3 - 13:

表 3 - 13

单位:万元

序号	项目名称	固定资产	软件工具	研发经费	项目外包	市场推广	流动资金	项目合计	占投资总额的比例
1	全系列 UTM 产品	1505	794	1897	900	560	990	6646	24.61%
2	基于 WEB 应用的业务安全系列产品	1095	709	1547	550	255	650	4806	17.80%
3	安全管理系统产品	896	699	1402	700	170	720	4587	16.99%
4	内网终端安全产品	646	227	1010	300	180	445	2808	10.40%
5	网络安全服务和运营平台	2197	610	1115	400	86	325	4733	17.53%
6	安全研究和开发中心建设	1496	1006	918	—	—	—	3420	12.67%
小　计		7835	4045	7889	2850	1251	3130	27,000	100.00%

……

在安排各部分投资比例(金额)时,上述这些案例可以提供有益的借鉴,当然最主要的是要考虑具体项目投资切实需要的投资项目和投资额。除此之外,笔者提示需要再重点考虑以下两点:

一是软件企业募投项目的建设期。由于软件产品更新快以及募投项目基本为原有产品的升级、扩展,因而软件企业的募投项目建设期一般也并不会太长,1 ~ 1.5 年应当基本可以建设完成,某些需要较长时间研发的项目可能较长但不宜超过 2 年,否则由于软件企业产品本身的生命周期也不会很长且在后期收益还会递减,因而其效益会有较大折扣,且可能会被认为目前技术准备不充足导致研发和建设时间较长。这点与很多企业募投项目建设需要工程施工、订制设备周期较长从而建设时间较长不同(同样,这类产品一般生命周期也不会像软件企业那样短);

二是对折旧、摊销额及研发费用情况要格外关注,尤其是建设期的折旧、摊销及直接进入费用的研发费用。主要是要与公司现有的盈利规模比较,在保守考虑一定增长率的情况下,不能因为这些成本费用的增加而导致盈利水平在上市后即明显有所下降。建设期之后,募投项目本身会带来盈利——而这个盈利数据是在已考虑新增的折旧、摊销和研发费用的基础上的盈利,即是项目净增加的盈利,在进入这个时期后就不会产生更多问题了,即要更多关注建设期因募投项目实施而对公司增加营业成本和费用对利润的抵减程度。

此外,从惯例上讲,一般单个项目的流动资金(铺底流动资金)安排不超过该项目总投资额的20%,这点需要注意下。

当然,如果不按这种更符合一般软件企业的特点来进行处理,并不是不可以,只是通常情况下会面临更多的解释和说明工作。比如,2009 年 9 月 13 日上市的立思辰,其首发招股说明书在“重大事项提示”和“风险因素”部分披露:

“(一)新增固定资产折旧及研发支出对业绩增长造成的风险

公司募集资金项目中,固定资产投资和研发支出合计 20,951.36 万元,占项目总投资的 75.85%。目前公司的固定资产规模相对较小,本次募集资金投资项目实施后,公司的固定资产规模和研发支出将大幅增长。根据固定资产投资进度,项目实施后前五年每年分别增加折旧及研发支出 1150.82 万元、2455.44万元、2213.90 万元、2261.61 万元、2309.33 万元。

公司对募集资金投资项目的可行性进行了充分的分析和论证,充分考虑了各种因素对项目收益的影响,项目可行性研究显示两个项目的总体经济效益较好,在建设期即可产生效益,年均新增营业收入 46,936.65 万元,新增固定资产折旧及研发支出占新增营业收入的比例较低。由于两个项目均具备良好的实施基础和盈利能力,在项目实施初期即能消化新增固定资产折旧及研发支出等成本费用,不会对公司经营业绩带来不利影响。随着募集资金项目投产后效益的逐步发挥,新增固定资产折旧及研发支出对公司经营成果的影响将逐步减小。

但是如果未来市场环境或市场需求出现重大变化造成募集资金投资项目不能产生预期收益,固定资产投资带来的折旧及研发支出将对公司未来业绩造成一定压力。”

在募集资金投资项目部分的“新增固定资产投资折旧及研发支出对公司业绩的影响”中披露:

“目前公司的固定资产规模相对较小,本次募集资金投资项目实施后,公司的固定资产规模及各项期间费用将大幅增长。公司本次募集资金主要用于拟投资项目的固定资产投资和研发支出,两项合计20,951.36万元,占项目总投资的75.85%。

以公司现行固定资产折旧政策及研究开发支出的核算方法,募集资金投资项目的新增固定资产折旧、研发支出预计如表3-14所示:

表3-14

单位:万元

项目名称	新增支出	第1年	第2年	第3年	第4年	第5年
服务及营销网络建设项目	固定资产折旧	521.90	1287.36	1530.91	1530.91	1530.91
研发中心项目	研发支出	441.78	701.52	100.28	100.28	100.28
	固定资产折旧	187.14	466.56	582.71	630.42	678.14
新增固定资产折旧和研发支出合计		1150.82	2455.44	2213.90	2261.61	2309.33
新增营业收入		11,278.30	24,218.33	42,424.14	64,233.74	92,528.75
新增固定资产折旧和研发支出合计占新增营业收入的比例		10.20%	10.14%	5.22%	3.52%	2.50%

虽然本次募集资金投资项目实施后,公司新增固定资产折旧和研发支出的绝对金额较大,但占新增营业收入的比例较低,因此对公司未来的经营成果不构成重大不利影响。随着募集资金投资项目投产后效益的逐步发挥,新增固定资产折旧和研发支出对公司经营成果的影响将逐步减小。

公司2006年度、2007年度、2008年度的综合毛利率分别为25.11%、26.09%、30.09%,取报告期毛利率的最低值25.11%进行测算,项目实施后前五年分别需要公司新增营业收入4583.11万元、9778.73万元、8816.81万元、

9006.81 万元及 9196.85 万元。按照项目实施后需要新增营业收入最多的第二年进行计算,只要公司营业收入增长率达到 16.80% 就可确保公司营业利润不会因项目建设而下降。

2006 ~ 2008 年,公司的营业收入增长率远高于 16.80%。并且根据赛迪顾问的研究报告,2009 ~ 2013 年,我国办公信息系统服务市场将以平均 25.80% 的速度增长。因此,即使不考虑项目投产带来的新增营业收入,以公司目前生产经营状况和发展速度,就足以消化上述年新增固定资产折旧及研发支出,公司未来经营业绩不会因项目建设产生重大不利影响。上述项目建成投产后,公司经营规模将进一步扩大,盈利能力预计将有较大提高。"

在立思辰案例中,其募投项目名称如表 3 – 15:

表 3 – 15

单位:万元

序号	项目名称	投入资金(万元)
1	服务及营销网络建设项目	17,729.50
2	研发中心项目	9893.26
	其中:文件生命周期协同管理系统项目	4248.99
	嵌入式文件信息安全管理系统项目	2683.01
	高效音视频会议综合控制系统项目	2961.26
合　　计		27,622.76

笔者认为,上述"研发中心项目"虽然称研发中心项目,其实下属的三个具体项目都是产品项目,是能带来直接收益的产品项目,称呼研发中心项目容易让人产生误解,对固定资产、研发支出的解释也可能就多些了。当然,这并不是说上述项目设计得不合理,只是说这种设计常会导致更多的解释和说明。

最后,需要说明的一点是,由于软件企业在上市前的轻资产特点,在募投项目中安排固定资产的较大支出也较为常见,但要考虑募投项目所增加的利润消化每年新增的固定资产折旧,那么一般固定资产安排多少较为合适?这个并没有一个固定的模式,如果在上市前已有较多固定资产(主要是房产),则会安排较少;如果在上市前没有自己的房产,则常会安排较多的房产投入安排。固定资产投入安排较多的案例,在2010年5月26日上市的银之杰,其首发发行保荐工作报告中在解释募投项目固定资产新增折旧时提到其他软件企业募投项目新增固定资产占募投项目投入总额的比例情况如表3-16:

表3-16

同行业上市公司	固定资产投入(万元)	募集资金总额(万元)	占比
三维通信	11,591.00	14,091.00	82.26%
石基信息	16,011.00	20,080.00	79.69%
东华软件	15,537.90	19,517.00	79.61%
国脉科技	11,685.00	15,045.00	77.67%
华胜天成	27,483.70	38,541.70	71.31%
神州泰岳	29,446.80	50,252.80	58.60%
久其软件	2920.10	21,848.10	13.37%
平均值	16,380.79	25,625.09	66.07%
发行人	2426.70	13,725.10	17.68%

从表3-16来看,有占比较高的,但也有占比很低的,总之还是上面说的并没有固定的比例或模式,要考虑公司在上市前的特点和募投项目新增利润对新增折旧的抵减程度。

三、募投项目研发费用资本化

由于募投项目在建设期需要投入较多的资金,且在建设期多为研发工作(如常见的软件产品升级类募投项目),在此期间的研发支出是否资本化会成为一个需要仔细斟酌的问题:如果不进行资本化,可能不符合实际,因为该研发活动将会使公司研发出的新的同类产品在一定期间内受益;如果进行资本化,哪些进行资本化、哪些不进行资本化并且还只是一个未来的设计、安排,这又会是一个问题。这个疑问先放在这里,我们先看一个例子再讨论:

2009 年 12 月 25 日上市的同花顺,首发招股说明书披露的募投项目如表3－17:

表 3－17

单位:万元

序号	项目名称	投资内容						备案情况
		固定资产	软件	研发费用	其他	流动资金	合计	
1	手机金融服务网二期项目	3939.0	424.0	1230.0	407.0	1200.0	7200.0	高新(滨江)发改备(2008)031号
2	同花顺系列产品升级项目	3496.8	416.0	1262.0	850.2	900.0	6925.0	高新(滨江)发改备(2008)030号
3	新一代网上交易服务平台项目	932.5	285.5	786.0	151.0	400.0	2555.0	高新(滨江)发改备(2008)032号
4	机构版金融数据库项目	2207.0	220.0	2688.0	450.0	700.0	6265.0	高新(滨江)发改备(2008)033号
5	营销服务网络建设项目	1322.0	0.0	0.0	683.0	250.0	2265.0	高新(滨江)发改备(2008)034号
合计		11,907.3	1345.5	5966.0	2541.2	3450.0	25,210.0	—
		47.22%	5.34%	23.67%	10.08%	13.69%	100.00%	—

在其首发《发行保荐工作报告的补充说明(一)》中披露证监会反馈意见第35 条“请保荐机构对发行人招股说明书中对募投项目进行可行性论证时,假设建设期内的所有投入都可资本化假设前提的合理性及谨慎性发表明确意见”,保荐机构说明如下:

发行人在编制募投项目的可行性研究报告时,按照国家发展改革委和建设部颁布的《建设项目经济评价方法与参数》的有关规定:“建设项目经济评价中应按有关规定将建设投资中各分项分别形成固定资产原值、无形资产原值和其他资产原值。形成固定资产原值可用于计算折旧费,形成的无形资产原值和其他资产原值可用于计算摊销费。”

发行人募投项目的投入可分为工程投入、设计与开发费和流动资金投入。发行人在对募投项目进行可行性论证时,假设建设期内的所有投入都可资本化,是指假设建设期内的工程投入、设计与开发费投入可以资本化。

工程投入包括办公场所、硬件和软件,按照《企业会计准则》的有关规定,工程投入计入公司的固定资产和无形资产不存在问题。

发行人假设建设期内设计和开发费用均资本化,具体原因如下:

根据《企业会计准则第 6 号——无形资产》及应用指南的相关规定,企业内部研究开发项目开发阶段的支出,同时满足下列条件的,应当确认为无形资产:

1. 完成该无形资产以使其能够使用或出售在技术上具有可行性;

2. 具有完成该无形资产并使用或出售的意图;

3. 无形资产产生经济利益的方式,包括能够证明运用该无形资产生产的产品存在市场或无形资产自身存在市场,无形资产将在内部使用的,应当证明其有用性;

4. 有足够的技术、财务资源和其他资源支持,以完成该无形资产的开发,并有能力使用或出售该无形资产;

5. 归属于该无形资产开发阶段的支出能够可靠地计量。

公司募投项目在公司自行编制的基础上,经浙江发展规划研究院科学论证,并由经浙江发展规划研究院出具相应的可行性研究报告,认为项目的实施是必要的和可行的,预期经济效益显著。目前,公司的募投项目已完成技术预研、需求分析、方案设计,进入开发阶段。因此募投项目的实施在技术上具有可行性。

项目实施完成后形成的新产品均为对原有优势产品的升级换代或者在公司主营业务范围内丰富产品结构,产品具有较好的市场容量,公司多年的运营经验和良好的市场品牌形象,有利于公司在互联网金融信息服务领域保持并拓展市场占有率,可以为项目收益提供有力保证。

同时公司经验丰富的研发团队、高效规范的产品开发管理流程和研发管理体系,以及多年的技术积累,为项目的实施提供了较好的技术资源,公司募集资金到位并上市后,具有足够的财务资源和其他资源的支持,以完成该无形资产的开发。募投项目均可以单独核算,并能够可靠地计量。

发行人在募投项目建设期投入的设计和开发费用能够满足《会计准则》规定的条件,将其资本化符合制度的规定,但在实施过程中会存在部分费用不能严格划分或不能资本化的情形,建设期内投入的所有费用均可资本化与实际情况可能存在差异。

保荐机构认为:对募投项目进行可行性论证时假设建设期内的所有投入都可资本化假设前提与会计的谨慎性原则不一致,但该假设作为项目经济评价的基础符合行业惯例和《建设项目经济评价方法与参数》的相关规定,能客观地反映项目的内部收益率,具有合理性。

实践中,对这种研发费用全部进行资本化的例子并不多,因为这部分研发人员的薪酬等全计入开发支出可能不太合理,这段时间这些人只干这些募投项目的研发可能不太符合实际,但是在募投项目为企业原有大部分或主要产品升级改造的前提下,研发投入进行资本化也是能说得过去的——而要找出不进行资本化的金额或比例可能更难,因而,对于此类项目在建设期的研发投入全部进行资本化的也不是很少见,但反馈意见问到这个问题并不多。我们可以再看一个例子,2010 年 3 月 18 日上市的联信永益,其首发保荐工作报告中披露:

募集资金投资项目实施后,建设期和生产期各年新增的折旧与摊销对损益的影响情况如表 3 – 18:

表 3－18

单位:万元

项目	第一年	第二年	第三年	第四年	第五年	第六年	第七年	合计
固定资产投资	11,863	2111	0	0	0	0	0	13,974
研发费用	4245	0	0	0	0	0	0	4245
折旧费用	783	1623	1623	1623	1623	1181	344	8803
研发费用摊销	0	226	803.8	803.8	803.8	803.8	803.8	4245
新增折旧和摊销对损益的影响	783	1849	2427	2427	2427	1988	1148	13,048

固定资产折旧及开发费用摊销对公司的经营成果将产生一定的影响。

募集资金到位后的第一年,假设房产、设备等固定资产的投入于年中发生,同时由于与软件产品开发相关的项目尚处于建设期,因此新增的影响损益的折旧和摊销仅为募集资金投资项目第一年固定资产投资 6 个月的折旧额,即 783 万元。募集资金到位后的第二年,部分与软件产品开发相关的项目进入生产期,研发费用开始摊销,募集资金运用新增的影响损益的折旧和摊销合计为 1849 万元。从募集资金到位的第三年开始,所有项目进入生产期,各项目开始全面产生效益。根据效益测算,募集资金投资项目建成后,在生产期内平均每年新增营业收入 15,194 万元,平均每年新增净利润 5208 万元。

事实上,对于研发费用全部费用化的例子倒是更多——如果拟上市企业在申报报表中未进行研发费用资本化处理,笔者还是建议采用这种方式,因为这种方式更为谨慎且符合会计处理一贯性的原则,此时所需要面临的问题是解释你需要增加多少收入和利润才能弥补因折旧和摊销的增加所带来的利润减少,而这个只要在设计募投时提前考虑到,那要容易解释得多,且解释也会很有说服力。如 2010 年 2 月 11 日上市的三五互联,首发保荐工作报告中披露了内核部门关注了“募集资金项目完全达产前发行人如何消除新增折旧对发行人盈利能力的影响”问题,项目组回复情况如下:

本次募集资金投资项目中新增的固定资产主要为电子设备,部分为办公设备。根据本公司的折旧政策,电子设备和办公设备的折旧年限为 5 年,净残值率为5% 。

经三五互联测算,假如2009年内能成功发行股票募集资金,募投项目将尽快启动,未来几年的折旧和摊销情况如表3-19:

表3-19

预测数	基期(2010年)	2011年	2012年	2013年	2014年	2015年
募投设备折旧	—	308.25	433.01	547.00	904.22	1391.04
研发投入摊销及折旧	—	1004.80	1285.80	1414.60	1414.60	1414.60
折旧摊销合计	—	1313.05	1718.81	1961.60	2318.82	2805.64

根据募投项目可研报告,在募集资金投资项目投入后,因为募集资金项目投入产生的折旧摊销金额于第一年(2011年)为1313万元,根据2009年上半年三五互联的销售净利率26%计算,消化上述新增折旧摊销额,发行人需新增业务收入5050万元。2011年,募投项目预计自身可产生业务收入2342万元,则三五互联在现有业务基础上增加收入2708万元即可消化新增折旧摊销额。假设未来三年三五互联现有的营业收入以不低于10%的增幅增长,2011年营业收入即可达到1.54亿元,发行人可消化募投项目新增折旧摊销额对发行人经营业绩的影响。

总之,如果募投项目为原有产品升级或改造类的项目,基于测算的目的,则研发投入全部资本化也不是一定不行,在折旧摊销金额不是很大的情况下,全部费用化,或者简单化处理将50%的研发费用资本化也是一种方法;如果募投项目为研发中心建设或扩建项目(不针对具体产品的研发),则应将发生的研发费用全部费用化。

如果拟上市企业在申报报表中即已进行研发费用资本化,可以参照报告期内研发费用中资本化金额和费用化金额的占比情况,对募投项目参考这个比例进行资本化,这种处理方式也较为稳妥。

第三节　小结与启示

软件企业募投项目的设计确实有很多自身的特点,这些特点都与软件企业本身的特点紧密相关,募投项目的设计也要紧紧抓住软件企业的运营特点。募投项目的方向,一定不能错,其中特别注意的是不能往还成熟的产品上搞募投;其实,软件产品都会不断升级,这就给软件企业募投项目设计打开了一条非常稳妥的路子,即拿企业自身的拳头产品做升级就是非常合适的首发募投项目,一个企业拿公众投资者的钱投资也应当这样。在募投项目的方向确定后,各家软件企业的具体投资项目基本是相似的,但具体各项目间的占比是没有较为固定的模式,要结合企业和项目投资自身的实际来安排,需要特别注意的是要提前考虑新增固定资产折旧和摊销对公司经营业绩的影响。

第四章

上市前股权激励：多种方式通盘考虑

第一节　问题概述与路径规划

很多拟上市公司都进行过上市前的股权激励,即让公司的核心员工成为拟上市公司的股东,分享上市所带来的高额回报,一方面,使核心员工的利益与公司的利益更紧密地结合在一起;另一方面,这种治理结构也是投资者所希望看到的,因为这为公司的长远发展打下了更为坚实的基础。

上市前进行对核心员工进行股权激励(由于大多数软件企业为民营企业,因而本章针对民营企业的上市前股权激励进行说明;国有企业上市前的股东激励,除考虑本章所述内容外,还要重点考虑有关国有企业股权激励的有关规定),方式主要有以下三种:直接持股(包括通过合伙企业持股)、通过持股公司间接持股和直接与间接持股方式相结合。总体上说,每种方式各有优缺之处:直接持股的主要好处是税收较少,使被激励的员工能够获得更大的收益,缺点是如果在审核期间员工离职难以收回股权(要求激励对象将股权以一定价格转回);通过持股公司间接持股的好处是,员工不是直接持有拟上市公司股权从而更灵活、易于管理,缺点是真正到员工手中的收益会因两道税而减少;直接与间接持股相结合的方式,则是综合考虑各种优缺点和员工利益之后的一个结果[特殊的一点是,对股改前为外商投资企业的,由于除个别地区(如上海浦东)之外的外商投资企业不能有自然人作为股东增资或受让股权,因而对此时只能通过设立持股型公司来实施股权激励]。当然,由于地方政府对地方税种优惠措施的不同,持股型公司的税收并不见得会很重,——具体要根据持股型公司当地的税收政策来确定,拟上市企业在设立持股型公司时,也可进行适当的比较。

关于通过合伙企业持股,实际上其税收与直接持股基本相同。根据《中华人民共和国合伙企业法》(以下简称《合伙企业法》)第 2 条第 1 款规定“本法所称合伙企业,是指自然人、法人和其他组织依照本法在中国境内设立的普通合伙企业和有限合伙企业”,第 6 条规定“合伙企业的生产经营所得和其他所得,按照国家有关税收规定,由合伙人分别缴纳所得税”;《中华人民共和国企业所得税法》(以下简称《企业所得税法》)第 1 条第 2 款规定“合伙企业不适用本法”。因而,对“法人和其他组织”合伙人按财税〔2008〕159 号文第 4 条规定的分配原则确定应纳税所得额,合伙企业不替该合伙人缴纳所得税,如该合伙人为法人,由其确认为当期收入合并计征企业所得税,且不得用合伙企业的亏损抵减其盈利;如该合伙人为个人独资企业或合伙企业,对其个人投资者依据《国家税务总局关于〈关于个人独资企业和合伙企业投资者征收个人所得税的规定〉执行口径的通知》(国税函〔2001〕84 号)第 2 条的规定,单独作为投资者个人取得的利息、股息、红利所得,按“利息、股息、红利所得”应税项目计算缴纳个人所得税。

从股权来源上看,无非有两种:一是增资的方式;二是老股东股权转让的方式。一般来讲,拿出用以实施激励的股权比例,占拟上市企业申报前股权比例的 10% ~15% 。当然,如果是申报主板和中小板,还要考虑因实施股权激励而进行股权支付处理,导致报表净利润减少的程度,不能因为实话股权激励而使报表中净利润出现亏损。

特别需要说明的两点:一是在上市前的股权激励,不能是虚拟股权或其他存在变动条件的股权激励,即不能使股权处于一个变动状态之中;二是在申报期间,不能产生大额股权的转让(原则上对零星小额股权的转让也不允许,但毕竟有一个该股权转让对公司影响程度的判断;为防止激励对象取得股权后离职,可约定其他限制条件避免离职情形发生或减少损失)。

关于股权不能在审核期间发生变动(尤其是重要股东的股权),很多企业可能不太易于理解,因为股权变动是股东的权利,只要不违背法律法规就可以转让,怎么在审核期间就不能转让?其实,准确来讲,也不能称为“在审核期间不能发生变动”,而应是如果主要股东在审核期间发生变动就要撤回申请材料保荐机构履行核查职责后重新申报，没有哪家企业愿意排了半天队又回到起点重新排队的，所以一般来说，在审核期间中介机构都不希望股权发生变动——企业自然也不希望发生变动，否则重新申报对企业而言也没有任何好处，对于监管机构也是浪费了宝贵的人力资源和时间。极端地，如果一个企业的股权始终处于“动态变化”之中，则更会构成上市的障碍。神州泰岳第一次首发申请被否，与媒体报道公司有“动态股权”有一定关系；在第二次申报时，《保荐工作报告》在“内部核查部门关注的主要问题及落实情况”部分对此进行了说明和澄清：

公司自变更设立前后公司股东进行过多次股权无偿转让，对此媒体曾报道发行人设计了一套“动态的股权结构体系”并提及“公司公有股权”的概念。请说明历史上公司频繁转让股权的具体原因；“动态股权结构体系”的报道是否与公司实际的股权变化情况相符；股权变化过程中是否存在代持等不规范情形，是否因股权频繁变动存在纠纷或争议。

回复如下：

“动态的股权结构体系”是发行人董事长王宁立足于采访当时对历史上曾经有过的管理理念的归纳和整理，是理念层面上的概念；发行人并未就此形成书面的制度、协议，发行人股东之间也未就此签署任何书面协议、约定、合同，对发行人及其股东并没有任何法律约束力。发行人历史上和目前的股东所持有的发行人的股权均为其本人真实所有，权属清晰、确定，实际上不存在“公有股权”。

发行人的股权演变过程同时也是发行人由小到大、由弱到强的发展过程。发行人曾发生的多次股权转让均与吸引核心技术、管理、营销人才有关，与实施股权激励有关，是发行人股东为吸引核心人才、稳定人才团队，促进发行人快速壮大实力、提高市场份额所采用的降低现金支付的有效手段，并对发行人的发展发挥了重大作用。随发行人实力的不断提升，发行人股权价值的不断提高，发行人实施股权激励的方式、定价依据也在不断变化和改进。

发行人历次股权转让过程中，原股东甄岳宾、赵林于 2007 年 9 月的股份转让,目前已合法有效,不存在潜在争议或纠纷,对本次发行上市不构成法律障碍。除此之外,发行人历史上历次股权转让均合法合规,并履行了工商变更登记手续;发行人股东所持公司股权均为本人真实所有、不存在委托持股和信托持股情况、股权清晰;公司股东所持股份不存在任何限制、股东对该股权有处置权、该股权不存在纠纷或潜在纠纷。

历史上公司频繁转让股权的具体原因详见发行人"北京神州泰岳软件股份有限公司关于设立以来股本演变情况的说明及董事、监事、高级管理人员的确认意见"。

通过下节的案例,我们对股权激励这一问题会有整体性和进一步的理解。

第二节 案例分析与操作指引

一、通过合伙企业设立持股平台——暴风科技

北京暴风科技股份有限公司于2015年3月公告《首次公开发行股票并在创业板上市招股说明书》,披露“发行人股权结构图”(见图4-1):

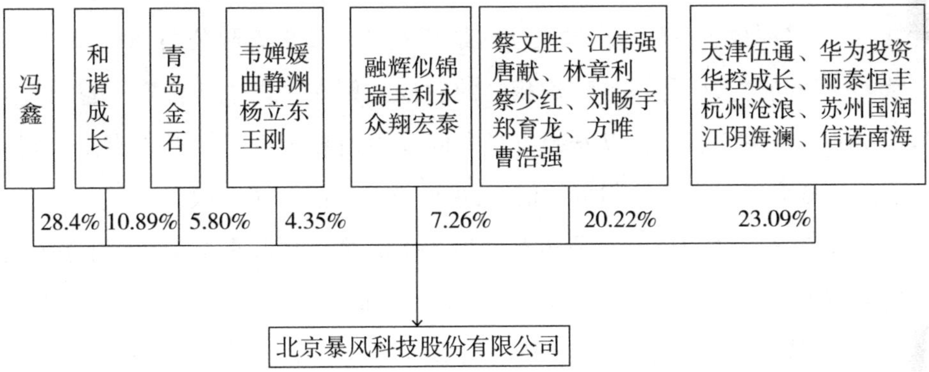

图4-1

……

融辉似锦系本公司前身暴风有限为实现员工持股方案而设立的合伙企业,截至2015年1月31日,各合伙人出资情况如下:

……

瑞丰利永系本公司前身暴风有限为实现员工持股方案而设立的合伙企业,截至2015年1月31日,各合伙人出资情况如下:

……

众翔宏泰系本公司前身暴风有限为实现员工持股方案而设立的合伙企

业，截至 2015 年 1 月 31 日，各合伙人出资情况如下：

……

二、直接持股与间接持股相结合——启明星辰

北京启明星辰信息技术股份有限公司于 2010 年 5 月 28 日公告《首次公开发行股票招股意向书》，披露“2007 年增资”：

鉴于刘恒等五名管理层人员在有限公司境外上市计划中享有境外公司股份认购选择权和员工虚拟股份，曾岩、傅世敏为有限公司于 2006 年度聘用的高级管理人员，被一次性授予境外公司员工虚拟股份，143 名员工依据有限公司《虚拟股份计划》享有境外公司员工虚拟股份，在有限公司拟终止境外上市计划后，为将原设置于境外公司的员工股份权益调整至有限公司，刘恒等七名自然人一致同意按照与境外结构相同的股权比例在境内进行增资，被授予虚拟股份的其他 143 名员工以发起方式共同设立西藏天辰科技股份有限公司，并通过西藏天辰对有限公司进行增资，进而持有有限公司股权。

2007 年 8 月 30 日，有限公司召开第十一届第六次股东会会议，同意西藏天辰科技股份有限公司及自然人刘恒、茆卫华、邱维、潘重予、刘兴池、曾岩、傅世敏以注册资本 1:1 的价格对有限公司进行增资（增资时 1 元出资对应的净资产为 3.38 元），注册资本由 2500 万元增加到 3054.2986 万元，其中：西藏天辰科技股份有限公司以现金出资 280.5836 万元；刘恒以现金出资 46.7765 万元；茆卫华以现金出资 44.4716 万元；邱维以现金出资 43.9338 万元；潘重予以现金出资 40.7103 万元；刘兴池以现金出资 36.8500 万元；曾岩以现金出资 36.7647 万元；傅世敏以现金出资 24.2081 万元。投入的资金均来源于自然人股东的个人积蓄和西藏天辰的自有资金，用于有限公司所从事主要业务领域产品的研发及日常经营活动。

上述新增自然人股东刘恒、茆卫华、邱维、潘重予、刘兴池、傅世敏为公司董事、监事、高级管理人员及核心技术人员，其背景详见本招股意向书第八节之“一、董事、监事、高级管理人员及核心技术人员简介”及本节之“九、（一）发

起人基本情况”,新增法人股东西藏天辰的情况详见本节之“九、(一)发起人基本情况”。

曾岩先生,北京化工大学工学学士,美国纽约大学工商管理硕士,曾任启明星辰董事、首席财务官,首席运营官。参见本节之“九、(一)发起人基本情况”。

前述增资事宜已经北京润衡会计师事务所出具的润衡验字(2007)第008号《验资报告》审验。2007年8月31日,有限公司在北京市工商行政管理局办理了变更登记手续,领取了新的《企业法人营业执照》。本次增资后,有限公司的股东及其出资情况如表4-1所示:

表4-1

序号	股东名称	出资额(万元)	出资比例
1	王　佳	2067.2000	67.68%
2	严　立	432.8000	14.17%
3	西藏天辰	280.5836	9.19%
4	刘　恒	46.7765	1.53%
5	茆卫华	44.4716	1.46%
6	邱　维	43.9338	1.44%
7	潘重予	40.7103	1.33%
8	刘兴池	36.8500	1.21%
9	曾　岩	36.7647	1.20%
10	傅世敏	24.2081	0.79%
合　计		3054.2986	100.00%

在“发起人基本情况”部分披露“西藏天辰科技股份有限公司”:

(一)西藏天辰的设立背景

为了完善薪酬体系,实现提高其核心竞争力、促进长期发展和股东价值的最大化的目的,北京启明星辰信息技术有限公司于2003年4月18日召开股东会并作出决议,决定实施《虚拟股份计划》,适用范围包括有限公司及其附属公司的中层及以上管理人员和骨干人员。2005 年在拟境外上市的股权结构安排中设置了与虚拟股份总量占有限公司实收资本比例相同的员工虚拟股权,用于《虚拟股份计划》的实施,有限公司按照境外设置的虚拟股份总量对已经授予和后续授予的虚拟股份进行了同比例放大。截至 2007 年 8 月 28 日,有限公司共向包括刘恒等五位管理层人员和曾岩、傅世敏以及其他 71 名员工签发了载明授予虚拟股份数额的《虚拟股份授予通知书》或《长期激励计划备忘录》,授予该等员工虚拟股份。

在有限公司决定放弃境外上市计划后,有限公司于 2007 年 8 月 5 日召开股东会并作出决议,同意废除《虚拟股份计划》。同时,为保障已经和将要授予虚拟股份员工的权益,有限公司与 71 名已经授予和 72 名将要授予虚拟股份的员工(共计 143 人)分别签订《业绩激励计划协议书》,约定有限公司根据该等员工的业绩实现情况,给予其一定数量的、附条件的奖励或回报业绩激励,《虚拟股份计划》和有限公司向被授予虚拟股份员工签发的《虚拟股份授予通知书》或《长期激励计划备忘录》等相关文件在《业绩激励计划协议书》签订后全部废止。

在《业绩激励计划协议书》签订后,上述 143 名有限公司员工于 2007 年 8 月 30 日共同出资设立西藏天辰科技股份有限公司,后与刘恒等七名自然人共同完成对有限公司的增资。

有限公司在实施《虚拟股份计划》过程中不存在违反规定向非员工或不符合条件的人员授予虚拟股份的情形;除直接持有发行人股份的刘恒等七名自然人外,其他被授予虚拟股份员工与西藏天辰设立时的股东一一对应,不存在争议和纠纷;《虚拟股份计划》废除后,有限公司对被授予虚拟股份员工权益的安排遵循了公平、合理的原则,不存在侵犯有限公司原股东和被授予虚拟股份员工利益的情形。

发行人《虚拟股份计划》和《业绩激励计划协议书》的主要内容如下:

1.《虚拟股份计划》的主要内容

(1)《虚拟股份计划》的设定目的是建立符合市场经济规律、适应有限公司发展战略需要的长期激励和约束机制，完善薪酬体系，增强吸引和凝聚力，提高核心竞争力，从而促进有限公司的长期发展和股东价值的最大化。

(2)虚拟股份：指按照人民币1元/股将有限公司实收资本模拟成股份，虚拟股份总量应等于当时有限公司实收资本总额。

(3)《虚拟股份计划》的适用范围：包括有限公司或附属公司的中层及以上管理人员(通常是指部门副经理及以上级别的、负有管理或协助管理下属职工职责的人员)和骨干人员(根据其对公司业务发展的重要性或其做出的突出贡献来确定的技术、营销及其他人员)。

(4)《虚拟股份计划》由有限公司董事会负责制定、修订和批准。日常管理由有限公司人力资源部或董事会指定的专设机构负责。

(5)《虚拟股份计划》自有限公司董事会批准之日正式生效，除非提前终止，有效期为自生效之日起五年。

(6)按照《虚拟股份计划》授予或将要授予的虚拟股份总量累计不得超过当时有限公司模拟股份总量(指与该时点有限公司实收资本总额相等的模拟股票的总股数，该数量将随着有限公司实收资本的变化而不时变化)的10%。如果授予某个符合规定的正式员工虚拟股份将造成按《虚拟股份计划》应授予给该员工的虚拟股份和已授予该员工的虚拟股份总数量超过目前按照《虚拟股份计划》已授予和应授予的虚拟股份总数的25%时，不得再向该雇员授予虚拟股份。

(7)在《虚拟股份计划》有效期内，原则上每年授予一次虚拟股份，授予数量根据被授予人所负的职责大小和业绩表现等因素综合确定。有限公司董事会下的薪酬管理委员会有权在不违反《虚拟股份计划》规定的前提下，随时将虚拟股份授予给符合条件的员工。虚拟股份的授予通知书必须以书面形式出现，经董事长签发后生效。被授予人对被授予虚拟股份的接受也必须以书面形式出现。

(8)按照《虚拟股份计划》授予虚拟股份的行权价原则上不高于授予时的每股公平市场价(即不高于前一年内最近一次的经审计的每股净资产价值),但以下两种情况例外:①首次授予给部分对过去有重大贡献的员工的行权价不高于1元/股;②公开上市前半年内授予的虚拟股份的行权价为首次公开上市的价格(IPO价)。

《虚拟股份计划》项下授予的虚拟股份的有效期为自授予日算起的八年。授予给被授予人的虚拟股份自授予日起五年内分批生效,生效比例及时间安排为:自授予日起每满一年,该次授予虚拟股份数量的25%生效。

(9)被授予人在行权有效期内的任何时间都可以提出行使虚拟股份的要求,但有限公司相关管理部门在不影响被授予人行权收益的前提下,可以决定集中统一办理的时间,并事先向所有被授予人公布。有限公司相关管理机构在收到有效行权要求后,审核其行权资格无误后通知员工办理行权手续,开展或指示代理机构与行权相关的一系列工作,并向提出行权要求的被授予人发出确认行权完成的书面通知和相应的凭证。

(10)虚拟股份有下列两种生效方式:

①支付现金购买虚拟股份的"行权购买"方式:

行权购买价格=授予时确定的行权价

行权购买需支付的金额=行权购买价格×行权购买的股数

被授予人行权购买有限公司虚拟股份后,享有未来增值收益权,但其投票决策权将被收到实际持股方式的限制。有限公司有权根据实际情况统一安排直接或间接持有有限公司股权的方式,并且可能会随着实际情况的变化而变化,但持股方式的变动以不影响已行权购买股份人员的未来增值收益权为前提。

②以现金兑付差价收益的"行权兑现"方式:

行权兑现的每股差价收益=行权时每股市场价-授予价

行权兑现的总收益=行权兑现的每股差价收益×行权兑现的股数

行权兑现的数量受到一定限制,一般情况下行权兑现所得收益不能以现金形式支付，只能用于行权购买，特殊情况需要获得董事会的授权管理机构批准。

对于同一笔虚拟股份，被授予人可以同时选择两种方式并行（即对一部分虚拟股份行权兑现，同时对另一部分虚拟股份行权购买），被授予人可以用行权兑现的收益支付部分或全部行权购买所需的资金。

行权过程中如产生个人收益相关的个人所得税，由受益人自行承担，有限公司承担统一代扣代缴义务。

（11）虚拟股份应属于被授予人本人，生前不可转让；被授予人无权将被授予的股份出售、转让、抵押，无权促成或破坏与虚拟股份直接或间接相关的任何第三方利益。倘若被授予人违反前述任何规定，其转让或被转让的虚拟股份自动失效，且有限公司有权注销其持有且尚未行权的任何虚拟股份。虚拟股份只有在被授予人死亡后才可以转让，但须根据被授予人的遗嘱或继承法规定进行继承。

（12）特殊情况下的行权权利如下：

①如被授予人主动提出离职，在离职之日对未失效的虚拟股份可以行权，但须在离职之日起一个月内和原失效日两者之间较早者之前行权，否则将自动永久失效；在离职之日未生效的虚拟股份即时永久失效。为防止被授予人的重大过失（指刑事犯罪行为，或严重违反国家和地区的法律和法规的行为，或经确定的已对有限公司造成巨大损失的行为）或失当行为（指有限公司认定，在职时以及离职后：向有限公司竞争者或公众泄露有限公司和/或附属公司的信息；违反有限公司竞业禁止规定，为有限公司的竞争者工作或从事与有限公司形成业务竞争的工作；不遵守保密协议和知识产权协议，将在有限公司期间积累的知识、信息或开发成果提供给他人或用于为有限公司竞争者开展的工作中；干扰和破坏有限公司和/或附属公司同任何主要供应商或顾客的关系，为个人谋取不正当利益或损害有限公司利益；对有限公司和/或附属公司利益造成危害的其他类似行为），有限公司有权在行权后的半年至一年内兑现。

②如有限公司进行经济性裁员,被授予人未出现重大过失或行为失当,且业绩考核合格,则其持有的所有虚拟股份即时生效并可以行权,但须在离职之日起一个月内和原失效日两者之间较早者之前行权,否则将自动永久失效。有限公司有权在行权后的半年至一年内兑现。

如果有限公司根据被授予人的绩效原因而作出了解雇的决定,则被解雇的被授予人在收到解雇通知当日已经生效且未失效的虚拟股份可以行权,但须在收到解雇通知当日起一个月内和原失效日两者较早者之前行权,否则将自动永久失效。收到解雇通知当日未生效的虚拟股份即时永久失效。有限公司有权在行权后的半年至一年内兑现。

如果有限公司因被授予人的重大过失或行为失当而做出开除的决定,则被开除的被授予人在做出开除决定的当日未生效的虚拟股份即时永久失效;尚未行权的已经生效且未到失效日的虚拟股份的行权权利将受到有限公司董事会或其授权管理机构的审查,根据其对有限公司利益损害的程度决定部分甚至全部剥夺其行权权利;对于其已经行权获得的收益,有限公司保留依法追诉的权利,以弥补其对有限公司造成的损失。

③如果被授予人由于退休终止雇佣,则被授予的虚拟股份根据限制时间生效后即可以在失效日前的任何时间行权。

④如果被授予人在受雇于有限公司或其附属公司期间因公死亡或永久、全部丧失行为能力,则其持有的虚拟股份即时生效并可以行权,但须在虚拟股份本身的失效日和死亡或认定丧失行为能力之日起六个月内两者之间较早者之前行权,否则将自动永久失效。

如果被授予人在受雇于有限公司或其附属公司期间或之后因其他原因死亡,则在死亡之日已经生效且未失效的虚拟股份可以行权,但须在虚拟股份本身的失效日和死亡之日起六个月内两者之间较早者之前行权,否则将自动永久失效。死亡之日未生效的虚拟股份即时永久失效。

在被授予人死亡的情况下,由其合法继承人继承虚拟股份,作为受益人行权;在被授予人丧失行为能力的情况下,由其合法监护人以被授予人本人为受益人代为行权。

⑤如被授予人不是因为上述各项原因而终止在有限公司或其附属公司的雇佣关系,其被授予但尚未生效的虚拟股份自终止雇佣之日起自动永久失效。已生效且未失效的虚拟股份可以行权,但须在终止雇佣之日起一个月内和原失效日两者之间较早者之前行权,超过该期限而未行权的虚拟股份即时永久失效。

(13)如被授予人被认定存在行为失当或有重大过失,均构成已授予但尚未行权(无论是否生效)的虚拟股份的即时失效。对于发生上述行为后已行权获得的虚拟股份收益,有限公司有权行使必要的法律手段追回。当发生有限公司增资、减资、虚拟股份分拆、合并或其他类似的事件,有限公司将依照公平合理的原则对已授权的虚拟股份的数量和/或价格进行调整,并书面通知被授予人。该等调整须保障被授予人的既得利益不受损害。

(14)虚拟股份受益人应按国家的有关规定纳税,个人承担纳税义务,有限公司可以行使代扣、代缴义务。

(15)如发生有限公司控制权变更(包括任何个人、单位或团体(有限公司内部人员、关联公司或有限公司设立并监管的信托基金除外)购买或得到有限公司过半数的表决权或持有过半数的股权;经所有股东同意,有限公司作为一方参与其他公司的重组、并购行为;有限公司清算),则所有已授予但未行权(无论是否生效)的虚拟股份即时生效并可以行权,但须在自控制权发生变更之日起的六个月内和原失效日两者之间较早者之前行使,否则自动永久失效。

(16)对于已接受虚拟股份的被授予人,如未经其同意,当修改、暂停或终止《虚拟股份计划》时,不能改变或削弱其已有的权利或加重其义务。在遵守上述条件的前提下,薪酬管理委员会经有限公司董事会授权,在认为有必要时可以对特殊条件下的行权权利、已授予虚拟股份的调整和取消、转让、纳税控制权变更等条款进行修改。但重大修改需经有限公司董事会批准,包括使用范围、授予数量上限、行权价的规定、虚拟股份有效期、限制时间、行权方式等。

(17)《虚拟股份计划》在其有效期满时自动终止,或由有限公司董事会在任何时候决定提前终止。如提前终止,有限公司将不再授予虚拟股份,但在终止前授予的虚拟股份应继续有效,并仍可按照《虚拟股份计划》行权,或者由有限公司对被授予人进行一次性补偿,补偿方式以诚信原则为基础确定,以保证根据《虚拟股份计划》已被授予虚拟股份员工的利益不受损害。有限公司董事会可以在认为合适的时候启用新的股票期权计划或其他激励计划替代《虚拟股份计划》,《虚拟股份计划》自然终止,根据《虚拟股份计划》已授予的虚拟股份将以同等授予时间、数量和行权价格转为股票期权计划下的真实股票期权,其余条款按照新的计划执行。

2.《业绩激励计划协议书》的主要内容

(1)激励目标

业绩激励旨在鼓励和促进员工工作和创造的积极性,招徕和吸引与有限公司的发展目标有契合的优秀员工的留任,积蓄和优化公司的人力资源,为公司的长远发展作良好的人才储备。

(2)获得业绩激励的条件

①业绩条件:须达到或超过按照有限公司制订的绩效考核办法所对应的、各类岗位获得业绩激励须达到的基本业绩目标;②任职期间不具有下列任何一种情形:严重违反劳动合同或保密协议、向竞争对手提供或泄露公司信息、违反公司财务、管理制度或因不当履行工作职责导致公司遭受重大损失的;在历年的业绩及工作考核中,具有一次不合格评价的;经西藏天辰股东大会批准的其他情形。

(3)激励方式及实施

①业绩激励为有限公司或西藏天辰以货币、股份或其他方式授予财产性权利。若以股份方式实现,则激励涉及的股票总额不得超过有限公司上市后已发行总股本的10%。②业绩激励的实施将以甲方同意接受获得该等激励附带的限制性条件为前提,采取分期、分批的方式逐步实现。③业绩激励的方案,在有限公司上市前根据公司上一年度审计报告的净资产计算,在公司上市后,以公司的市场价为依据,具体方案届时将由西藏天辰董事会制定,并经西

藏天辰股东大会批准后施行。④业绩激励被授予后，如因意外身故，授予的业绩激励可由其法定继承人依照中国继承法的有关规定享有。⑤业绩激励涉及的个人所得税和其他国家规定的相应税收，由其本人或其继承人自行承担。

（4）业绩激励的取消

在被授予业绩激励后，如具有以下情形之一的，其被授予的业绩激励或待兑现的当期业绩激励将被取消，并应于该等事实发生之日起将其持有的西藏天辰股份按照其原始出资价格转让于有限公司指定的第三方：

①违反本协议关于锁定期的规定，擅自转让、赠与、设置抵押、质押或以其他任何方式交易其可获得的业绩激励；②发生严重违反劳动合同、保密协议或有限公司章程的行为，并因前述行为使有限公司或西藏天辰遭受重大损失，或为竞争对手提供有限公司信息以及违反有限公司财务、管理制度；③擅自离职或未经有限公司许可在外兼职的；④违反设立西藏天辰时发起人协议的约定，在锁定期未届满前擅自出让其在西藏天辰中的股份；⑤离职时具有下列任何一种情形：不与有限公司签署相关的保密协议；加入与有限公司有直接竞争关系的公司；⑥经西藏天辰股东大会批准的其他情形。

根据有限公司实施员工激励的目的，保证《业绩激励计划协议书》上述约定条款的实施，有限公司与股东王佳、严立于 2007 年 8 月 28 日签署《确认书》：有限公司指定股东王佳女士和严立先生作为上述西藏天辰股份的受让方，在《业绩激励计划协议书》约定的取消业绩激励条件成就时，以自有资金受让该等员工持有的西藏天辰股份；王佳女士和严立先生同意接受该等指定。

（5）本协议签署日前就有限公司给予的包括但不限于资本授予、激励、回报、奖励等，及所签署的承诺、保证、备忘、通知、协议等相关文件于本协议签署之日起全部失效；各方承诺，均不得于本协议签署后依据该等承诺、保证、备忘、通知、协议文件向相关方主张任何权利。

3. 保荐人和律师核查意见

经保荐机构审慎核查认为，《虚拟股份计划》和《业绩激励计划协议书》均为各方真实意思表示，文件的内容和形式不违反当时有效法律、行政法规的强制性规定,所作安排亦遵循了公平、合理的原则,合法有效。

发行人律师认为,《虚拟股份计划》作为有限公司薪酬体系的组成部分,对虚拟股份的数量、授予、取得、取消、权利行使及限制等均予以明确规定,不存在引发纠纷或争议的内容,不违反当时有效相关法律、行政法规和规范性文件的禁止性或强制性规定,具有法律约束力。《业绩激励计划协议书》系在有限公司废除《虚拟股份计划》后,为保障根据该计划被授予虚拟股份员工权益而签订,该协议的各项约定内容具体明确,与《虚拟股份计划》规定的原则相符,不存在引发争议或纠纷的内容,不违反法律、行政法规和规范性文件的禁止性或强制性规定,具有法律约束力。

(二)西藏天辰的基本情况

西藏天辰系由有限公司143名员工分别以其个人积蓄共同出资,于2007年8月30日设立的股份有限公司,注册资本为500万元,法定代表人为谢奇志,住所:拉萨市金珠西路格桑林卡F8-1,经营范围:一般项目:对信息业投资、咨询。

截至2009年12月31日,西藏天辰的总资产为4,966,050.87元,净资产为4,966,050.87元,2009年度无主营业务收入和主营业务成本,主要开支为管理费用,净利润为-4921.23元。(以上数据未经审计)

根据《业绩激励计划协议书》及相关安排,因发行人25名员工离职,故将其所持西藏天辰共计9.07%的股份转让给王佳。2009年12月1日,王雷等25名西藏天辰股东分别与王佳签署《股份转让协议》,约定王雷等25名自然人将其合计持有西藏天辰9.07%的股权(代表出资额共计45.349万元)转让给王佳,股份转让价款共计863,297元。2009年12月3日,西藏天辰召开股东大会并作出决议,同意通过上述股份转让事宜。2009年12月22日,西藏天辰就上述股份转让行为完成工商变更登记。

上述股权转让完成后,西藏天辰的股权结构及股东背景情况如表4-2所示:

表 4－2

序号	股东	出资方式	出资额(万元)	持股比例(%)
1	王　佳	货币	45.349	9.07
2	潘宇东	货币	22.58	4.52
3	许金鹏	货币	21.7	4.34
4	谢奇志	货币	20.27	4.05
5	宋　俊	货币	20	4.00
6	王海莹	货币	20	4.00
7	王　虹	货币	19.93	3.99
8	欧阳梅雯	货币	16.38	3.28
9	吴海民	货币	15.71	3.14
10	刘　岗	货币	15.56	3.11
11	周力丹	货币	13.26	2.65
12	杜凤晶	货币	13.24	2.65
13	姜　朋	货币	12.56	2.51
14	陈洪波	货币	12.2	2.44
15	陈　翔	货币	10.58	2.12
16	张晓东	货币	9.43	1.89
17	吴　俣	货币	9.24	1.85
18	徐　刚	货币	9.21	1.84
19	廖飞鸣	货币	8.8	1.76
20	姚志武	货币	8.7	1.74
21	印朝晖	货币	8.06	1.61
22	张建军	货币	8.06	1.61
23	杨海燕	货币	7.06	1.41
24	赵　剑	货币	7.06	1.41
25	刘福民	货币	5.04	1.01
26	力　立	货币	4.83	0.97
27	高　云	货币	4.77	0.95

续表

序号	股东	出资方式	出资额(万元)	持股比例(%)
28	蔡晶晶	货币	4.1	0.82
29	王健斌	货币	3.73	0.75
30	孟永辉	货币	3.58	0.72
31	肖立昕	货币	3.58	0.72
32	胡京砾	货币	3.33	0.67
33	田占学	货币	3.09	0.62
34	赵海峰	货币	3.08	0.62
35	常晓东	货币	3.02	0.60
36	高　峰	货币	2.99	0.60
37	安　珺	货币	2.94	0.59
38	骆拥政	货币	2.85	0.57
39	文　芳	货币	2.84	0.57
40	杨继生	货币	2.79	0.56
41	黄　晖	货币	2.54	0.51
42	朱向东	货币	2.52	0.50
43	蔡雪飞	货币	2.52	0.50
44	梁　峰	货币	2.47	0.49
45	杨千里	货币	2.44	0.49
46	俞科技	货币	2.42	0.48
47	赵呈东	货币	2.42	0.48
48	陈胜权	货币	2.42	0.48
49	傅继民	货币	2.36	0.47
50	李转琴	货币	2.13	0.43
51	郝春光	货币	2.03	0.41
52	张　航	货币	2.03	0.41
53	李小军	货币	2.02	0.40
54	朱钱杭	货币	2.02	0.40

续表

序号	股东	出资方式	出资额（万元）	持股比例（%）
55	万　卿	货币	2.02	0.40
56	白宏遐	货币	1.61	0.32
57	石　英	货币	1.61	0.32
58	彭　涛	货币	1.61	0.32
59	黄玉金	货币	1.61	0.32
60	焦玉峰	货币	1.61	0.32
61	韩　冰	货币	1.61	0.32
62	姚文宇	货币	1.61	0.32
63	杨立纯	货币	1.61	0.32
64	范小伟	货币	1.51	0.30
65	王　洋	货币	1.41	0.28
66	叶润国	货币	1.41	0.28
67	沈　颖	货币	1.41	0.28
68	何　华	货币	1.41	0.28
69	鲁文忠	货币	1.21	0.24
70	陈晓军	货币	1.21	0.24
71	马　骏	货币	1.21	0.24
72	楚建梅	货币	1.21	0.24
73	何新社	货币	1.21	0.24
74	景晓晖	货币	1.16	0.23
75	李　博	货币	1.11	0.22
76	任　平	货币	1.11	0.22
77	陈　宇	货币	1.1	0.22
78	杨　娥	货币	1.03	0.21
79	邓景云	货币	0.91	0.18
80	郭　萍	货币	0.81	0.16
81	王燕祥	货币	0.81	0.16

续表

序号	股东	出资方式	出资额(万元)	持股比例(%)
82	裴　军	货币	0.81	0.16
83	杨战秋	货币	0.81	0.16
84	李新鹏	货币	0.71	0.14
85	张　辉	货币	0.71	0.14
86	丁　勇	货币	0.71	0.14
87	王海涛	货币	0.71	0.14
88	陈曼珏	货币	0.71	0.14
89	刘新龙	货币	0.61	0.12
90	陈　军	货币	0.61	0.12
91	杨红光	货币	0.61	0.12
92	汤国祥	货币	0.61	0.12
93	华东明	货币	0.61	0.12
94	辛丽平	货币	0.61	0.12
95	张东辉	货币	0.61	0.12
96	孙　涛	货币	0.5	0.10
97	肖小剑	货币	0.5	0.10
98	黄宇鸿	货币	0.5	0.10
99	李雪峰	货币	0.5	0.10
100	胡　斌	货币	0.5	0.10
101	赵振东	货币	0.5	0.10
102	王子瑜	货币	0.5	0.10
103	倪　亮	货币	0.5	0.10
104	钟　丽	货币	0.5	0.10
105	钟　丹	货币	0.5	0.10
106	余　伟	货币	0.5	0.10
107	滕文静	货币	0.46	0.09
108	李永泉	货币	0.46	0.09

续表

序号	股东	出资方式	出资额(万元)	持股比例(%)
109	游顺刚	货币	0.4	0.08
110	李智娟	货币	0.4	0.08
111	毕亲波	货币	0.4	0.08
112	张　艳	货币	0.4	0.08
113	孙　东	货币	0.4	0.08
114	周晓渊	货币	0.4	0.08
115	袁玮佳	货币	0.4	0.08
116	史向荣	货币	0.4	0.08
117	高　燕	货币	0.4	0.08
118	张建宇	货币	0.3	0.06
119	汪　洋	货币	0.3	0.06
合　计			500	100

上述人员中,王佳为股份公司实际控制人、董事长、总经理,潘宇东为股份公司董事、副总经理,谢奇志为股份公司董事,王海莹为股份公司职工监事,其余均为发行人或其全资子公司(安全公司、上海公司)员工。

自上述股权变动至本招股意向书签署日,西藏天辰股权未发生变化。

作为西藏天辰股权的指定受让方、发行人实际控制人的王佳、严立承诺,本次西藏天辰股权变更后至发行人上市日之前,西藏天辰的股权不再发生变动。

西藏天辰目前共有119名股东,均为自然人,其股权结构极为分散,王佳持股比例最高为9.07%,其次为潘宇东持股比例4.52%,其余股东持股比例均不到5%,上述股东间不存在一致行动协议或类似的安排,任何一名股东均无法单独对公司形成控制或构成重大影响。因而,西藏天辰不存在实际控制人。

根据西藏天辰股东的书面确认,所有股东均实际持有西藏天辰股份,不存在通过协议、信托或其他方式代持股份或者一致行动关系的情况。

三、约定激励对象服务期限——安硕信息

上海安硕信息技术股份有限公司于 2012 年 6 月 13 日预披露《首次公开发行股票并在创业板上市招股说明书(申报稿)》(该公司于 2012 年 7 月通过发审委审核),披露该公司的股权结构如图 4－2:

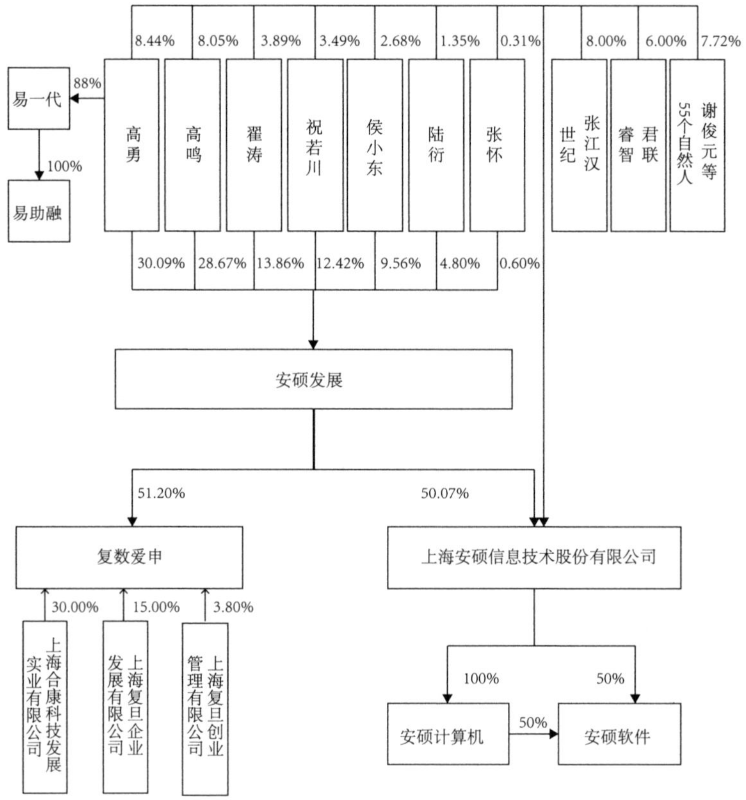

图 4－2

注:除上述持股外,发行人实际控制人之一高鸣持有重庆东硕 50% 股权,重庆东硕已于 2011 年 11 月 11 日注销;实际控制人高鸣、高勇分别持有易伟信 28.70%、30.00% 的股权,该公司已于 2011 年 10 月 10 解散。

披露"自然人股东有关服务期安排":

2011 年 1 月 14 日,刘毅、姚兵、魏治毅、叶剑斌、江浩、谢飞、张晋锐、聂虹、

邱磊、姜蓬、游韶峰、张朝忠、秦春雷、刘少兰、李志卿、丁国栋、吴芳明、沈炯、王业罡、林朝琳、倪炜、田继阳、胡震宇、曹丰、施宏斌、汤惠芬、白杰、王晓晖、高晓辉、李聪、连枫、秦向军、邓宁、赵飞燃、周震生（以下简称35名增资人）与安硕发展签订了《〈安硕有限增资协议〉之补充协议》，约定以上35名增资人自该《补充协议》签订日至发行人首次公开发行股票并上市交易之日起三年内（以下简称约定服务期）应持续在发行人或其子公司工作；但上述约定服务期应以自该《补充协议》签署日起不超过60个月为限。同日，35名增资人与公司签订了《竞业限制协议》，对上述35名增资人的竞业限制进行了约定。

2011年3月18日，姚奕、刘庆武、王蓓、李峥、刘槟、康富斌、梁静霞、江峰、房磊、易伟、徐存锋、方应家、贺韦卫、吕荣、喻成军、段玉洋（以下简称16名增资人）与安硕发展签订了《〈安硕有限增资协议〉之补充协议》，约定以上16名增资人自该《补充协议》签署日至发行人首次公开发行股票并上市交易之日起三年内（以下简称约定服务期）应持续在发行人或其子公司工作；但上述约定服务期应以自该《补充协议》签署日起不超过60个月为限。同日，16名增资人与公司签订了《竞业限制协议》，对上述16名增资人的竞业限制进行了约定。

四、激励对象离职给对方补偿——新世纪

杭州新世纪信息技术股份有限公司于2009年7月31日公告《首次公开发行股票招股意向书》，披露：

2006年12月27日，为增强公司的凝聚力，新世纪有限公司股东会通过股权激励计划及股权转让的决议，同意陆燕、滕学军、高雁峰和乔文东以每股1元的价格合计向39名管理人员、技术骨干和业务人员转让6.88225%股权。在股权转让协议中明确规定，本次股权转让的受让方自股权转让协议签订之日至公司上市一年内离开公司时（不包括因退休、失去民事行为能力、失去劳动能力、公司裁员等原因离开公司的情况），受让方有义务以每股1元的价格将所持有的股份转让给本次股权转让的转让方或者转让方指定的第三人。2006年12月30日杭州市工商行政管理局予以变更登记并核发新的企业法人

营业执照。

此次股权转让后新世纪有限公司的股权结构如表4－3所示:

表4－3

序号	股东名称	出资额(元)	出资比例(%)
1	陆燕	9,288,495	30.96165
2	滕学军	6,215,610	20.7187
3	高雁峰	6,215,610	20.7187
4	乔文东	6,215,610	20.7187
5	李云东等39个自然人	2,064,675	6.88225
合计(43个自然人)		30,000,000	100.00

2007年1月16日,为增强公司的凝聚力,新世纪有限公司股东会通过股权激励计划及股权转让的决议,同意陆燕、滕学军、高雁峰、乔文东和李云水以每股1元的价格向徐哲合计转让6.4%的股权,同意陆燕以每股1元的价格向俞竣华转让0.025%的股权。在股权转让协议中明确规定,本次股权转让的受让方自股权转让协议签订之日至公司上市一年内离开公司时(不包括因退休、失去民事行为能力、失去劳动能力、公司裁员等原因离开公司的情况),受让方有义务以每股1元的价格将所持有的股份转让给本次股权转让的转让方或者转让方指定的第三人。2007年1月26日杭州市工商行政管理局予以变更登记并核发新的企业法人营业执照。

此次股权转让后新世纪有限公司的股权结构如表4－4所示:

表4－4

序号	股东名称	出资额(元)	出资比例(%)
1	陆燕	8,661,747	28.87249
2	滕学军	5,801,226	19.33742
3	高雁峰	5,801,226	19.33742
4	乔文东	5,801,226	19.33742
5	徐哲	1,920,000	6.4
6	李云东等39个自然人	2,014,575	6.71525
合计(44个自然人)		30,000,000	100.00

……

注：这样约定会导致在上市进程中股权始终可能处于不稳定的状态，这不符合在报会后审核期间股权稳定的要求；并且，其实协议中约定的上市内一年内离开公司的将股权转让给控股股东或其指定的第三人，这根本无法执行：在上市后，股权在登记公司进行托管，并且在上市后一年内是锁定的，你怎么转给控股股东或其指定的第三人？为解决这个问题，需要签署补充协议解决这个问题。

2008 年 2 月，因部分享受股权激励的员工离开了公司，按照当初股权激励时相关约定，以上人员有义务以每股 1 元的价格将所持有的股份转让给原股权激励的激励方（全部为公司控股股东）或者该激励方指定的第三方。按照激励方的指定，具体股权转让情况如下：贾斌将其持有的 10 万股股份转让给李云水 7.5 万股，郑睿 1.5 万股，杨威 1 万股；曹有龙将其持有的 6 万股股份转让给林朝曦、周霖、许频进各 2 万股；付俊强将其持有的 3 万股股份全部转让给了曾嵘；徐增福将其持有的 3 万股股份转让给了张勇 2 万股，曾嵘 1 万股；杨志坚将其持有的 2 万股股份全部转让给了俞竣华；柳运龄将其持有的 2 万股股份全部转让给了蒋旭谊。以上受让人自股权转让协议签订之日至公司上市一年内离开公司时（不包括因退休、失去民事行为能力、失去劳动能力、公司裁员等原因离开公司的情况），有义务以每股 1 元的价格将所持有的股份转让给激励方（全部为公司控股股东）或者该激励方指定的第三方。

同时，为了引进人才，徐哲将其持有的公司股份中的 20 万股，以每股 1 元转让给了邵阳。双方在《股份转让协议》中同时约定：如果邵阳在协议签订后至公司上市之日起一年内，主动离开公司的（不包括因退休、失去民事行为能力、失去劳动能力、公司裁员等原因离开公司的情况），邵阳有义务以每股 1 元的股份转让价格将股份返还给徐哲或徐哲指定的第三人。

杭州市工商行政管理局于 2008 年 2 月 26 日对本次股权转让进行了备案登记。

截至本招股说明书签署日，公司股本未再发生变化。

通过公司股权激励相关股东的充分协商，2008 年 5 月公司股权激励相关股东在平等自愿的情况下签订了《补充协议》，约定协议签订之日至公司上市之日前出现如下情形时，受激励方有义务以每股一元人民币将股份转让给激励方或激励方指定的第三方：

1. 受激励方离开公司的(不包括因退休、失去民事行为能力、失去劳动能力、公司裁员等原因离开公司的情况);

2. 受激励方有泄露公司商业和/或技术秘密行为的;

3. 受激励方为了自身利益或者任何第三方(包括但不限于单位和自然人)利益,从事与公司有同业竞争关系的行为;

4. 受激励方有其他严重损害公司利益行为的。

如股权激励的受激励方在公司上市之日起一年内出现上述情形的,则受激励方受让的公司股权仍然归其所有,无须再转让给激励方或激励方指定的第三方。

受激励方应当补偿激励方现金每股 2.5 元,并且在受激励方离开公司之日(或上述情形发生之日)起 5 个工作日内将上述补偿款支付给激励方。

保荐人国金证券核实意见为:“发行人股东间的上述约定与发行人股东做出的相关股份锁定承诺不矛盾,没有违反《中华人民共和国公司法》(以下简称《公司法》)、《上市规则》等关于股份锁定的有关规定。”

发行人律师意见为:“股权激励相关协议中的相关约定,虽不违反《公司法》《上市规则》等法律规范关于股份锁定期的有关规定,也不与股东作出的相关股份锁定承诺相矛盾,但可操作性不强。因此,为了使得股权激励相关协议更具有操作性,协议双方对股权激励相关协议进行了补充,并签署了《补充协议》,该《补充协议》的内容符合法律、法规和其他规范性文件的要求,具备可执行性。”

在新世纪首发《保荐工作报告》中对可执行性不强的协议的解决过程披露得更为清晰:

为通过实施股权激励计划增强公司的凝聚力,发行人实际控制人陆燕、滕学军、高雁峰和乔文东向发行人部分管理人员、技术骨干和业务人员转让股权。但在股权转让协议中有“受让人自股权转让协议签订之日至公司上市一年内离开公司时(不包括因退休、失去民事行为能力、失去劳动能力、公司裁员等原因离开公司的情况),有义务以每股一元的价格将所持有的股份转让给股权转让的初始出让方(全部为公司控股股东)或者该出让方指定的第三人”的限制性条款。请项目组解释该协议对股权转让方与受让方是否有约束力,如何保证该协议的效力,建议项目组补充披露违约责任等条款。

项目组回复:本项目组已将相关协议收集整理到工作底稿。经核查,协议已由相关各方签字确认,并对股权指定转让等细节进行了详细约定。协议中对于违约责任的条款为:“本协议任何一方在本协议中所作的任何陈述与保证是错误或不真实的,或该陈述与保证并未得以及时、适当地履行,则应视为该方违约,或任何一方违反其在本协议项下的任何义务或责任,或者未按照本协议的条款和条件履行本协议项下的义务、责任或者承诺,均构成本协议项下之违约。任何一方违约,违约方除应履行本协议规定的其他义务外,还有义务赔偿守约方因其违约所遭受的损失、损害、费用和责任以及承担本协议其他条款和条件约定的、或者本协议所适用法律规定的其他违约责任。”

第三节　小结与启示

拟上市企业对核心员工进行股权激励,是一种非常明智和常见的做法,核心员工的利益与企业的利益更加紧密地结合在一起,才更容易实现企业利益的最大化。在此过程中,要注意不能使股权处于一个不确定的状态,但也要防止"激励过度",某些人拿了股权就跑路也是不行的,为此,对激励对象需要有所限制,但毕竟企业上市后股权转让方式需在公开的证券交易场所进行,因而该种限制一定要具有可操作性。

最后需要提及的一点是,由于非民营企业在上市前进行股权激励有较多的限制条件和批准手续,其股权激励需按照相关文件规定实施,因而本章侧重于民营企业上市前的股权激励,但其中提到的税务、对激励对象的限制等对非民营企业实施股权激励也有一定的参考意义。

第五章 其他重点问题：存货、应收、现金流、税收优惠、异常事项、业务分类、股东税金缴付筹划

第一节　问题概述与路径规划

对于软件企业的上市而言，收入确认、研发费用资本化、募投项目安排固然重要，但存货、应收账款、经营性现金流、税收优惠等事项，也同样不能忽视；但后面这些事项，则是更侧重于解释的方法和角度，而不在于规划、设计符合企业自身实际的核算政策或未来资金的使用方向。因为存货、应收账款这些在收入确认政策确定后，相应这些也都会确定；经营性现金流、税收优惠则更是已形成的事实，面临的问题是从哪些角度和方式向投资者和审核人员解释清楚，当然，如果你刻意“规划”现金流必会弄巧成拙，实在不值得，重点还是要放在尊重事实的基础上，将各部分解释得让人信服，因为顺着企业自然发展的逻辑，各方面也必然是经得起推敲的，各方面也是一致的。

在这个前提下，更多的解释和说明的功底是对企业和行业的深刻理解，并且更多的内容是体会、领悟，以及个别地方的内容也只有通过体会才能理解清楚，笔者希望通过下面的案例，能对大家的思路有所启迪。

第二节　案例分析与操作指引

一、存货:审计和核查程序要到位

由于存货项目很多情况下存在于客户现场,并且由于软件企业最典型的定制化软件开发项目的"存货"其实主要是项目实施人员的人工成本,如果金额较大,会计师的审计程序和保荐机构的核查程序会格外受到关注——也理应受到各方的重点关注,因而履行必要的审计和核查程序是非常必要的,也是必须要安排实施的。

此外,还要关注的一点是,企业是否对没有签订合同的项目也进行了存货项目的归集,这是中介机构要重点关注和核查的。

如 2006 年 8 月 23 日上市的东华合创首发招股说明书披露:

本公司最近三年存货的绝对金额较大,占总资产和流动资产的比例较高,主要是本公司近年来业务规模持续扩大,期末正在执行的销售合同较多,而根据销售合同的约定,客户建设信息系统所配套的软硬件及原材料也由本公司购买后再提供给客户使用,因此存货余额的绝对数和相对数均较大。最近三年末本公司存货的构成见表 5 - 1:

表 5 - 1

项目	2005 年年末		2004 年年末		2003 年年末	
	金额(万元)	比例(%)	金额(万元)	比例(%)	金额(万元)	比例(%)
库存商品	60.88	0.36	182.14	1.82	549.14	7.40
在产品	16,704.34	99.64	9815.52	98.18	6873.01	92.60
合计	16,765.22	100.00	9997.66	100.00	7422.16	100.00

近年来本公司存货余额中90%以上是根据销售合同购买的配套软硬件和原材料，一般购入时间较短，且本公司在与客户签订合同时详细约定了各种配套软硬件和原材料的销售价格，在售价已明确的情况下回避了存货跌价的风险，因此，本公司根据存货的实际状况未对其提取跌价准备，存货质量良好。对于这部分存货，由于其存放于本公司遍及全国各地的客户现场，导致期末会计师对本公司进行审计时，无法对这部分存货进行监盘，因此会计师对其采用了替代的审计程序：第一，了解并掌握这部分存货的组成情况，获取在各个客户现场的存货明细表；第二，检查存货采购的原始凭证及相关合同或协议、购货发票、货运清单等；第三，获取存货到达客户现场的验收移交清单；第四，向本公司的客户发出确认函进行确认；第五，选取部分客户进行存货的现场巡视并了解合同的进展情况。2006 年 7 月 4 日，本公司审计机构北京兴华会计师事务所有限责任公司在其出具的《关于未对北京东华合创数码科技股份有限公司在建系统集成项目进行监盘程序是否充分、恰当的专项意见》中，特别针对其未履行对上述存货的监盘程序是否充分、恰当发表如下意见：“根据北京东华合创数码科技股份有限公司的实际经营模式，我们对存货项目中的在建系统集成项目未执行现场监盘审计程序而采取的替代审计程序是充分的、恰当的。”最近三年末本公司存货的主要内容见表 5－2：

表 5－2

序号	合同项目名称	存货余额（万元）	销售合同号	销售合同总金额（万元）	合同签订日期
1	中国石油天然气股份有限公司	825.29	petrochina－IT－2005－015	1815.00	2005 年 8 月 15 日
2	中国网通（集团）有限公司河南省分公司	789.01	GC－2005－096	1850.00	2005 年 10 月 21 日
3	全国农产品批发市场	782.86	2004DHC1201NCP0114 至 17 包	1139.57	2005 年 5 月 27 日至 12 月 29 日

续表

序号	合同项目名称	存货余额（万元）	销售合同号	销售合同总金额(万元)	合同签订日期
4	河南省电力公司	270.42	2004HEET0801	1178.55	2004 年 8 月 23 日
		236.80	H2005DHCD1117LWY	180.00	2005 年 11 月 17 日
			2005DHC0819LWYTQ	98.27	2005 年 8 月 19 日
			2005DHC0616LWYTQ	88.99	2005 年 6 月 20 日
5	最高人民检察院	500.64	2005DHC0728LDX	929.06	2005 年 7 月 28 日
6	……				

……

截至 2005 年年末本公司存货余额的主要项目均有销售合同相对应,合同的执行和合同款的收取不存在异常情况,因此,本公司未对存货提取跌价准备的处理与存货的实际质量状况相符。

同时,在“风险因素”部分作风险提示“存货的风险”:

最近三年,本公司存货及占总资产、流动资产的比例偏大,具体情况见表5－3:

表 5－3

项目 \ 时间	2005－12－31	2004－12－31	2003－12－31
存货(万元)	16,765.22	9997.66	7422.16
存货占总资产比例(%)	36.39	30.99	30.17
存货占流动资产比例(%)	37.17	32.10	30.87

从存货的构成来看,最近三年本公司存货的基本情况见表 5－4:

表 5 – 4

项目	2005 – 12 – 31		2004 – 12 – 31		2003 – 12 – 31	
	金额(万元)	比例(%)	金额(万元)	比例(%)	金额(万元)	比例(%)
库存商品	60.88	0.36	182.14	1.82	549.14	7.40
在产品	16,704.34	99.64	9815.52	98.18	6873.01	92.60
合计	16,765.22	100.00	9997.66	100.00	7422.16	100.00

由表 5 – 4 可知,在存货余额中仅有不到 10% 左右的存货是本公司用于计算机信息系统日常维护所需的计算机零配件和材料,存放于本公司库房,这部分存货由本公司行政企管部负责保管、台账登记并与财务部明细账相核对。期末,本公司对这部分存货进行了盘点,会计师对这部分存货实施了监盘的审计程序。

本公司最近三年存货余额的绝对数和相对数均较大的原因,主要是本公司在从事行业应用软件开发、计算机信息系统集成及相关服务业务时,通常要给客户提供整体解决方案,客户建设信息系统所配套的软硬件及原材料也由本公司购买后再提供给客户使用,而最近三年本公司业务规模持续扩大,导致存货余额的绝对数和相对数均较大。在存货余额中,根据销售合同购买的配套软硬件和原材料占存货总额的比例达到 90% 以上。对于这部分存货,本公司的日常管理程序是:第一,与客户签订销售合同;第二,根据销售合同的约定由本公司直接与供应商签订采购合同;第三,由供应商直接将货物发往客户现场;第四,在客户现场由本公司的业务人员与客户共同进行货物检验;第五,验收合格后由客户签署验收移交清单,并承担货物的保管责任;第六,实际使用时由本公司的业务人员从客户处办理相关的领取手续后使用,但根据销售合同的约定,这部分存货的所有权仍归本公司所有,而存货毁损灭失的风险由客户承担。由于这部分存货存放于本公司遍及全国各地的客户现场,导致期末会计师对本公司进行审计时,无法对这部分存货进行监盘,因此会计师对其采用了替代的审计程序:第一,了解并掌握这部分存货的组成情况,获取在各个客户现场的存货明细表;第二,检查存货采购的原始凭证及相关合同或协议、购货发票、货运清单等;第三,获取存货到达客户现场的验收移交清单;第四,向本公司的客户发出确认函进行确认;第五,选取部分客户进行存货的现场巡视并了解合同的进展情况。2006 年 7 月 4 日,本公司审计机构北京兴华会计师事务所有限责任公司在其出具的《关于未对北京东华合创数码科技股份有限公司在建系统集成项目进行监盘程序是否充分、恰当的专项意见》中,特别针对其未履行对上述存货的监盘程序是否充分、恰当发表如下意见:“根据北京东华合创数码科技股份有限公司的实际经营模式,我们对存货项目中的在建系统集成项目未执行现场监盘审计程序而采取的替代审计程序是充分的、恰当的。”

由于本公司存货余额中,90% 以上是在销售合同签订后、根据销售合同的约定而由本公司购买的软硬件和原材料,因此存货余额虽大、但不会形成积压,并且在售价已定的情况下有效地回避了存货减值的可能。然而,这部分存货存放于客户现场,而本公司的会计政策规定只有在项目实施完毕、取得客户的系统运行验收报告后才能确认收入、结转成本,因此在货物到达客户现场后、项目实施完毕前这部分存货虽仍为本公司资产、但却不在本公司的直接管理范围内,在此过程中,若由于客户保管不善导致存货毁损或灭失,将对本公司的合同执行造成不利影响,可能导致合同纠纷,本公司存在一定的存货管理风险。

二、应收账款:解释角度需多方位

软件企业中除以向个人客户为主提供产品和服务的企业外,多数是向大型企业、金融机构或政府部门甚至军工单位提供产品或服务,这些单位虽然资质很好,基本不会形成坏账,但由于实行年度预算管理、内部管理严格、付款程序较长的原因,面对这样客户的软件企业的应收账款往往也会较多,但这是一种普遍现象,不是某一个企业经营不好的问题。尽管如此,解释应收账款要从多方位、多个角度来解释,如从历年应收账款回收率、年度回款额等角度进行充分说明。

(一)启明星辰:应收账款回收率解释充分

2010 年 6 月 23 日上市的启明星辰首发招股说明书对公司的应收账款进行了详细说明:报告期内应收账款金额列示如表 5 - 5:

表 5 - 5

项目 \ 时间	2009 年 12 月 31 日	2008 年 12 月 31 日	2007 年 12 月 31 日
应收账款金额	14,115.59	13,475.22	12,438.16
较前期增加额	640.37	1037.06	5166.74
较前期增加幅度	4.75%	8.34%	71.06%

2007 年年末应收账款账面价值较 2006 年年末增加 5166.74 万元,增长幅度达 71.06%;应收账款占流动资产比例 2007 年至 2009 年年末分别为 49.76%、41.50% 和 43.11%;占总资产的比例分别为 29.78%、26.22% 和 26.08%,呈现逐年下降的趋势。

1. 应收账款余额增长较快的原因

报告期的三个会计年度内,公司分账龄应收账款余额及其变动情况如表 5 - 6 所示:

表 5 - 6

账龄	2009 年年末			2008 年年末			2007 年年末		
	金额	增加金额	增长率	金额	增加金额	增长率	金额	增加金额	增长率
1 年以内	11,372.45	1353.71	13.51%	10,018.74	-537.44	-5.09%	10,556.18	4415.55	71.91%
1 至 2 年	1714.26	-1354.97	-44.15%	3069.23	1618.39	111.55%	1450.84	639.42	78.80%
2 至 3 年	1193.29	547.95	84.91%	645.34	194.51	43.14%	450.83	29.12	6.91%

续表

账龄	2009 年年末			2008 年年末			2007 年年末		
	金额	增加金额	增长率	金额	增加金额	增长率	金额	增加金额	增长率
3 至 5 年	537.60	204.22	61.26%	333.38	-147.09	-30.61%	480.46	325.21	209.46%
5 年以上	13.98	—	—	—	—	—	—	—	—
合计	14,831.58	764.90	5.44%	14,066.68	1128.37	8.72%	12,938.31	5409.30	71.85%

公司应收账款账面余额2009 年较2008 年增长5.44%,2008 年较2007 年增长8.72%;应收账款账面余额增长较快的年份是 2007 年,增长率达到71.85%。

公司2007 年应收账款余额增长较快,主要是1 年以内应收账款增长金额较大,增加4415.55 万元,增长71.91%;1 至 2 年应收账款增加639.42 万元,增长78.80%。主要原因:一是公司营业规模在2007 年继续快速增长;二是公司在2007 年8 月之前,对付款条件的规定不够清晰,对付款比例没有明确规定,没有细化不同销售模式下的付款条件,导致公司应收账款在营业规模扩张较快时,增长较快。

2007 年8 月公司修订了《合同管理政策》,对合同管理、收款政策、奖惩措施等进行了细化和进一步明确,有力地加强了公司对应收账款的管理。2008 年、2009 年应收账款账面余额分别较其上年增长8.72%和5.44%,分别小于营业收入15.95%和11.20%的增长幅度,一方面,与公司严格执行上述合同管理政策有直接关系;另一方面,显现了公司较强的争取合理付款条件的谈判和执行能力。

2. 发行人及其前身自设立以来各年度的应收账款及其回收情况

发行人及其前身自设立以来各年度的应收账款及其回收情况如表5-7所示:

表 5－7

<table>
<tr><th rowspan="2">账龄</th><th>2000 年年末</th><th colspan="2">2001 年年末</th><th colspan="2">2002 年年末</th><th colspan="2">2003 年年末</th><th colspan="2">2004 年年末</th></tr>
<tr><th>金额</th><th>金额</th><th>回收率（%）</th><th>金额</th><th>回收率（%）</th><th>金额</th><th>回收率（%）</th><th>金额</th><th>回收率（%）</th></tr>
<tr><td>1 年以内</td><td>72.25</td><td>540.12</td><td>77.81</td><td>890.14</td><td>99.92</td><td>1935.74</td><td>91.67</td><td>3981.03</td><td>87.5</td></tr>
<tr><td>1～2 年</td><td>—</td><td>16.03</td><td>—</td><td>0.42</td><td>—</td><td>74.14</td><td>—</td><td>241.93</td><td>10.96</td></tr>
<tr><td>2～3 年</td><td>—</td><td>—</td><td>—</td><td>16.03</td><td>—</td><td>0.42</td><td>—</td><td>66.01</td><td rowspan="2">—</td></tr>
<tr><td>3～5 年</td><td>—</td><td>—</td><td>—</td><td>—</td><td>—</td><td>16.03</td><td>—</td><td>16.45</td></tr>
<tr><td>5 年以上</td><td>—</td><td>—</td><td>—</td><td>—</td><td>—</td><td>—</td><td>—</td><td>—</td><td>—</td></tr>
<tr><td>合计</td><td>72.25</td><td>556.15</td><td>77.81</td><td>906.58</td><td>97.04</td><td>2026.32</td><td>90.01</td><td>4305.42</td><td>83.99</td></tr>
</table>

续表

<table>
<tr><th rowspan="2">账龄</th><th colspan="2">2005 年年末</th><th colspan="2">2006 年年末</th><th colspan="2">2007 年年末</th><th colspan="2">2008 年年末</th><th colspan="2">2009 年年末</th></tr>
<tr><th>金额</th><th>回收率（%）</th><th>金额</th><th>回收率（%）</th><th>金额</th><th>回收率（%）</th><th>金额</th><th>回收率（%）</th><th>金额</th><th>回收率（%）</th></tr>
<tr><td>1 年以内</td><td>3082.45</td><td>80.06</td><td>6140.62</td><td>73.68</td><td>10,556.18</td><td>76.37</td><td>10,018.74</td><td>70.92*</td><td>11,372.45</td><td>82.89</td></tr>
<tr><td>1～2 年</td><td>793.93</td><td>5.12</td><td>811.42</td><td>46.88</td><td>1450.84</td><td>44.44</td><td>3069.23</td><td>55.52</td><td>1714.26</td><td>61.12</td></tr>
<tr><td>2～3 年</td><td>229.53</td><td rowspan="2">23.36</td><td>421.71</td><td rowspan="2">46.96</td><td>450.83</td><td rowspan="2">16.73</td><td>645.34</td><td rowspan="2">64.2</td><td>1193.29</td><td rowspan="2">45.07</td></tr>
<tr><td>3～5 年</td><td>63.2</td><td>155.26</td><td>480.46</td><td>333.38</td><td>537.6</td></tr>
<tr><td>5 年以上</td><td>—</td><td>—</td><td>—</td><td>—</td><td>—</td><td>—</td><td>—</td><td>—</td><td>13.98</td><td>—</td></tr>
<tr><td>合计</td><td>4169.11</td><td>74.76</td><td>7529.01</td><td>66.7</td><td>12,938.31</td><td>68.36</td><td>14,066.68</td><td>68.71</td><td>14,831.58</td><td>75.41</td></tr>
</table>

注：

1. 公司在 2000 年以前不存在应收账款；
2. 表中的回收率是指对于上一年的应收账款在当年收回的比例；如＊所示的数据“70.92”是指 2007 年列示的 1 年以内的应收账款 10,556.18 万元在 2008 年有 70.92% 已被收回。

根据上述数据,公司包括其前身自设立以来各年度应收账款的回收情况如图 5 - 1 所示:

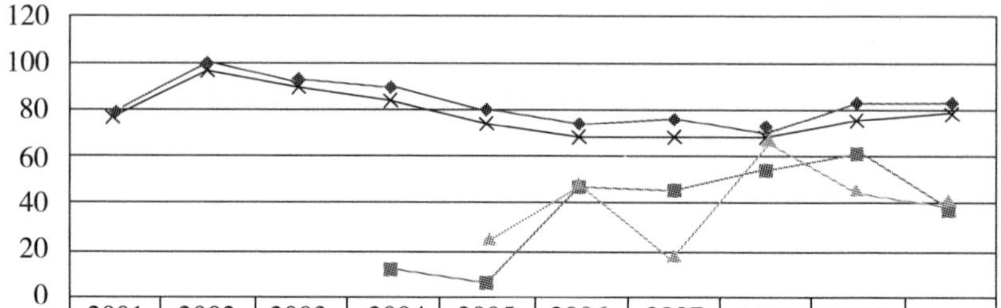

	2001年	2002年	2003年	2004年	2005年	2006年	2007年	2008年	2009年	平均
1年以内	77.81	99.92	91.67	87.5	80.06	73.68	76.37	70.92	82.89	82.31
1~2年	—	—	—	10.96	5.12	46.88	44.44	55.52	61.12	37.34
2~5年	—	—	—		23.36	46.96	16.73	64.2	45.07	39.26
合计	77.81	97.04	90.01	83.99	74.76	66.7	68.36	68.71	75.41	78.09

图 5 - 1

根据上述数据、图示及经核查确认的公司应收账款的实际回收情况,可得到以下结论:

第一,公司自设立以来,1 年以内应收账款在下一年度平均被收回的比例为 82.98%,且稳定在 71% ~ 100%,1 年以内应收账款回收状况良好。从近三年情况来看,2007 ~ 2009 年 1 年以内应收账款回收率分别是 76.37%、70.92% 和 82.89%,回收率较高且保持稳定。

第二,公司 1 ~ 2 年应收账款回收情况呈逐步上升趋势,由 2004 年的 10.96% 上升到 2009 年的 61.12%,反映了公司对达到 1 年以上账龄的应收账款管控力度不断加强且取得了实效。

第三,公司 2 ~ 5 年应收账款回收率总体呈上升趋势,由 2005 年的 23.36% 上升至 2009 年的 45.07%,尤其在 2008 年回收率上升幅度较大,与公司在 2007 年完善应收账款管理政策并切实得以执行密切相关。

综上所述,由于公司客户主要为政府部门、电信和金融企业,客户资信良好、实力雄厚,且公司自身随着业务规模的扩大加强了对应收账款的管理,尤其是自 2007 年 8 月修订《合同管理政策》并得以有效执行，使公司在业务迅速发展的同时有效地保障了收益的质量。

保荐人通过逐笔查阅发行人自设立以来的应收账款明细账、应收款项明细表，对重点明细项目查阅记账凭证、原始凭证、销售合同、发票、回款记录，与公司负责应收账款管理的相关人员座谈等方式，对 2005 ~ 2009 年应收款项明细及其回收情况从账表、账账、账实相符等环节给予重点核查，经核查认为，上述披露是真实、准确、完整的。

申报会计师通过逐笔查阅发行人自设立以来的应收账款明细客户的回款记录、原始凭证、有关业务合同、收入确认、收款政策，与公司负责应收账款管理的相关人员座谈等方式，经核查认为，上述披露是真实、准确、完整的。

3. 公司的客户情况

近三年，公司营业收入中不同行业客户的占比数据如表 5 – 8 所示：

表 5 – 8

行业	2009 年度	2008 度	2007 年度	平均
政府	37.12%	44.20%	36.62%	39.31%
电信	12.14%	11.93%	18.87%	14.31%
金融	10.80%	13.03%	11.93%	11.92%
军队	14.85%	4.63%	7.09%	8.86%
能源	8.65%	6.20%	9.47%	8.11%
媒体	2.98%	4.52%	1.60%	3.03%
军工	2.50%	4.47%	1.35%	2.77%
教育	1.56%	2.41%	4.40%	2.79%
交通	0.99%	1.12%	0.28%	0.80%
卫生	0.46%	0.68%	0.94%	0.69%
其他	7.95%	6.80%	7.45%	7.40%
合计	100.00%	100.00%	100.00%	100.00%

从表 5 – 8 可以看出，公司客户中政府部门、电信行业和金融行业的客户

占比位居前三且基本稳定,报告期内平均为 39.31%、14.31% 和 11.92%,共占到所有行业的 65.55%。在能源和军队领域,在公司的所有客户中也占到一定比重,报告期平均为 8.11% 和 8.86%。

公司近三年以来的部分重点客户如表 5-9 所示:

表 5-9

政府	金融	能源
中央办公厅信息中心	中国人民银行	中国石油天然气集团公司
中共中央党史研究室	中国人民银行集中采购中心	中国中钢股份有限公司
中共中央组织部信息管理中心	中国人民银行金融信息管理中心	中国航空油料集团公司
中共中央纪律检查委员会信息中心	中国人民银行征信中心	国电信息中心
中央档案馆	国家外汇管理局	华中电网有限公司
国家发展和改革委员会国家物资储备局	中国银行监督管理委员会	东北电网有限公司
教育部教育管理信息中心	中国保险监督管理委员会	华东电力对外经济贸易有限公司
中华人民共和国科学技术部信息中心	中国银行业协会	重庆市电力公司
公安部公共信息网络安全监察局	中国外汇交易中心	河北省电力公司
公安部某研究所	国家开发银行	河北省电力研究院
国家财政部信息网络中心	中国进出口银行	北京市燃气集团有限责任公司
人力资源和社会保障部信息中心	中国农业银行	平顶山煤业(集团)有限责任公司
国土资源部信息中心	中国建设银行股份有限公司	本溪钢铁(集团)信息自动化有限责任公司
铁道部公安局	中国建设银行山西省分行	
水利部水利信息中心	中国建设银行云南省分行	电信
农业部信息中心	中国光大银行	中国电信股份有限公司
文化部机关服务中心信息中心	中国中信集团公司管理信息部	中国移动通信集团有限公司
卫生部统计信息中心	中信控股有限责任公司	中国联通(集团)有限公司

续表

政府	金融	能源
工业和信息化部邮电信息中心	中信银行	陕西省电信有限公司
建设部信息中心	中信银行股份有限公司	海南省电信有限公司
国家安全生产监督管理总局	中信银行股份有限公司信用卡中心	福建省电信有限公司
国家体育总局	华夏银行信用卡中心	青海省电信有限公司
国家物资储备局	深圳发展银行	安徽省电信有限公司
国务院侨务办公室	北京银行	上海市电信有限公司
全国海关信息中心	上海银行股份有限公司	广东省电信有限公司
国家广播电影电视总局监测数据处理中心	宁夏银行股份有限公司	北京电信通电信工程有限公司
国家广播电影电视总局广播科学研究院	中国银联股份有限公司	联通新时空移动通信有限公司北京分公司
国家林业局森林防火预警监测信息中心	中国信达资产管理公司	
国家海洋局东海环境监测中心	中国长城资产管理公司	烟草
国家海洋环境预报中心	深圳证券交易所	川渝中烟工业公司
国家海洋信息中心	中国银河证券股份有限公司	湖北中烟工业有限责任公司
中国海监总队	中国证券登记结算有限责任公司上海分公司	甘肃烟草工业有限责任公司
华洋海事中心	上海远东证券有限公司	兰州卷烟厂
国家食品药品监督管理局药品评价中心	深圳英大证券有限责任公司	红塔烟草（集团）有限责任公司
国家民委信息中心	金元证券股份有限公司	
国防科学技术工业委员会办公厅	山西证券股份有限公司	军工
国防科技工业保密资格审查认证中心	长江证券有限责任公司	中国人民解放军某部
全国社会保障基金理事会信息研究部	齐鲁证券有限公司	中国人民解放军某部
国家计算机网络与信息安全管理中心	中原证券股份有限公司	中国人民解放军某研究院

续表

政府	金融	能源
国家信息技术安全研究中心	国投瑞银基金管理有限公司	中国人民解放军某研究院
国家信息中心	嘉实基金管理有限公司	中国民用航空总局第二研究所
中国信息安全产品测评认证中心	长盛基金管理有限公司	中国兵器工业集团公司
国家基础地理信息中心	交银施罗德基金管理有限公司	中国人民武装警察某部
中国国家博物馆	融通基金管理有限公司	
中国中央电视台	博时基金管理有限公司	教育、科研院所
中央人民广播电台	泰信基金管理有限公司	中国科学院计算技术研究所
中国教育电视台	银华基金管理有限公司	中国科学院金属研究所
第29届奥林匹克运动会组织委员会	太平洋安泰人寿保险有限公司	中国科学院计算机网络信息中心
第29届奥林匹克运动会组织委员会帆船委员会(青岛)	天安保险股份有限公司	中国电子科学技术研究院
第16届亚运会组委会		中国核动力研究设计院
中共北京市委统战部	企业	核工业计算机应用研究所
中国人民政治协商会议北京市委员会办公厅	中国国际旅行社总社	中国国土资源经济研究院
北京市财政局	中国储备粮管理总公司	中国船舶工业综合技术经济研究院
北京市公安局	中国大恒(集团)有限公司	中国工程物理研究院物资部
北京市国土资源局	中国电子科技集团公司	清华大学光盘国家工程研究中心
北京市统计局	中国东方电气集团公司	北京邮电大学
北京市体育局信息中心	中国国际电子商务中心	北京邮电大学网络技术研究院
北京市人民政府国有资产监督管理委员会	中国航空工业第一集团公司	北京应用物理与计算数学研究所
北京市科学技术委员会	中国航空技术进出口总公司	北京市信息技术应用研究所
北京市应急委办公室	中国远洋运输(集团)总公司	北京市信息科学研究所
北京市应急指挥中心	中粮集团有限公司	东北大学
北京信息安全测评中心	神州数码(中国)有限公司	哈尔滨工业大学

续表

政府	金融	能源
北京市广播电视局	深圳市中国国际海运集装箱集团股份有限公司	武汉大学
上海市公安局	央视国际网络有限公司	广西大学
上海市计算机病毒防范服务中心	太极计算机股份有限公司	广西大学信息网络中心
上海市信息安全测评认证中心	东软集团股份有限公司	河北省标准化研究院
上海图书馆	华为技术有限公司	上海现代信息技术研究所
重庆市财政局	同方股份有限公司	大连理工大学网络与信息化中心

这些客户大多规模较大、内控制度健全、信用良好,其财务状况、现金流量情况较好,破产清算风险小;并且,上述客户在采购控制的一个重要特点是:一般在购货之前对采购计划审批严格,采购计划一经批准,实施采购是专款专用,形成坏账的可能性很小。

4. 对发行人坏账计提是否符合谨慎性原则的分析

表 5－10 是可比公司截至 2008 年 12 月 31 日的坏账计提政策:

表 5－10

账龄	中国软件	东软集团	浪潮软件	汉王科技	久其软件	卫士通	平均值	启明星辰
1 年以内	6%	0.30%	5%	5%	5%(6 个月以下 0%)	5%	4.38%	0.50%
1～2 年	8%	0.50%	10%	10%	10%	10%	8.08%	8%
2～3 年	10%	1%	20%	30%	15%	30%	17.67%	20%
3～4 年	20%	10%	40%	50%	20%	50%	31.67%	50%
4～5 年	50%	10%	80%	50%	20%	80%	48.33%	50%
5 年以上	100%	100%	100%	50%	100%	100%	91.67%	100%

资料来源:中国软件、东软集团、浪潮软件、卫士通数据来源于巨潮资讯(www.cninfo.com.cn)披露的 2008 年年报;久其软件数据来源于其发行时披露的招股说明书;汉王科技数据来源于其预披露招股说明书,坏账计提比例为 2007 年数据。

由表 5－10 可以看出,公司 1 年以内、1～2 年应收账款坏账计提比例较可比公司平均值较低(从具体可比公司看,公司 1 年以内、1～2 年应收账款坏账准备计提比例远高于东软集团 0.3%、0.5% 的计提比例,久其软件对 6 个月以下的应收账款不予计提坏账准备;公司其他账龄的坏账计提比例除 5 年以上均为 100% 外,也均远高于东软集团),而 2 年以上应收账款坏账计提比例则较可比公司平均值要高(从具体可比公司看,公司 2～3 年、3～4 年应收账款坏账准备计提比例高出中国软件、东软集团 1 倍以上;3～4 年应收账款计提比例亦高于浪潮软件),这与公司的客户结构有密切关系。公司客户中政府部门、电信行业和金融行业的客户销售占比位居前三且基本稳定,2005～2008 年四年占比平均值分别为政府部门 43.99%、电信行业 15.8%、金融行业 10.80%,共占到所有行业的70.68%;随着我国信息网络的普及和信息化程度的提高,上述客户对网络安全产品和安全服务具有相对稳定的依赖性。这些客户资信良好、实力雄厚,发生坏账的风险较小。

如果应收账款账龄大于 2 年,则公司计提坏账准备的比例明显提高,亦高于可比公司平均计提比例。

公司依据其客户的情况,制定了符合公司实际的坏账准备计提政策,以公允地反映了公司的资产状况和经营业绩,公司的坏账准备计提政策是谨慎的、公允的,符合《企业会计准则》的相关规定。

5. 独立董事的专项意见

独立董事对公司坏账准备计提政策发表专项意见,认为"公司的坏账准备计提政策符合《企业会计准则》的相关规定,符合公司业务开展和客户结构等实际情况,坏账准备计提充分"。

6. 保荐机构和申报会计师的核查意见

保荐机构经核查后认为,公司结合公司自身客观情况制定的坏账准备计提政策,符合《企业会计准则》的相关要求,该坏账计提政策的制定符合谨慎性原则,其执行也是一贯的、稳定的。

申报会计师经核查后认为,公司的坏账准备计提政策是结合公司应收账款回收情况、客户特点、历史经验数据及软件企业等客观情况综合确定的,符合《企业会计准则》的相关规定,坏账计提政策的制定符合谨慎性原则,其执行也是一贯的、稳定的。

启明星辰不只从应收账款回收率,而且从客户、坏账准备等多个角度对应收账款进行了充分说明。

(二)博林特:年度回款额的角度值得借鉴

博林特虽然不是一家软件企业,但其解释应收账款时从年度内回款额的角度进行了说明,说明虽然公司应收账款余额在不断增长,但公司实现的销售收入中80%以上均在年度内实现了回款——而这如果只是盯住应收账款余额或净额是不可能说明这个情况的。

沈阳博林特电梯股份有限公司于2012年6月披露《首次公开发行股票招股意向书》,披露“应收账款整体回收情况及一年以上应收账款分析”:

(具体参见“第六章　让人理解企业:财务和业务信息的融合过程”中“第二节　常见指标:全面理解”下“二、应收账款”中的相关内容)

三、经营性净现金流:一定要选择真正可比的公司对比

与应收账款普遍较高这个问题相对应的是,多数软件企业的经营性净现金流往往也不好,且季节性非常明显,第四季度确认收入的较多,但客户付款却有个滞后性,而费用却是均衡发生,因而造成净现金流与净利润不匹配的软件企业非常多,此时的解释也要从与同行业可比公司的对比中进行重点说明。

需要说明的是,选择的同行业可比公司,一定要是真正可比的公司,这里“真正可比的公司”,是指客户方面具有可比的公司,即如果一家企业面对的客户主要是政府部门、大型企业或金融机构,则也要选择向这类客户提供产品或服务的软件企业,而不能选择面向个人或中小企业客户的软件企业(如网站类企业),反之亦然。

(一)安硕信息:以“经营性净现金流/净利润”指标说明

2012年7月过会的上海安硕信息技术股份有限公司,其《首次公开发行股票并在创业板上市招股说明书》(申报稿)披露“报告期内公司经营活动现金流量情况”:

报告期内净利润与经营活动现金流量的关系如表5-11所示:

表5-11

单位:万元

项　　目	2011年度	2010年度	2009年度
净利润	4131.02	3578.85	1665.67
加:资产减值准备	-10.44	130.67	38.05
固定资产折旧、油气资产折耗、生产性生物资产折旧	214.22	185.99	167.08
无形资产摊销	0.30	—	—
长期待摊费用摊销	21.81	25.61	24.85
处置固定资产、无形资产和其他长期资产的损失(收益以“-”号填列)	—	-14.16	-3.40
固定资产报废损失(收益以“-”号填列)	0.96	1.79	4.17
公允价值变动损失(收益以“-”号填列)	—	—	-3.15
财务费用(收益以“-”号填列)	—	1.86	20.85
投资损失(收益以“-”号填列)	—	-0.65	-0.11
递延所得税资产减少(增加以“-”号填列)	-2.39	-19.23	-5.56
递延所得税负债增加(减少以“-”号填列)	—	—	—
存货的减少(增加以“-”号填列)	-439.37	-38.39	-125.59
经营性应收项目的减少(增加以“-”号填列)	-1273.61	-2385.10	-364.74
经营性应付项目的增加(减少以“-”号填列)	830.88	-493.73	33.06
其他	—	—	—
经营活动产生的现金流量净额	3473.38	973.51	1451.17

报告期内导致公司经营活动现金流量净额与净利润存在一定差异的主要原因是经营性应收项目和经营性应付项目的变动。报告期内公司经营性应收项目和经营性应付项目的变动及其对经营活动现金流量净额的影响情况列示如表 5－12 所示：

表 5－12

单位:万元

项目	2011 年度	2010 年度	2009 年度
经营性应收项目的减少 (增加以"－"号填列)	－1273.61	－2385.10	－364.74
经营性应付项目的增加 (减少以"－"号填列)	830.88	－493.73	33.06
对经营活动现金流净额的影响	－442.73	－2878.83	－331.68

1. 2009 年公司的净利润较上年保持一定的增长,但是经营活动现金流量净额较上年减少 268.65 万元,净利润与经营活动现金流不匹配的原因为经营性应收项目的增加,其中,应收账款账面余额较上年末增加 329.72 万元。

2. 2010 年公司净利润大幅增长,但是经营活动现金流量净额较上年减少 477.66 万元,净利润与经营活动现金流不匹配的原因为经营性应收项目的增加和经营性应付项目的减少。经营性应收项目的增加主要系应收账款账面余额上升了 2490.26 万元,主要原因为:一是公司收入和收款季节性因素以及 2010 年 12 月的税务迁移造成 2010 年年末无法向客户开具发票而使与客户的款项结算活动难以进行而影响正常的收款;二是 2010 年以来公司收入增长速度的加快,一般而言,规模加速扩张公司的应收账款余额呈现上升趋势。经营性应付项目的减少主要系预收账款余额的下降 734.34 万元,主要受期末在执行项目完工程度、来自老客户的应收和预收项目抵消因素影响。

公司在 2010 年 12 月由于受到税务迁移的影响导致无法向客户开具发票而使与客户的款项结算受到影响,加之公司收入和收款具有较强的季节性,第四季度收款在各季度中收款量最大,具体如表 5－13 所示：

表 5-13

单位:万元

季度	2011 年度	2010 年度	2009 年度
第一季度	1494.74	626.96	380.91
第二季度	2626.21	1579.84	1256.89
第三季度	2345.53	2261.91	1870.31
第四季度	5889.58	2982.52	2483.62
合计	12,356.06	7451.23	5991.73

3. 2011 年度净利润为 4131.02 万元,而经营活动现金流量净额为3473.38万元,净利润与经营活动现金流相对匹配。2011 年应收账款账面余额较2010 年年末上升了 985.50 万元,主要原因为:一是期末含有系统集成业务的产品销售产生应收账款 298 万元;二是公司应收账款余额随业务规模的扩大而增长。

4. 同行业净利润与经营性现金流净额比较分析

表 5-14

经营活动现金流/净利润	2011 年	2010 年	2009 年	报告期内平均
银之杰	0.24	0.56	0.68	0.49
东方国信	0.28	0.29	0.80	0.46
汉得信息	0.48	0.54	1.21	0.74
平均	0.33	0.46	0.90	0.56
安硕信息	0.84	0.27	0.87	0.66

报告期内公司经营活动现金流净额/净利润的比值平均为 0.66,高于 0.56 的行业平均水平。2010 年以来行业的经营活动现金流净额/净利润的比值呈下降趋势,主要是由于经营活动现金流入受宏观货币政策影响较大,应收账款周转速度明显降低,而成本主要为人工、差旅费用等付现成本,经营活动现金流出没有明显的周期性和季节性特征。公司 2010 年经营活动现金流净额/净利润的比值较低,主要是由于 2010 年年末税务迁移导致收款递延至

2011 年。

经核查，保荐机构和发行人会计师认为，报告期内发行人的净利润和经营活动现金流量公允反映了公司的经营成果。

（二）卫宁软件：以“销售商品、提供劳务收到的现金/营业收入”指标说明

2011 年 7 月上海金仕达卫宁软件股份有限公司公告《首次公开发行股票并在创业板上市招股意向书》，披露现金流量情况：

最近三年，本公司现金流量情况如表 5－15 所示：

表 5－15

单位：万元

项　　目	2010 年度	2009 年度	2008 年度
经营活动产生的现金流量净额	3806.84	2163.78	1497.61
其中：销售商品、提供劳务收到的现金	13,984.79	12,963.58	12,379.56
销售商品、提供劳务收到的现金/营业收入	1.16	1.14	1.15

……

报告期内经营活动产生的现金流量净额分别为 1497.61 万元、2163.78 万元和 3806.84 万元，最近三年销售商品、提供劳务收到的现金/营业收入的指标平均为 1.15，公司经营活动的现金流量净额与净利润配比，均保持了较快的增长。公司经营活动现金流量的增长原因如下：

1. 公司软件业务和技术服务业务快速增长

报告期内公司软件业务和技术服务业务合计实现营业收入 4740.68 万元、6822.95 万元和 8869.05 万元，该等业务毛利率水平较高，全年实现净利润 1701.87 万元、2616.26 万元和 3534.65 万元。净利润增长带动了公司经营性现金流量净额的增长。

2. 强化应收账款管理

公司为降低收款风险,强化了应收账款管理,加大了收款力度,公司将应收账款回收情况纳入各事业部考核范围,有效地调动了各事业部收款的积极性;同时由于医改信息化投入的加强,客户付款能力增强。上述因素促进了公司销售款的回收速度,特别是软件销售款的回款速度快速增长。

综上所述,随着公司软件业务和技术服务业务的快速增长,公司净利润也快速增长;公司加大了收款力度,销售款回款速度提高,由此带来公司经营性现金流量净额的较快增长。

通过对发行人现金流量情况的核查,发行人会计师认为,随着公司软件业务和技术服务业务的快速增长,发行人净利润也快速增长;发行人加大了催款力度,销售款回款速度提高,由此带来发行人经营性现金流量净额的较快增长。当然,良好的经营性活动现金流量,最终是依赖公司持续向好的经营业绩以及合理的应收应付账款管理,但在某些特殊情况下,我们也应当通过合理的解释使投资者看清公司经营性现金流的特殊之处。

四、税收优惠:行业共性

软件企业所享受的税收优惠,是行业的普遍现象,通过与可比公司的比较,也会很容易发现这一点;但是,对于既作为软件企业、高新技术企业,同时还作为外商投资企业时,有可能就会搞不清公司享受的优惠税率是基于何种身份所享受(税收优惠审批单有时可能没列得这么具体、清晰,而这个问题的产生,主要是因为公司如果作为外商投资企业经营期不满十年,是否面临补税的问题),此时,需要特别的处理。

(一)启明星辰:与可比公司相比凸显行业共性

启明星辰首发招股说明书中,对税收优惠这一问题的披露和分析如下:

1. 报告期内,公司营业外收入主要为政府补助(增值税退税和其他政府补助)情况

具体项目如表5-16所示:

表5-16

单位:万元

项目	2009年度	2008年度	2007年度
非流动资产处置利得	—	1.86	0.30
其中:固定资产处置利得	—	1.86	0.30
政府补助	3761.27	2914.21	1591.58
其中:增值税退税	2414.11	1559.41	1168.16
其他政府补助	1347.16	1354.80	423.42
其他	16.48	5.56	29.77
合计	3777.75	2921.64	1621.64

公司为国家重点布局内的软件企业,根据财政部、国家税务总局、海关总署发布的《关于鼓励软件产业和集成电路产业发展有关税收政策问题的通知》(财税〔2000〕25号)规定,对经税务部门认定的软件销售收入实际增值税税负超过3%部分即征即退。报告期内,公司获得的增值税退税金额随着营业规模的扩大而增加,2007年、2008年和2009年分别为1168.16万元、1559.41万元和2414.11万元。

报告期内各年获得的退税金额、所得税优惠金额、非经常性损益净额、前述三项各期的累计金额,及主要项目分别占报告期各期利润总额的比例、扣除非经常性损益后净利润的比例如表5-17所示:

表5-17

单位:万元

项目	2009年度	2008年度	2007年度
①增值税退税金额	2414.11	1559.41	1168.16
②所得税优惠金额	503.91	437.08	319.09

续表

项　　目	2009 年度	2008 年度	2007 年度
③非经常损益净额	1000.41	979.40	707.54
④=①+②+③	3918.43	2975.89	2194.79
⑤利润总额	5707.66	5222.48	4289.98
⑥扣除非经常性损益后净利润	4187.00	3755.19	3196.38
①/⑤比率	42.30%	29.86%	27.23%
②/⑤比率	8.83%	8.37%	7.44%
③/⑤比率	17.53%	18.75%	16.49%
④/⑤比率	68.65%	56.98%	51.16%
①/⑥比率	57.66%	41.53%	36.55%
②/⑥比率	12.04%	11.64%	9.98%
③/⑥比率	23.89%	26.08%	22.14%

从年度来看,公司扣除非经常性损益后净利润稳定、持续增长,近三年年均复合增长率达到 14.45%,表明公司在国家的行业扶持政策下快速发展壮大,自身盈利能力和水平不断提高。

2. 同行业可比上市公司税收优惠的比较分析

与发行人同处中关村软件园的汉王科技股份有限公司,2006~2008 年增值税退税情况如表 5-18 所示:

表 5-18

单位:万元

项　　目	2008 年度	2007 年度	2006 年度
增值税退税	1371.00	1569.67	1232.10
利润总额	3210.03	2929.39	2152.48
净利润	3011.98	2722.83	1841.39
增值税退税占利润总额比	42.71%	53.58%	57.24%
增值税退税占净利润比	45.52%	57.65%	66.91%

资料来源:巨潮资讯网(www.cninfo.com.cn)。

汉王科技股份有限公司与发行人的增值税退税情况,在上述三个会计年度比较如表5－19所示:

表5－19

单位:万元

公司	项目	2008年度	2007年度	2006年度
汉王科技	增值税退税金额	1371.00	1569.67	1232.10
	利润总额	3210.03	2929.39	2152.48
	增值税退税占利润总额比	42.71%	53.58%	57.24%
启明星辰	增值税退税金额	1559.41	1168.16	909.37
	利润总额	5222.48	4289.98	1879.10
	增值税退税占利润总额比	29.86%	27.23%	48.39%

由表5－19可见,启明星辰在上述三个会计年度内增值税退税占利润总额的比例由2006年的48.39%下降至2008年的29.86%;同处一个软件园区的汉王科技,该比例较发行人高,且在三个会计年度内平均高出16.02个百分点,在可比的2007年度、2008年度分别高出26.35个百分点、12.85个百分点。

北京的另一家上市软件企业,用友软件的增值税退税金额占利润总额的比例与发行人较为接近表5－20:

表5－20

公司	2008年度	2007年度	2006年度
用友软件	25.21%	24.38%	39.09%
启明星辰	29.86%	27.23%	48.39%

关于所得税优惠,由于符合优惠条件的软件企业执行的是低税率优惠政策,即被认定为高新技术企业执行15%的优惠税率,如被认定为国家规划布局内的重点软件企业当年未享受免税优惠的减按10%的税率征收企业所得税,其优惠金额与利润总额成正比例关系,企业所得税的优惠金额主要取决于利润总额,在符合条件的软件企业统一执行税率优惠而非定额优惠政策的前提

下,企业所得税优惠不会成为对企业的净利润构成重大依赖的因素。

3. 国家对软件企业实施的税收优惠政策具有一定的稳定性

国家一直非常重视软件产业的发展,对软件企业实施了包括财税政策扶持和优惠政策在内的一系列政策措施。2009 年 2 月国务院常务会议审议并原则通过电子信息产业调整振兴规划,指出:电子信息产业是国民经济战略性、基础性和先导性支柱产业;在当前国际市场需求急剧下降、全球电子信息产业深度调整的形势下,振兴我国电子信息产业,必须强化自主创新,完善产业发展环境,加快信息化与工业化融合,着力以重大工程带动技术突破,以新的应用推动产业发展;要加强政策扶持,加大鼓励软件和集成电路产业发展政策实施力度。

软件产品本质上是一种知识服务,增值率比一般工业商品要高出许多,加上其主要消耗是研发费用等无形资产投入,消耗的原材料很少,因而准予抵扣的进项税额极少,因此对软件产品增值额课税实际上造成了软件产品税负较一般工业产品更高的情形。此外,如果将软件产品看作服务输出,我国目前除加工、修理修配劳务征收增值税外,其他服务行业不征收增值税而征收营业税。仅从税收考虑,如果对软件产品征收 17% 增值税,考虑软件产品可抵扣进项税额几乎为 0,相当于征收 17% 的营业税,即使采取现有的政策,亦相当于征收 3% 的营业税。我国从 2009 年 1 月 1 日进行增值税转型,基本由原来的生产型改为消费性增值税税制,允许企业抵扣新购入设备所含的增值税,有效地消除重复征税问题。但软件企业属于不需要大量生产设备的轻资产型企业,故其经营过程中发生的技术开发费、转让费、咨询费等往往高过外购有形资产的费用,而这些费用性支出都无法得到抵扣。因此,无论我国还是西方发达国家,均对软件行业实施若干替代性税收政策,如我国及一部分西方国家采取的增值税即征即退政策,可以预见,该项优惠政策将长期得以实施。

根据《企业所得税法》第 28 条的规定,国家需要重点扶持的高新技术企业,减按 15% 的税率征收企业所得税。《企业所得税法》自 2008 年 1 月 1 日开始实施;《国务院关于印发〈鼓励软件产业和集成电路产业发展若干政策〉的通知》(国发〔2000〕18 号)和财政部、国家税务总局、海关总署财税《关于鼓励软件产业和集成电路产业发展有关税收政策问题的通知》(财税〔2000〕25 号)以及财政部、国家税务总局《关于企业所得税若干优惠政策的通知》(财税〔2008〕1 号)规定,对国家规划布局内的重点软件生产企业,如当年未享受免税优惠的,减按 10% 的税率征收企业所得税,且没有明确该规定的有效期限。基于软件行业的特殊性,以及国家对软件行业的总体政策导向,预期上述税收优惠法规在一定时期内将保持稳定。

4. 保荐机构和申报会计师的意见

保荐机构经核查后认为,发行人在国家相关政策的扶持下发展迅速,并且通过自身盈利能力和水平的提高,逐步降低了对税收优惠的依赖程度,发行人享受的税收优惠不会导致公司经营成果的重大不确定性,其经营成果对税收优惠不存在严重依赖。同时,考虑到软件企业主要为人力投入而实物投入较少从而进项税额抵扣较少的生产经营特点,以及目前国内工业企业、其他受国家鼓励的服务行业实际承担的流转税率情况,可以预见,国家对软件企业实行增值税超过 3% 即征即退的税收优惠政策将长期存在;基于国家对高新技术企业扶持的普遍做法,预期我国对高新技术企业以及重点扶持的软件企业的企业所得税优惠政策亦将保持稳定。

申报会计师经核查后认为,发行人作为一家软件企业,依据国家有关政策享受税收优惠政策,与符合相关条件的软件企业相比并未享受额外的优惠政策,发行人的经营成果对税收优惠不存在严重依赖,税收优惠不会导致经营成果的重大不确定性;并且,基于国家对鼓励发展的服务行业整体税负的综合考虑因素,可以预见,我国对软件行业的税收优惠政策将长期存在。

(二)卫宁软件/海联讯/安硕信息:税收优惠依据不清晰的处理方式

在部分情况下,比如既是软件企业又是外商投资企业,则其税收优惠依据可能会不清晰,即税务机关是依据作为软件企业还是外商投资企业给予税收优惠的依据并未明确写明,这可能会涉及在外商投资企业经营期不满十年时是否补缴税款的问题。卫宁软件、海联讯和安硕信息三家企业即遇到了此类问题,以安硕信息为例:

根据2012年7月过会的安硕信息公司《首次公开发行股票并在创业板上市招股说明书》(申报稿),其“企业所得税”情况为:

1. 母公司

报告期内母公司安硕信息适用企业所得税税率为15%。2008年12月,公司被再次认定为高新技术企业,有效期三年。根据《企业所得税法》第28条第2款规定“国家需要重点扶持的高新技术企业,减按15%的税率征收企业所得税”。根据上海市浦东新区国家税务局《高新技术企业所得税减免通知书》(浦税十五所减〔2009〕高053号),公司2008年、2009年、2010年适用的企业所得税税率为15%。2011年10月,公司再次被认定为高新技术企业,有效期三年;根据上海市杨浦区国家税务局《审批结果通知单》[杨税03T(2012)(38)号],公司自2011年1月1日至2013年12月31日适用15%的企业所得税税率。

2. 子公司

子公司安硕计算机2005年8月10日被认定为软件企业,根据财政部、国家税务总局、海关总署《关于鼓励软件产业和集成电路产业发展有关税收政策问题的通知》(财税〔2000〕25号)及国家税务总局《国家税务总局关于软件企业和高新技术企业所得税优惠政策有关规定执行口径等问题的通知》(国税发〔2003〕82号)的规定,软件企业享受自开始获利年度起,第一年和第二年免征企业所得税,第三年至第五年减半征收企业所得税的优惠政策。根据上海市虹口区国家税务局《企业所得税减免通知书》[(2005)沪虹税政企所434号],安硕计算机2008年减半征收企业所得税,2008年适用税率为12.5%。安硕计算机自2009年起适用25%的法定企业所得税税率。

子公司安硕软件2008年11月10日被认定为软件企业,根据财政部、国家税务总局、海关总署《关于鼓励软件产业和集成电路产业发展有关税收政策问题的通知》（财税〔2000〕25号）及国家税务总局《国家税务总局关于软件企业和高新技术企业所得税优惠政策有关规定执行口径等问题的通知》（国税发〔2003〕82号）的规定，软件企业享受自开始获利年度起，第一年和第二年免征企业所得税，第三年至第五年减半征收企业所得税的优惠政策。根据上海市杨浦区国家税务局《审批结果通知单》[杨税06T（2009）（40）号]，安硕软件2008年免征企业所得税，2009～2011年减半征收企业所得税，适用税率为12.5%。

3. 发行人前身安硕有限

发行人前身安硕有限系2001年9月25日于上海市张江高科技园区设立的外商独资企业。

2002年2月20日，安硕有限被上海市信息化办公室认定为软件企业，并取得编号为沪R－2002－0003的《软件企业认定证书》。2003年7月2日，上海市浦东新区国家税务局、上海市浦东新区地方税务局出具了《税收优惠核定通知书》[沪国税浦一政（2003）所第281号]，核定安硕有限2002～2003年免征、2004～2006年减半征收企业所得税。

2004年9月20日安硕有限被上海市科学技术委员会认定为高新技术企业，并取得编号为0431040A1214的《高新技术企业认定证书》，有效期两年；2005年6月30日安硕有限被再次认定为高新技术企业，并取得编号为0531040A1214的《高新技术企业认定证书》，有效期两年；2007年9月10日安硕有限被再次认定为高新技术企业，并取得编号为0731040A1214的《高新技术企业认定证书》，有效期为2007年度；2008年11月25日安硕有限被再次认定为高新技术企业，并取得编号为GR200831000312号《高新技术企业证书》，有效期三年。上海市浦东新区国家税务局、地方税务局出具了《高新技术企业所得税减免通知书》（浦税十五所减〔2009〕高053号）。2010年11月安硕有限由外商投资企业转为内资企业。

（1）2002～2003年，安硕有限免征企业所得税

安硕有限自2002年进入获利年度，享受2002年、2003年两年免征企业所

得税的税收优惠。

(2)2004~2007年,安硕有限适用15%的企业所得税税率

2004~2006年,安硕有限减半征收企业所得税,实际适用税率为7.5%。2007年,安硕有限企业所得税实际适用税率为15%。

安硕有限2002~2007年适用15%的企业所得税税率,享受该等税收政策未取得税务主管部门的批复,审批程序上存在瑕疵。发行人至今未因此受到任何行政处罚。

(3)2008~2010年,安硕有限适用15%的企业所得税税率

安硕有限享受新《企业所得税法》关于高新技术企业税收优惠政策,实际适用税率为15%。发行人在2010年11月由外商投资企业转为内资企业后,享受新《企业所得税法》关于高新技术企业税收优惠政策适用15%的企业所得税税率,依据为发行人已取得连续换发的《高新技术企业证书》(编号:GF201131000494;发证时间:2011年10月20日)以及上海市杨浦区国家税务局《审批结果通知单》[杨税03T(2012)(38)号],批复公司自2011年1月1日至2013年12月31日适用15%的企业所得税税率。

(4)主管税务机关出具的相关说明

公司主管税务机关上海市杨浦区国家税务局于2012年3月出具《说明》,确认:

上海安硕信息技术有限公司实际享受企业所得税“两免三减半”的依据为软件企业的税收优惠政策,该项所得税优惠政策外资企业和内资企业均应享受。另外,根据国家税务总局《关于上海浦东新区中资联营企业适用所得税税率的通知》(国税发〔1992〕第114号),《关于对浦东新区内新建企业减、免所得税申报问题的通知》(沪财企一〔1991〕166号)等规定,在浦东新区新办的内联企业以及外地向浦东投资的独资企业(暂不含银行、保险),不论经济性质和隶属关系,均可按15%的比例税率就地缴纳所得税。因此,2010年上海安硕信息技术有限公司由外商独资企业变更为内资企业后,不须补缴“生产性外商投资企业实际经营期不满十年”享受的税收优惠的税款。

为充分保障发行人及投资者的利益,公司控股股东安硕发展和实际控制人高鸣、高勇已出具书面承诺:“如果发行人因享受上述企业所得税政策或安硕有限由外商独资企业转为内资企业而导致税务主管部门在其上市前或上市后进行追缴的,本承诺人将承担其补缴的全部损失(包括税金、滞纳金、罚款及其他相关各项支出)并承担相应责任。”

经核查,保荐机构、发行人律师和发行人会计师认为:

安硕有限 2002 ~2006 年享受软件企业“两免、三减半”的税收优惠政策和 2008 ~2010 年享受高新技术企业 15% 的税收优惠政策符合相关法律法规定的规定。

安硕有限 2002 ~2007 年适用 15% 的企业所得税税率,该项税收政策未能取得税务主管部门的批复,存在审批程序上的瑕疵,但于 2012 年 3 月取得主管税务机关的《说明》,确认“2010 年上海安硕信息技术有限公司由外商独资企业变更为内资企业后,不须补缴‘生产性外商投资企业实际经营期不满十年’享受的税收优惠的税款”。发行人至今未因此受到任何行政处罚。为充分保障发行人及投资者的利益,发行人控股股东及实际控制人已出具承诺承担相应的补缴损失和责任。该等事项不会对发行人正常生产经营构成重大影响,也不会对发行人发行上市造成实质性障碍。

保荐机构和发行人律师经核查后认为,发行人由外资企业变更为内资企业后,无须补缴相应的所得税优惠。

五、对看似异常事项的特别关注

某些事项第一眼看起来感觉比较“异常”,所以称为“看似异常”,实际上,这些事项的发生,有其真实和合理性的具体原因,对于这类事项,一定要特别关注,并一次解释清楚;否则,会导致多次反馈,耽误时间,甚至造成误解。

如辰安科技,发审会问询问题中,即有对看似异常的大额合同的关注:

“发行人控股 55% 的子公司辰安信息成立于 2013 年 9 月 5 日,注册资本 1000万元。辰安信息成立当月签约委内瑞拉苏克雷区演示中心项目,后陆续承接委内瑞拉其他项目,2014 年度辰安信息实现营业收入 9144.65 万元(其中主营业务收入 9072.73 万元)、净利润 4261.34 万元。请发行人代表说明:(1)辰安信息组织结构、员工人数、公司董事会成员;(2)分项目说明委内瑞拉相关项目的最终采购方的基本情况,说明最终采购方与中国电子进出口总公司约定的交货和付款方式,说明中国电子进出口总公司在各个项目中需要承担的责任和义务;(3)辰安信息的人员、资金、资质、经验等方面与上述项目是否匹配。请保荐代表人说明核查过程和核查结论。"

再如恒泰实达,对提供的具体合同的情况,发审会问询了如下问题:

"根据发行人提供的'2012 年度,前十大客户(合并前)劳务服务业务情况表',发行人向国网四川省电力公司提供五份'大屏幕系统建设'项目,其中三份合同金额均为 612.57 万元,但自合同签订日至验收时间的差异较大,一份为 2 个月,一份为 4 个月,但另一份为 11 个月。请发行人代表说明原因。请保荐代表人说明对上述事项的核查过程和核查结论。"

在审核过程中,必须要对这些具体事项保持足够的敏感性,并解释充分、翔实。

六、产品和服务的分类

产品和服务的分类,其实是业务与财务的分类,但最终也归结为业务的分类,因为财务的分类必须要与业务分类相一致。这其实是一个非常重要的问题,在项目进展初期,就应当与企业、其他中介机构共同讨论确定,否则,业务与技术部分以及财务核算的营业收入分类及相应各类细分收入如何确定收入确认政策、审计报告中收入的业务分部列示等都无法开展;同时,这个分类也将影响审核人员和投资者如何看待和理解这家企业,这都特别重要。

如 2015 年 6 月熙菱信息首发保荐工作报告中披露:

项目组通过走访客户、供应商,与企业董事、高管及核心技术人员访谈,了解到公司业务起源于系统集成,但随着公司的发展,公司的业务已不再局限于系统集成。依托新疆乃至全国信息化建设大潮,以及新疆特殊的地理位置,公司在报告期内的业务主要为智能安防及信息化工程,以及信息安全产品、服务与综合解决方案。因而,经与企业及其他中介机构讨论,最终确定具体分类如表 5 – 21 所示:

表 5 – 21

一级分类	二级分类
1. 智能安防及信息化工程	
	(1)智能安防设备及工程实施
	(2)软件开发与产品
	(3)技术服务
2. 信息安全产品、服务与综合解决方案	
	(1)软件开发、产品与服务
	(2)信息安全综合解决方案
3. 其他软件开发与服务	
	(1)软件开发、产品与服务
	(2)系统集成

这种业务分类,更符合公司的经营实际,也更能准确、清晰地反映公司各类业务的经营情况。

这种分类方式,清晰地展现了企业的业务经营情况,同时也凸显了公司的核心竞争力。

某公司公告的招股说明书中列示,其主要产品毛利率水平如表 5 – 22 所示:

表 5 – 22

产品类别	2011 年度	2010 年度	2009 年度
系统集成	57.23%	56.08%	55.63%
设备销售	36.20%	35.87%	26.74%
代维服务	70.80%	55.24%	53.65%
主营业务	48.95%	49.37%	45.92%

实际上,笔者认为,从一般意义上说“系统集成”如此高的毛利率不现实也不准确,或者说将这么高的毛利率起这个名称并不准确,如果对其以一个更准确的名称表述,也许就不会再费劲解释“系统集成”为何这么高毛利率的原因,当然,也有可能该公司的“系统集成”就是这么高的毛利率,其集成的过程中包含的专利或专有技术很多,起一个其他名称也并不合适,这也是有可能的;笔者感觉可以起一个包含其专有技术或专利技术的名称也仅是一种推测而已,或者说仅是一种供参考的思路。

总之,对产品和服务的准确、合理分类,是企业和各中介机构共同的一个重要任务,这是非常重要的规划事项之一,并且应当作为先要解决的事项。各方一定要多思考,券商多征求各方意见,做到完善、严密、突出企业特点和优势,并且财务核算系统要能够支持;同时,企业的专利技术、软件著作权等能够与之基本匹配,这样就会更有说服力。

七、个人股东税金缴付筹划

有股改(整体变更设立股份公司)以及股权转让过程中,如有个人股东,往往会涉及自然人纳税事宜,由于这些个人股东以前并不见得有多少积蓄,因而在因股改而产生了纳税义务且又无法获得税收缓缴或免缴优惠时,其纳税义务的履行会成为一个重要问题,尤其是涉及实际控制人如无法履行纳税义务的话,还会涉及发行条件;如果一家公司还涉及“小红筹”回归或业务归整,则基本也会涉及大量税务问题,此时个人股东税金缴付的筹划,同样也是一个重要问题。

此时,都需要在上市规划过程中,对个人股东的纳税事项进行考虑和安排,否则个人股东将面临无法履行纳税义务的问题,但由于每家企业与每家企业的情况不同,具体处理方式也要具体问题具体分析才能找到最为合适和股东利益最大化的方法,这些都需要对申报前的股权架构、分红送股等事项通盘考虑。

第三节　小结与启示

本章中提到的这些问题，也都是软件企业上市过程中经营会遇到的问题，企业与中介机构也需要给予充分的重视，从深入理解行业和企业经营状况的角度，运用合适的方式多角度给予解释，这样才能处理好软件企业上市过程中遇到的这些问题，这种充分的解释，既可让“坏企业”无可藏身，也不会让一家好企业不被理解；同时，对一些重要的事项，要提前谋划、通盘考虑。

第六章 让人理解企业：财务和业务信息的融合过程

第一节 问题概述与路径规划:不能理解的企业就不是让人放心的企业

企业的资产和经营状况,反映在很多数据和信息上,尤其是能够反映在财务数据中,同时也反映在业务信息中,对财务与业务信息的融合理解,才能真正看出一家企业的经营状况。

相应的,如果财务数据反映企业经营状况很好、各数据间的匹配性也较好,但与业务数据或行业状况相结合,企业为什么会有这种状况,或者是相反的情况,这些都会让人不能理解。在尽职调查过程中,中介机构人员一定会下力气搞清楚其中的原因,并合理、清晰地在申报文件中进行说明或披露——但是,如果找不到合理的原因进行说明,则会造成尽职调查过程的中断或中止,因为这里面就有可能存在重大风险;如果勉强申报,在监管部门的审核过程中也常会遇到障碍。

总之,上面的核心意思有两点:一是企业万不能蓄意作假,因为假的真不了、真的假不了,你可能做出假的财务数据,但业务数据却无法做出来;二是中介机构在尽职调查过程中,一定要特别留意财务与业务信息的匹配性,如果二者有矛盾之处,一定要重点花业务搞清楚其中的原因,如果还是搞不清楚,则应当谨慎对待,不放心的企业不能推荐给根本就没有机会去企业实地考察的广大投资者。

下面通过从监管部门审核的角度,我们来看看不能理解的企业会遇到什么问题(为了更加充分说明这个问题,以下案例不仅限于软件企业):

一、关于不予核准云南文山斗南锰业股份有限公司首次公开发行股票申请的决定(证监许可〔2011〕1533 号)

云南文山斗南锰业股份有限公司:

中国证券监督管理委员会(以下简称中国证监会)依法受理了你公司提交的首次公开发行股票申请文件。

中国证监会发行审核委员会(以下简称发审委)于2011年9月5日举行2011年第199次发审委会议,依法对你公司的首次公开发行股票申请进行了审核。

发审委在审核中关注到,你公司存在以下情形:

根据申报材料,你公司报告期内主要产品锰铁合金销量2008~2010年分别为11.05万吨、10.63万吨和10.74万吨,锰矿石的销量分别为8.16万吨、13.69万吨和16.30万吨,在销售数量未有大幅变化的情况下,你公司销售费用逐年下降,管理费用2009年和2010年均低于2008年;你公司报告期内存货在销售数量变化不大的情况下大幅增长,2008年年末、2009年年末、2010年年末及2011年6月末存货账面价值分别为15,874.29万元、27,490.39万元、42,358.39万元和67,528.44万元;你公司经营活动净现金流量2009年、2010年及2011年上半年分别为-5,275.58万元、-16,815.17万元和-12,651.52万元,远低于同期净利润;你公司主要产品锰铁合金及高锰酸钾2008~2010年毛利率逐年下降,仅在2011年上半年有所上升。你公司未就上述事项作出合理说明,无法判断上述事项是否对你公司持续盈利能力构成重大不利影响。

二、关于不予核准上海利步瑞服饰股份有限公司首次公开发行股票申请的决定(证监许可〔2011〕723号)

上海利步瑞服饰股份有限公司:

中国证券监督管理委员会(以下简称中国证监会)依法受理了你公司提交的首次公开发行股票申请文件。

中国证监会发行审核委员会(以下简称发审委)于2011年4月22日举行2011年第79次发审委会议,依法对你公司的首次公开发行股票申请进行了审核。

发审委在审核中关注到,你公司存在以下情形:

你公司产品以出口为主,主要销往美国、日本、欧盟。报告期你公司对美国、欧盟的销售收入均逐年大幅下滑,合计销售收入和占你公司销售比重分别由2008年的25,286.69万元、59.54%下降到2010年的13,237.64万元、20.54%;对日本的销售收入和占你公司销售比重大幅上升,由2008年的8232.26万元、19.38%上升到2010年的41,466.74万元、64.35%,且对单一客户日本丸红的销售收入和占你公司销售比重由2008年的4054.51万元、9.56%快速上升到2010年的40,980.46万元、63.79%。同时,你公司报告期主营业务毛利率及销售净利率显著高于同行业水平,而招股说明书对其合理性的解释不够充分。

三、关于不予核准深圳市金洋电子股份有限公司首次公开发行股票申请的决定(证监许可〔2011〕705号)

深圳市金洋电子股份有限公司:

中国证券监督管理委员会(以下简称中国证监会)依法受理了你公司提交的首次公开发行股票申请文件。

中国证监会发行审核委员会(以下简称发审委)于2011年4月25日举行2011年第80次发审委会议,依法对你公司的首次公开发行股票申请进行了审核。

发审委在审核中关注到,你公司存在以下情形:

根据申报材料,你公司目前合计使用房屋建筑面积78,101.23平方米,其中租赁面积70,821.4平方米,占比91%,租赁面积中54,101.40平方米属于无证房产,占全部房屋面积的69%,且所占用的土地性质为集体土地。你公司租用的房屋不符合国家有关房地产法律及相关政策,存在潜在的风险,你公司资产完整性存在瑕疵。

你公司报告期内原材料价格呈一定幅度波动,主要产品销售价格持续下降且下降幅度远大于主要原材料价格下降幅度,但你公司毛利率水平处于持续上升趋势,且营业成本变动与原材料价格波动的匹配性存在差异。上述事项对你公司盈利能力构成不利影响,申请文件中未能作出充分合理的解释。

四、关于不予核准江苏远洋东泽电缆股份有限公司首次公开发行股票申请的决定(证监许可〔2011〕700 号)

江苏远洋东泽电缆股份有限公司:

中国证券监督管理委员会(以下简称中国证监会)依法受理了你公司提交的首次公开发行股票申请文件。

中国证监会发行审核委员会(以下简称发审委)于 2011 年 4 月 25 日举行 2011 年第 80 次发审委会议,依法对你公司的首次公开发行股票申请进行了审核。

发审委在审核中关注到,你公司存在以下情形:

根据招股说明书的披露,你公司主要原材料铜占营业成本的比重近 70%。报告期你公司向盛洲铜业等自然人王国际控制的企业主要采购 3 毫米铜丝等,三年度的合并采购金额分别为 3.87 亿元、3.18 亿元和 4.64 亿元,占年度采购总额的比例分别为 67.21%、44.77% 和 44.95%。

从以财务入账日为口径的统计看,2008 年与 2009 年,你公司不同客户采购价格基本持平,但 2010 年除 1 月外,你公司向盛洲铜业采购均价均低于其他客户。

你公司原材料采购较为集中,且 2010 年采购价格存在一定的不合理性,将对你公司持续盈利能力构成重大不利影响。

五、关于不予核准冠宏股份有限公司首次公开发行股票申请的决定(证监许可〔2011〕110 号)

冠宏股份有限公司:

中国证券监督管理委员会(以下简称中国证监会)依法受理了你公司提交的首次公开发行股票申请文件。

中国证监会发行审核委员会(以下简称发审委)于 2010 年 12 月 24 日举行 2010 年第 260 次发审委会议,依法对你公司的首次公开发行股票申请进行了审核。

发审委在审核中关注到,你公司存在以下情形:

根据你公司招股说明书,报告期内你公司资产规模、收入规模均小于同行业上市公司,2007 年度、2008 年度和 2009 年度,你公司综合毛利率分别为 15.35%、16.88% 和 19.54%,而同期同行业上市公司平均毛利率分别为 10.62%、10.39% 和 10.62%。你公司报告期毛利率远高于同行业上市公司平均水平。你公司在招股说明书中未就上述事项作出充分合理的解释,无法判断你公司报告期毛利率及其变动的合理性以及有关事项对你公司持续盈利能力是否构成不利影响。

六、关于不予核准江苏荣联科技发展股份有限公司首次公开发行股票申请的决定(证监许可〔2011〕17 号)

江苏荣联科技发展股份有限公司:

中国证券监督管理委员会(以下简称中国证监会)依法受理了你公司提交的首次公开发行股票申请文件。

中国证监会发行审核委员会(以下简称发审委)于 2010 年 12 月 22 日举行 2010 年第 258 次发审委会议,依法对你公司的首次公开发行股票申请进行了审核。

发审委在审核中关注到,你公司存在以下情形:

你公司 2007 ~2009 年主要产品销售价格和主要原材料价格持续下降,且主要产品销售价格下降幅度高于主要原材料价格下降幅度,但你公司 2007 ~2009 年毛利率水平处于持续上升趋势;2010 年 1 ~9 月,你公司主要产品销售价格同比下降,主要原料价格同比上升,但你公司毛利率水平仍保持 2009 年的水平。你公司在招股说明书中未就上述事项作出充分合理的解释,无法判断你公司报告期毛利率变动的合理性以及有关价格变动事项对你公司持续盈利能力是否构成不利影响。

七、关于不予核准千禧之星珠宝股份有限公司首次公开发行股票申请的决定(证监许可〔2011〕1930 号)

千禧之星珠宝股份有限公司:

中国证券监督管理委员会(以下简称中国证监会)依法受理了你公司提交

的首次公开发行股票申请文件。

中国证监会发行审核委员会(以下简称发审委)于2011年11月14日举行2011年第253次发审委会议,依法对你公司的首次公开发行股票申请进行了审核。

发审委在审核中关注到,你公司存在以下情形:

你公司在招股说明书(申报稿)中详细披露了加盟店管理的各项内容,并认为"经过多年发展,针对自营店和加盟店制定了一系列的制度和流程,并在实际管理中严格执行"。

你公司和保荐机构在反馈意见回复中对申报期的收入构成进行了调整,将前次申报材料中的部分加盟店收入调整至批发收入。其中,2008~2010年的加盟店收入分别调减2.45亿元、2.24亿元和2.59亿元,相应金额调整至批发收入。你公司和保荐机构解释原因时称,系部分加盟店未使用你公司品牌开展经营或者同时经营其他品牌。

上述重大调整和解释说明导致无法判断你公司加盟店的内部控制制度在报告期内是否得以有效执行。

发审委认为,上述情形与《首次公开发行股票并上市管理办法》(证监会令第32号)第24条的规定不符。

八、关于不予核准宁波乐歌视讯股份有限公司首次公开发行股票申请的决定(证监许可〔2011〕1510号)

宁波乐歌视讯股份有限公司:

中国证券监督管理委员会(以下简称中国证监会)依法受理了你公司提交的首次公开发行股票申请文件。

中国证监会发行审核委员会(以下简称发审委)于2011年8月17日举行2011年第180次发审委会议,依法对你公司的首次公开发行股票申请进行了审核。

发审委在审核中关注到,你公司存在以下情形:

根据申报材料,你公司2010年营业收入较2009年增长66.96%,增长幅度远高于同行业规模相近公司水平;2008 年至 2011 年 1 ~6 月的综合毛利率分别为 36.23%、39.65%、38.65%和 38.30%,高于同行业上市公司水平。你公司在招股说明书中未作出充分解释,无法判断上述事项的合理性及对你公司持续盈利能力是否构成不利影响。

通过对上面八个被否案例,我们能够清楚地看到,财务数据不是孤立地被理解的,而是与业务信息融合在一起的,只有将财务数据与业务信息融合且能够合理解释时,才可能让人最低限度地感到企业是可以被理解的。比如毛利率的问题,平均成本在上升而价格基本不变甚至略有下降,但毛利率却基本保持稳定甚至还略有上升,这点就容易让人产生疑问,如果不能通过业务数据的解释让人理解,很可能会导致难以通过审核的后果——看不懂的企业让人怎么做判断?

如果你不能充分解释清楚,后果是让人产生重大疑问,因而这个问题不能简单理解为一个解释性的问题,绝不能认为是解释性的问题而不是企业经营过程中的实质问题就不加以重视,解释不清就会导致对你的实质经营产生疑问。

其实,让人理解企业的过程,是一个财务和业务信息融合的过程,因为每一个人都是通过业务来理解财务的,尤其是要通过分类的业务信息来理解财务,而不是单单通过财务数据来理解和判断企业;将一个好企业展现给投资者的过程,也是一个非常好的财务与业务信息融会贯通的过程——这一点,一定要深刻体会,才可能真正提高信息披露的质量。

第二节　常见指标:全面理解

本节通过对常见指标的分析,来更加深入地理解只有将财务数据与业务数据进行融合,才能真正将一个更容易理解的企业展现在审核人员和投资者面前。

一、"可比公司"与毛利率

在所披露的文件中,我们经常使用"可比公司"这个概念,其实,这个称谓并不准确,甚至是训导了很多人。因为现实中根本就没有真正可比的公司,企业尽管在同一个行业中,但多多少少都有些差异,实行的是差异化的竞争;习惯称同行业的上市公司为"可比公司",其实有很大的误导性,"可比公司"应当更名为"同行业公司"或"同行业上市公司"更符合实际,因为根本不存在真正可比的公司。在发审会现场问询问题中,这也是个非常重要的问题,比如汇金科技发审会现场问询中就提到:"招股说明书披露发行人报告期销售收入综合毛利率分别达到74%、78%和74%,其中主要产品动态密码锁的毛利率更达到82%、87%和84%,也远高于同行业水平。(1)请发行人代表具体分析发行人产品毛利率较高的原因;(2)结合银行业现状,请发行人代表说明向银行业客户销售产品的高毛利率是否能够维持;(3)发行人反馈意见显示,2015年期末对中国农业银行山东省分行存在预收账款689.95万元,与之对应的合同或订单金额为774.75万元,与之对应的发出商品为689.95万元,请发行人代表说明该项订单期后实现销售收入情况,该项订单实现的毛利率与发行人总体毛利率水平是否一致。请保荐代表人说明核查过程并发表核查意见。"再如麦迪科技发审会现场问询问题:"请发行人代表进一步说明,报告期内销售费用率高于同行业上市公司的原因。请保荐代表人进一步说明,报告期市场推广费主要构成情况。发行人、销售服务商是否因存在商业贿赂而被追责、处罚的风险。针对销售服务费的支出和使用,发行人是否已建立了相应的内部控制制度并有效运行。”一次次的审核实践说明,我们必须特别重视对“可比公司”的准确选择与比较。

准确比较同行业上市公司是非常必需和重要的事项,原因是什么? 因为上市公司的信息披露充分,且财务数据经过中介机构的审计,有更多可以研究这个行业情况的资料。但一定要注意,每家公司都有自己独特的运营模式(主要包括生产、销售和研发模式的不同,采购一般不会有太大差别,但也不能一概而论)和必然有所差别的客户群,这就造成了很多数据的差异——正是这些差异的存在,我们需要想方设法找到相应数据看是否能印证这些差异,我们才能放心。这也是我们研究同行业上市公司的一个重要目的。另外,研究同行业上市公司,可以了解某些共同的行业风险和企业自身的优势、不足,对于正确理解这家企业和这个行业也都是很有帮助的。

通常,与“同行业公司”相配套的一个指标是,我们经常将这些公司的毛利率放在一起进行比较,但比较的前提有两个:一是正确理解这些公司间的差异;二是正确理解毛利率的含义,当然这两点是联系在一起的,其中的关键是如何正确来理解毛利率。本质上,“毛利率”说明的是产品的生产和销售所带来的毛利(所谓“毛利率”应当称为“产品毛利率”才准确),与其紧密相关的一家企业的生产模式和销售模式,比如,同生产和销售一种产品的两家企业,如果一家是直接销售、另一家则通过中间商销售,则两家企业的毛利率一定会有较大差别,看不到这两公司在销售模式的差别,单纯比较毛利率的相同或不同意义不大,而只有将这个差异厘清了,在这个基础上比较毛利率才有更重要的意义。

下面,我们通过沈阳博林特电梯股份有限公司首发招股说明书中对毛利率的分析,来对这个问题进一步加深理解(这个项目是笔者当年所签字和负责的项目,虽然这家企业并非是软件企业,但其中体现出的量化分析毛利率差异的具体思路和计算方法,通过这种计算方法将毛利率的差异原因进行了量化分析而不仅仅是定性的说明，笔者认为对软件企业同样具有非常好的启发和借鉴意义)，其2012年6月29日公告的首发招股说明书中“可比公司毛利率分析”部分披露：

鉴于同行业上市公司江南嘉捷和康力电梯尚未披露2011年度报告以及其首次公开发行股票招股说明书数据披露相对较为完备，基于获取相同期间完备数据的原因以及考虑选取尽可能长的比较期间，以下部分的分析采用了2008年、2009年、2010年和2011年1~6月的数据(以下简称上述期间)。

公司电梯生产产业链较为完整，目前已具备规模化的核心电梯配件生产能力，从而能够有效降低成本。从生产经营模式来看，截至2011年6月30日，江南嘉捷和公司的员工人数分别为1040人和2460人(康力电梯2009年12月31日员工人数为691人，未能从公开渠道查询到其2011年6月30日员工人数；可比公司数据来源为其《首次公开发行股票招股说明书》)，因而，康力电梯和江南嘉捷的生产经营模式更为相近，而公司则生产更多的配件，公司生产的配件主要不是用于直接对外销售而是用于公司以整机销售的电梯产品，电梯配件生产的毛利也将体现在公司整机销售的电梯产品中，这种生产模式是造成与同行业上市公司毛利率差异的一个原因；同时，公司直销和外销比例较高，直销和外销的毛利率较高也是造成公司与同行业上市公司相比毛利率差异的一个原因。在直销模式下，产品销售定价不仅包含电梯产品(裸梯)成本，还包括了营销费用、运输费用和免费维保期内的维保费，其中无偿维保费会包括在电梯产品的售价中，而营销费用和运输费用会进入期间费用中的“销售费用”。总之，发行人与同行业可比上市公司之间生产和经营模式的差异是造成公司与同行业上市公司毛利率差异的主要原因。表6-1是同行业上市公司与公司毛利率的数据：

表 6-1

同行业上市公司	2011 年 1~6 月	2010 年	2009 年	2008 年
康力电梯	25.24%	26.83%	26.94%	20.96%
江南嘉捷	25.35%	23.47%	22.03%	18.93%
平均值	25.30%	25.15%	24.49%	19.95%
本公司	32.40%	27.92%	27.42%	28.01%

注:毛利率=(营业收入-营业成本)/营业收入;可比公司数据来源于相应公司公告的定期报告或《首次公开发行股票招股说明书》。

从主要产品的毛利率比较分析,基于目前能够公开查询得到的电梯整机销售企业分产品数据,电梯分产品毛利率比较如表 6-2 所示:

表 6-2

毛利率	2011 年 1~6 月			2010 年			2009 年			2008 年		
	直梯	扶梯	电梯	直梯	扶梯	电梯	直梯	扶梯	电梯	直梯	扶梯	电梯
康力电梯	29.67%	21.85%	27.26%	29.94%	27.01%	28.99%	28.79%	29.80%	29.07%	20.96%	25.60%	22.76%
江南嘉捷	24.25%	29.13%	25.86%	22.83%	24.29%	23.38%	20.76%	21.73%	21.17%	17.21%	20.02%	18.70%
均值	26.96%	25.49%	26.56%	26.39%	25.65%	26.19%	24.78%	25.77%	25.12%	19.09%	22.81%	20.73%
公司	34.44%	39.77%	35.02%	34.42%	30.92%	33.97%	32.34%	31.92%	32.30%	29.47%	30.34%	29.55%
差额	7.48%	14.28%	8.46%	8.03%	5.27%	7.78%	7.56%	6.15%	7.18%	10.38%	7.53%	8.82%

注:电梯毛利率指不分直梯与扶梯类别的电梯产品毛利率,即综合直梯和扶梯产品的毛利率;电梯包括直梯、扶梯(含自动人行道)。

从表 6-2 可以看出,报告期内,公司直梯、扶梯产品的毛利率比康力电梯和江南嘉捷的均值较高(2011 年 1~6 月公司扶梯毛利率较康力电梯和江南嘉捷均值较高与今年上半年扶梯销量较少、高端产品较多平均价格较高但样本并不具有很高的代表性有关);最近三个完整年度,公司电梯产品的毛利率较康力电梯和江南嘉捷的均值较高,剔除江南嘉捷 2008 年度因较其以后年度及可比公司康力电梯明显偏低数据外,公司较均值高出 6.8%~7.8%,基本稳定,从公司自身的毛利率看其电梯产品的毛利率亦稳定在 29.5%~34.0% 的区间内。本质上,上述分产品毛利率产生差异的原因是由于公司与康力电梯和江南嘉捷的生产模式、经营模式不同而产生;从具体表现方式上看,产业链的情况不同(即自产配件的比重不同)会产生2个百分点左右的差异、电梯产品内销中的直销与经销比重的不同会产生近2个百分点的差异、外销与内销的比重的不同会产生1个多百分点的差异。与同行业上市公司相比,直销和外销的比重较高相应会产生较高的销售费用,公司上述期间的销售费用率高于康力电梯、江南嘉捷,较其均值高出5.40%~5.62%,差异值较大但相当稳定,这反映了公司虽然直梯、扶梯的毛利率较高,但同时需要较高的销售费用,从而在很大程度上抵消了高毛利率对公司净利润的影响,从同行业三家公司(康力电梯、江南嘉捷和公司)的销售净利率区间看,销售净利润稳定在6%~11%,公司处于8%~10%的区间内。具体说明和分析如下:

1. 产业链发展战略和布局不同

公司从成立即致力于打造完整的产业链,目前公司已具有较为完整的产业链,具备规模化的核心电梯配件生产能力,从而能够有效降低成本。截至2011年6月30日,江南嘉捷和公司的员工人数分别为1040人和2460人(康力电梯2009年12月31日员工人数为691人),从一定程度上体现了公司间在产业链发展战略和布局的不同。

目前,除少数客户定制或产量很小的某些规格的电梯外,公司生产的直梯、自动扶梯、自动人行道所使用的核心部件,包括控制柜、曳引机、门机和层门装置等基本为公司自主设计与加工制造,从而有效地提升了公司直梯、扶梯产品的毛利率。

报告期内,康力电梯、江南嘉捷和公司在核心部件曳引机和门机/层面装置上的采购(外协)金额如表6-3所示:

表 6－3

单位:万元

部件	公司名称	2011 年 1～6 月	2010 年	2009 年	2008 年
曳引机	康力电梯	N/A	N/A	4964.77	3480.72
	江南嘉捷	4206.94	6942.08	6419.14	3680.68
	公司	213.01	186.47	145.03	446.09
门机/层门装置	康力电梯	N/A	N/A	3611.15	2565.92
	江南嘉捷	3907.37	6724.82	6313.33	3880.25
	公司	132.45	237.01	154.56	379.29

注:康力电梯 2008 年和 2009 年数据来源于其《首次公开发行股票招股说明书》;江南嘉捷数据来源于其《首次公开发行股票招股说明书》。

2010 年,康力电梯、江南嘉捷和公司的电梯产品销售收入分别为 78,965.26万元、120,290.36 万元和 93,323.69 万元,但表 6－3 数据显示公司在曳引机和门机/层门装置方面的采购(外协)金额要远小于康力电梯和江南嘉捷。公司生产的配件不是主要直接对外销售而是用于公司生产的电梯整机产品出售,其中的毛利也将体现在整机产品销售的毛利中,从而使整机产品体现较高的毛利率。

如果在其他条件不变的情况下,选取公开数据较为完备的江南嘉捷,假设公司在直梯、扶梯生产过程中对外采购(外协)金额占产品成本的比例与江南嘉捷相同,公司上述期间电梯产品的模拟毛利率情况如表 6－4 所示:

表 6－4

年度	2011 年 1～6 月	2010 年	2009 年	2008 年
实际毛利率	35.02%	33.97%	32.30%	29.55%
模拟毛利率	32.51%	32.83%	30.49%	26.84%
差额	2.51%	1.14%	1.81%	2.71%

注:模拟毛利率为假设对外采购(外协)产品的毛利率为机械制造行业平均毛利率(根据万得资讯证监会行业分类数据,按每家企业的数据进行算术平均,上述期间分别为 25.88%、26.77%、26.91% 和 25.34%)、公司对外采购(外协)金额占产品成本的比重与江南嘉捷相同(江南嘉捷上述期间测算数据分别为 81.00%、78.57%、76.36% 和 85.21%)的情况下的测算值(限于同行业上市公司公开数据取得的限制,上述占比数据和模拟毛利率数值为测算值)。江南嘉捷数据来源于其《首次公开发行股票招股说明书》。

表6－4中公司实际毛利率和模拟毛利率的差异,为江南嘉捷与公司在电梯产品生产过程中对外采购(外协)的比例差异不同即自产配件的比重不同所造成。

由于公司产业链更为完整,员工人数更多,其单台产品对应的人工费用和制造费用也更高。选取公开数据信息更为完备的可比公司江南嘉捷,与公司在单台产品的人工成本和制造费用方面的差异情况如表6－5所示:

表6－5

单位:万元

项目	公司	2011年1～6月		2010年		2009年		2008年	
		直梯	扶梯	直梯	扶梯	直梯	扶梯	直梯	扶梯
人工成本	江南嘉捷	0.15	0.28	0.15	0.32	0.16	0.35	0.25	0.43
	公司	0.34	1.46	0.42	0.99	0.50	0.95	0.52	0.88
	差异	0.19	1.18	0.26	0.67	0.34	0.60	0.27	0.45
制造费用	江南嘉捷	0.13	0.27	0.15	0.35	0.10	0.29	0.09	0.31
	公司	0.67	1.76	0.75	1.39	1.04	1.39	1.13	1.32
	差异	0.54	1.50	0.60	1.04	0.94	1.10	1.04	1.01

注:江南嘉捷数据来源于其《首次公开发行股票招股说明书》。

从表6－5可以看出,公司销售的每一部直梯、扶梯所耗用的人工成本和制造费用要高于江南嘉捷,虽然公司生产直梯、扶梯所耗用的人工成本和制造费用较可比公司高,但公司产品的平均成本(不包含配件生产的内部利润)与可比公司整体相差不大,这一方面反映了公司与康力电梯和江南嘉捷在生产模式方面的重要差异,另一方面公司自制配件的毛利率会体现在最终产品销售的毛利率中。上述期间,江南嘉捷、康力电梯和公司的直梯、扶梯的平均成本情况如表6－6所示:

表 6-6

单位:万元

年度	2011 年 1~6 月		2010 年		2009 年		2008 年	
	直梯	扶梯	直梯	扶梯	直梯	扶梯	直梯	扶梯
江南嘉捷	9.08	11.24	9.29	14.32	10.17	16.32	10.73	15.26
康力电梯	N/A	N/A	N/A	N/A	9.96	8.73	10.43	9.62
平均值	9.08	11.24	9.29	14.32	10.06	12.52	10.58	12.44
公司	10.57	16.33	10.73	13.70	11.59	11.92	12.53	11.49
差异	1.49	5.09	1.44	-0.62	1.53	-0.60	1.95	-0.95

注:康力电梯 2008 年和 2009 年数据来源于其《首次公开发行股票招股说明书》,2010 年和 2011 年 1~6 月数据未能通过公开信息查询得到;江南嘉捷数据来源于其《首次公开发行股票招股说明书》。

总体来看,上述期间公司直梯产品的平均成本比可比公司平均值较高,差异的平均值为 1.60 万元但整体呈现逐年下降的趋势,这与公司产量逐年提高摊薄成本有关;扶梯平均成本最近三年较可比公司平均值低,平均低 0.73 万元(2011 年 1~6 月扶梯产品平均成本较高,与今年上半年扶梯销量较少、高端产品较多、平均价格较高但样本并不具有很高的代表性有关),但总体相差不大。公司直梯产品平均成本较可比公司高,同时销售价格也相应较高且差异基本稳定;扶梯产品平均成本除最近一期外最近三年均较可比公司略低,销售价格略高且差异基本稳定,这与公司的生产和经营模式相匹配。上述期间,公司与可比公司电梯产品平均价格如表 6-7 所示:

表 6-7

单位:万元

年度	2011 年 1~6 月		2010 年		2009 年		2008 年	
	直梯	扶梯	直梯	扶梯	直梯	扶梯	直梯	扶梯
江南嘉捷	11.99	15.85	12.03	18.92	12.83	20.85	12.96	19.08
康力电梯	N/A	N/A	N/A	N/A	13.99	12.43	13.20	12.93
均值	11.99	15.85	12.03	18.92	13.41	16.64	13.08	16.01
公司	16.13	27.11	16.36	19.83	17.13	17.51	17.76	16.49
差异	4.14	11.26	4.33	0.91	3.72	0.87	4.68	0.48

2. 国内销售的直销、经销比例不同

上述期间,公司比可比公司江南嘉捷内销中的直销比例更高,具体情况如表6－8所示:

表6－8

单位:万元

内销中直销比例	2011年1～6月	2010年	2009年	2008年
江南嘉捷	16.67%	18.68%	N/A	N/A
公司	81.02%	75.99%	78.75%	69.80%

注:江南嘉捷数据来源于其《首次公开发行股票招股说明书》,整机包括垂直升降电梯、自动扶梯和自动人行道。2008年和2009年的数据因不能剔除停车设备金额,故未予采用。

与同行业国内可比上市公司江南嘉捷相比,公司内销部分的直销比例较高(康力电梯2009年整机产品直销比例为55.18%,2008年为48.00%;前述康力电梯数据为其整机产品内销和外销合计数,康力电梯外销比例较低,2008年和2009年分别为11.89%和6.83%;数据来源于其《首次公开发行股票招股说明书》)。在直销模式下,公司将直接面对最终客户,通常毛利率较高。而在经销模式下,需要先将产品销售给经销商(买断销售),由经销商将产品出售给电梯最终用户,因此经销的毛利率通常也较低。

报告期内,公司国内电梯产品销售的直销、经销模式下的毛利率情况如表6－9所示:

表6－9

年度	2011年1～6月	2010年	2009年	2008年
内销—经销毛利率	28.68%	28.41%	30.42%	24.24%
内销—直销毛利率	32.96%	33.10%	30.20%	28.14%
差额	4.28%	4.69%	-0.22%	3.90%

从表6－9中可以看出,在内销中,除2009年经销的毛利率较直销略高0.22%外,其余期间直销较经销模式下高4个百分点左右,较高的直销比例起到了提升毛利率的作用。

如果在其他条件不变的情况下,假设公司内销中直销和经销的比重同江

南嘉捷相同，公司上述期间电梯产品的模拟毛利率对比情况如表6－10所示：

表6－10

年度	2011年1～6月	2010年	2009年	2008年
实际内销毛利率	32.14%	31.97%	30.25%	26.96%
模拟内销毛利率	29.39%	29.29%	N/A	N/A
差额	2.75%	2.68%	N/A	N/A
毛利率差额所影响的毛利（万元）	877.39	1582.18	N/A	N/A
对电梯产品毛利率的影响值	1.98%	1.70%	N/A	N/A

注：模拟内销毛利率：假设在公司内销中的直销、经销毛利率不变，且其直销比重与江南嘉捷内销中直销比重相同的情况下的测算值。江南嘉捷数据来源于其《首次公开发行股票招股说明书》。

表6－10中公司实际毛利率和模拟毛利率的差异为江南嘉捷和公司之间内销中的直销比重差异所造成。

3. 外销比重不同

上述期间，公司与康力电梯、江南嘉捷整机外销金额及占营业收入的比例情况如表6－11所示：

表6－11

单位：万元

公司	2011年1～6月		2010年		2009年		2008年	
	金额	占比	金额	占比	金额	占比	金额	占比
江南嘉捷	11,702.05	21.07%	24,006.78	19.96%	25,267.80	24.31%	22,954.51	31.51%
康力电梯	N/A	N/A	N/A	N/A	3777.64	6.83%	5957.79	11.89%
公司	12,349.83	27.88%	34,373.13	36.83%	25,028.54	40.25%	27,519.33	41.44%

注：康力电梯2008年和2009年数据来源于其《首次公开发行股票招股说明书》，2010年和2011年1～6月数据未能通过公开信息查询得到；江南嘉捷数据来源于其《首次公开发行股票招股说明书》。

从2008年和2009年数据看（缺少康力电梯2010年至2011年1～6月数据），与同行业国内可比上市公司相比，公司外销收入的金额、比例均较高，而通常情况下，外销较内销电梯产品的平均价格和毛利率更高（可比公司内销和外销价格情况见“二、盈利能力分析”下“（一）主营业务收入构成及变动趋势”;可比公司内销和外销毛利率情况未能从公开资料查询得到)。

上述期间公司电梯产品内销、外销的毛利率情况如表6-12所示:

表6-12

年度	2011年1~6月	2010年	2009年	2008年
内销毛利率	32.14%	31.97%	30.25%	26.96%
外销毛利率	42.47%	37.39%	35.33%	33.20%
差额	10.32%	5.42%	5.08%	6.24%

从表6-12可以看出,报告期内公司外销毛利率较内销高5.0%~10.3%,因此,较高的外销比重将会推高直梯、扶梯的毛利率。

如果在其他条件不变的情况下,假设公司的外销比重同江南嘉捷相同,公司上述期间电梯产品的模拟毛利率对比情况如表6-13所示:

表6-13

毛利率	2011年1~6月			2010年			2009年			2008年		
	直梯	扶梯	电梯	直梯	扶梯	电梯	直梯	扶梯	电梯	直梯	扶梯	电梯
公司实际毛利率	34.44%	39.77%	35.02%	34.42%	30.92%	33.97%	32.34%	31.92%	32.30%	29.47%	30.34%	29.55%
公司模拟毛利率	32.56%	38.74%	33.32%	32.96%	30.48%	32.67%	31.01%	31.20%	31.03%	27.71%	30.84%	28.00%
差异	1.88%	1.03%	1.70%	1.46%	0.44%	1.30%	1.33%	0.72%	1.27%	1.76%	-0.50%	1.55%

注:公司模拟毛利率:假设在公司内销、外销毛利率不变,且外销比重与江南嘉捷外销比重相同的情况下的测算值。江南嘉捷数据来源于其《首次公开发行股票招股说明书》。

表6-13中公司实际毛利率和公司模拟毛利率的差异为江南嘉捷和公司之间的外销比重差异所造成。

与国内同行业上市公司相比,因产业链不同、直销和经销比重不同以及内销和外销比重不同所产生的毛利率差异测算情况如表6-14所示:

表 6 - 14

年度	2011 年 1 ~6 月	2010 年	2009 年	2008 年
因产业链不同产生的差异	2.51%	1.14%	1.81%	2.71%
因直销和经销比重不同产生的差异	1.98%	1.70%	N/A	N/A
因内销和外销比重不同产生的差异	1.70%	1.30%	1.27%	1.55%
合计	6.19%	4.14%	N/A	N/A

总之,与国内同行业上市公司相比,公司存在配件自制程度、内销中的直销比例和外销比重均较高的特点,公司较高的毛利率水平与其生产模式和经营模式相协调、配比。

但是,这种经营模式(尤其是内销中的直销比重和外销比重和内销中的直销比重较高)必然会导致相应更高的运营费用(如销售费用),较高的毛利率并不一定产生更高的净利率。由于直销模式下的产品销售定价不仅包含电梯产品(裸梯)成本,还包括了营销费用、运输费用和无偿维保费(无偿维保期限多为一年);其中无偿维保费会包括在电梯产品的售价中,而营销费用和运输费用会进入期间费用中的“销售费用”。

上述期间,江南嘉捷、康力电梯和公司的销售费用与主营业务收入的比率情况如表 6 - 15 所示:

表 6 - 15

销售费用/主营业务收入	2011 年 1 ~6 月	2010 年	2009 年	2008 年
江南嘉捷	7.39%	6.91%	7.11%	5.78%
康力电梯	7.37%	8.28%	6.88%	4.99%
均值	7.38%	7.59%	7.00%	5.39%
公司	12.92%	13.06%	12.40%	11.01%
差异	5.54%	5.47%	5.40%	5.62%

注:

1. 康力电梯数据来源于其《首次公开发行股票招股说明书》,江南嘉捷数据来源于其《首次公开发行股票招股说明书》;

2. 由于毛利率 =(主营业务收入 - 主营业务成本)/主营业务收入,销售费用核算公司与产品销售相关的费用,因而“销售费用与主营业务收入的比率”指标可以测算其对毛利率的抵减项。

从表6－15中可以看出,上述期间,公司的销售费用与主营业务收入的比率在11.01%～13.06%,而江南嘉捷和康力电梯在4.99%～8.28%。公司要比江南嘉捷和康力电梯的均值高出5.40%～5.62%。这显示出在公司的经营模式下,虽然直梯、扶梯的毛利率较高,但同时需要较高的销售费用,从而在很大程度上抵消了高毛利率对公司净利润的影响。上述期间,江南嘉捷、康力电梯和公司的销售净利率如表6－16:

表6－16

公司	2011年1～6月	2010年	2009年	2008年
江南嘉捷	8.43%	9.55%	8.21%	6.45%
康力电梯	10.41%	11.00%	10.22%	7.29%
均值	9.42%	10.27%	9.22%	6.87%
公司	8.13%	8.82%	9.46%	9.70%

注:康力电梯数据来源于其《首次公开发行股票招股说明书》、2010年报和2011半年报;江南嘉捷数据来源于其《首次公开发行股票招股说明书》。

从表6－16中可以看出,上述期间,公司的销售净利率在8.13%～9.7%,而江南嘉捷和康力电梯的销售净利率均值在6.87%～10.27%,公司与江南嘉捷和康力电梯销售净利率之间的差距不大;从行业三家公司的销售净利率区间看,销售净利润稳定在6%～11%,公司处于8%～10%的区间内。

在公司较高的外销和国内直销的模式下,毛利率虽然较高,但需要不断投入资金完善和维护营销网络,开拓海外市场,因此销售费用、管理费用也会相应较高;完善公司产业链,提高主要产品的自制比率,也会产生更多的人工成本、制造费用、研发费用等,而这部分费用尚未体现在毛利中,但会对公司的净利润产生影响。因此,与江南嘉捷和康力电梯相比,公司的毛利率虽然更高,但销售净利率的差异较小。

保荐机构和申报会计师经核查后认为,发行人关于收入、成本等核算符合企业会计准则的相关规定,毛利率水平真实、准确,客观反映了企业的实际经营状况。

通过上述案例,我们能够非常具体地感受到毛利率的比较分析,一定要结合不同的生产和销售模式进行才更有可比性,即在业务的差异中对财务数据进行比较和分析。

另外,笔者建议在与同行业上市公司毛利率的对比中最好不要单独对比综合毛利率,要在此处同时对比产品的毛利率,这样才更容易让人理解,也更为合理,因为毛利率本身就是反映产品所带来的毛利率。

二、应收账款

应收账款,我们非常关注其增长速度与营业收入增长速度间的关系,应收账款的回收情况,以及绝对金额占流动资产或总资产的比重,因为应收账款的变化关系到资产的质量和收益的质量,举个极端的例子,一家企业只管干活不管能不能收上钱,其营业收入和利润肯定会增长得很快,但这却是没有意义的增长。无论关注的应收账款的哪点,核心的问题是应收账款的回收情况。对应收账款的回收情况分析,仅通过对期末应收账款余额的对比分析是不全面的,因为应收账款很可能其中的一大部分在当期内即实现了回收,而这在余额中是不能被体现的。在此,笔者想通过两个例子加以说明:

我们来看一个对应收账款分析较好的案例,2010 年 5 月 28 日进入发行程序的北京启明星辰信息技术股份有限公司,其首发招股说明书披露,具体详见第五章之"二、应收账款:解释角度需多方位"中有关内容。

另外一个案例,虽然不是软件企业,但其分析思路和角度非常具有借鉴意义:从年度内回款额的角度来看公司的应收账款。具体如下:

2012 年 6 月 29 日进入首发程序的沈阳博林特电梯股份有限公司,其首发招股意向书披露:

……

报告期内,公司应收账款整体回收情况如表 6 - 17 所示:

表 6 – 17

单位:万元

年度	2008 年余额	2009 年收款	2009 年含税收入	2009 年余额	2010 年收款	2010 年含税收入	2010 年余额	2011 年收款	2011 年含税收入	2011 年余额
1 年以内	8491.90	99,658.3	111,757.8	12,099.49	126,413.65	149,384.45	22,970.80	138,511.28	166,648.41	28,137.12
1 至 2 年	2386.86	5826.6	—	2665.30	7986.09	—	4113.40	14,672.16	—	8298.64
2 至 3 年	1407.96	649.43	—	1737.43	1061.95	—	1603.35	1303.61	—	2809.79
3 至 4 年	584.39	527.24	—	880.72	556.41	—	1181.02	610.99	—	992.36
4 至 5 年	219.23	162.01	—	422.38	212.73	—	667.99	599.43	—	581.59
5 年以上	110.45	105.89	—	223.79	116.4	—	529.77	94.58	—	1103.18
合计	13,200.79	106,929.46	111,757.78	18,029.11	136,347.23	149,384.45	31,066.33	155,792.05	166,648.41	41,922.68

注:1. 上表中“含税收入”包括了销售产品确认应收账款时一并确认的应向客户收取的销项税金,合并报表中“营业收入”不含此项税额。2.“合计”行中,上年末余额 + 当年含税收入 – 当年收款 = 当年末余额;“1 年以内”行中,当年末余额 = 当年含税收入 – 当年收款;1 年以内应收账款扣除收回款项后在下年将变为 1 ~ 2 年账龄应收账款,1 ~ 2 年账龄应收账款扣除收回款项后在下年将变为 2 ~ 3 年账龄应收账款,以此类推,即超过 1 年以上应收账款数据在上表同一行中不存在“合计”行和“1 年以内”行的关系,但存在上述滚动逻辑关系。

公司销售收入中年度内实现回款的比例较高,具体数据如表 6 – 18 所示:

表 6 – 18

单位:万元

项　　目	2011 年	2010 年	2009 年	最近三年平均值
当期含税收入	166,648.41	149,384.45	111,757.80	142,596.89
当年 1 年以内应收账款收款	138,511.28	126,413.65	99,658.30	121,527.74
期末应收账款余额	41,922.68	31,066.33	18,029.11	30,339.37
当年 1 年以内应收账款收款/当期含税收入	83.12%	84.62%	89.17%	85.22%
期末应收账款余额/当期含税收入	25.16%	20.80%	16.13%	21.28%

当年确认的含税收入,在当年度回收的收款情况如图 6 - 1 所示:

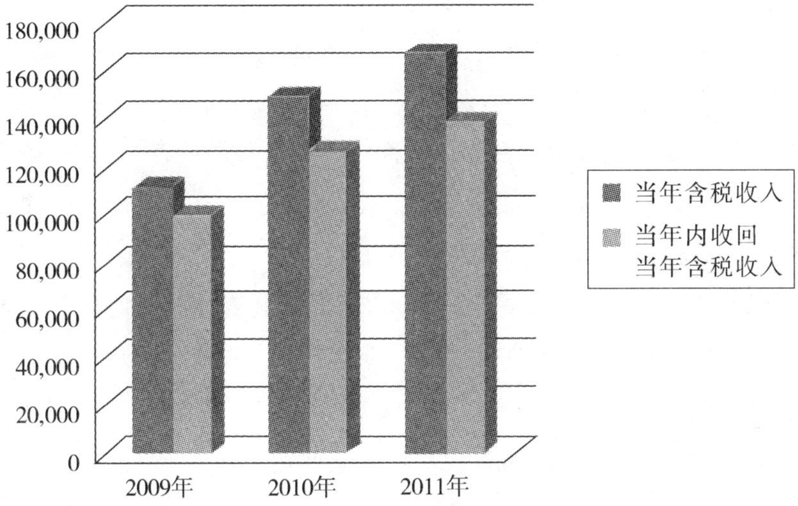

图 6 - 1

从最近三年情况来看,公司当年 1 年以内应收账款收款(即当年内收回的当年含税收入)与当期含税收入的比例较高且稳定在 83% ~90% 的区间内,平均达到 85.22%(关于 1 年以上应收账款的分析详见本部分之“②报告期内,公司 1 年期以上应收账款情况分析”)。报告期内,期末应收账款余额与当期含税收入的比例最近三年平均为 21.28%,由于各期末应收账款余额为累计数据,因而其与当期含税收入之比呈现上升趋势。总体来看,公司的应收账款回收情况正常。

这些客户大多规模较大、内控制度健全、信用良好,其财务状况、现金流量情况较好,破产清算风险小;并且,上述客户在采购控制的一个重要特点是:一般在购货之前对采购计划审批严格,采购计划一经批准,实施采购是专款专用,形成坏账的可能性很小。

总之,对于软件企业来说,应收账款回收普遍较慢,因而很多软件企业的招股说明书都对应收账款进行了详尽的分析说明,大家可多方(包括其他行业企业的解释和分析角度)借鉴和参考。

三、经营活动现金流量净额

我们在拿到一家企业的现金流量表时,常常会非常关注其经营活动现金流量,尤其是经营活动现金流量净额,并关注它与净利润的匹配程度。笔者在此想说明的是,这种关注仅是对企业判断的一个参考而已,或者通过经营流动现金流量这个线索(注意是“线索”而不是结论)进而全面理解企业的经营活动现金流量情况以及企业的经营情况。

第一,经营流动现金流量净额与应收应付、存货变动等这些项目都是紧密相关的。尤其是要特别注意应付账款、应付工资、其他应付款这些项目的变动,因为这些项目企业可控的余地较应收款项更大,一定要结合这些项目看企业的经营活动现金流量净额才有意义。在某些情况下,个别企业可能会利用这些应收应付项目有意识地调节经营活动现金流量净额,因而,不结合这些项目判断现金流情况有可能会误导你的判断。

以下是某家企业的报表部分项目(见表6-19):

表6-19

单位:万元

项目＼时间	2010年6月30日	2009年12月31日	2008年12月31日	2007年12月31日
流动资产				
货币资金	136,878,036.77	146,532,490.44	120,808,346.93	134,871,286.10
交易性金融资产	98,739.69	96,414.18	70,266.52	123,177.47
应收票据	—	—	—	—
应收账款	99,488,250.47	47,865,063.56	53,874,601.28	59,022,489.35
预付账款	2,274,915.12	2,941,645.35	5,269,410.36	10,627,284.59

负债和股东权益	2010 年 6 月 30 日	2009 年 12 月 31 日	2008 年 12 月 31 日	2007 年 12 月 31 日
流动负债:				
短期借款	106,000,000.00	71,000,000.00	70,000,000.00	5,000,000.00
交易性金融负债	—	—	—	—
应付票据	—	—	—	—
应付账款	18,835,124.92	30,037,131.55	13,000,764.90	12,563,110.80

年度 项目	2010 年 1 ~6 月	2009 年度	2008 年度	2007 年度
营业收入	184,926,038.98	408,473,052.88	319,439,126.08	301,695,869.04
营业利润	14,386,027.76	42,547,758.38	25,537,912.24	27,750,385.13
利润总额	15,312,993.41	44,265,503.22	28,738,389.16	36,612,547.22
净利润	12,490,294.88	39,933.948.20	25,384,810.77	30,003,688.67

年度 项目	2010 年 1 ~6 月	2009 年度	2008 年度	2007 年度
经营活动产生的现金流量净额	-38,993,125.98	74,462,915.05	44,109,199.74	6,404,053.84

企业的这种经营活动现金流,与应收账款、应付账款是密不可分的。我们如果过于武断地根据利润与现金流净额的匹配情况来判断企业的经营情况或利润的真实情况,认为匹配好的净利润真实程度就高,企业经营就好,这种判断其实有些过于简单了,只能说这种是一种重要的参考方式,但如果不结合更多的数据,未免过于片面。

第二,某些企业经营的季节性较强,甚至季节性非常强,比如在第四季度或次年第一季度才能较大规模地确认收入并在随后的一段时间内收回应收账款,在这种情况下,按照 1 月 1 日至 12 月 31 日这个会计期间来编制的现金流量表必然不好看。很多以政府或国有大型企业为客户的企业,常常会面临这个问题，或者更准确地讲，这不是个“问题”而仅是很多企业的一个“特点”。此时，笔者建议可以使用7月1日至次年6月30日作为会计期间，编制备考的利润表和现金流量表，以此判断企业经营流动现金流的真正回收情况。

第三，经营活动现金流量净额是一个期间内经营活动现金流量净额的概念，受到“期间”的限制。在某一个期间内，企业的经营现金流净额为负，也并不一定总是坏事，也可能是为应对涨价提前采购导致，当然也可能是收不上应收款导致；并且，对规模扩张的企业，也常会遇到这个问题。但通常来说，两年以上的连续的与净利润不匹配并不是好现象，要保持一定的警惕，因为在利润增加而经营活动净现金流持续为负的情况下，必然是应收账款和存货的持续增加。作为企业，也应考虑其中的风险：持续的大量采购就一定好吗？中介机构核查时和审核部门审核时会怎么看这个问题？总之，保持正常的健康的财务状况是必要的，一方面，不能为做净现金流耽误企业的正常经营；另一方面，也不能走另一个极端只考虑采购和扩张而不考虑企业的风险，因为持续的经营活动现金流量净额为负，常常意味着企业要从其他途径融资来维持。

总之，对于企业来讲，经营活动现金流量净额，要全面来理解和把握。比如下面的被否案例：

关于不予核准湖南红宇耐磨新材料股份有限公司首次公开发行股票并在创业板上市申请的决定[证监许可(2011)108号]

湖南红宇耐磨新材料股份有限公司：

中国证券监督管理委员会(以下简称中国证监会)依法受理了你公司提交的首次公开发行股票并在创业板上市申请文件。

中国证监会创业板发行审核委员会(以下简称创业板发审委)于2010年12月31日举行2010年第95次创业板发审委会议，依法对你公司的首次公开发行股票并在创业板上市申请进行了审核。

创业板发审委在审核中关注到你公司存在以下情形：

报告期内，你公司客户集中度较高、应收账款持续增加、经营活动产生的现金流量净额与净利润不匹配，对你公司持续盈利能力构成重大不利影响。

从上述案例可见，虽然经营活动净现金流与净利润不匹配并不能说明企业一定有问题，但如果再与其他指标结合看的话，这可能就会构成一项重大的问题，影响到对公司持续盈利能力的判断。

除上面说的提供备考利润表和现金流量表的方式外，其实，如果净利润与经营净现金流净额不一致（不匹配）的期间较多，可以通过比较营业收入、营业成本与销售商品提供劳务收到的现金、购买商品接受劳务支付的现金用这些期间数与流量数进行对比，如果比较相符会打消对公司利润不实的疑虑。比如，一家公司的净利润与经营净现金流数据为（见表6－20）：

表6－20

单位：万元

时间 项目	2011年1～6月	2010年度	2009年度	2008年度
营业收入	29,038.17	57,066.54	42,551.11	44,399.13
营业利润	3603.88	5980.67	3432.31	3017.35
利润总额	3603.88	6039.54	3437.33	3097.16
净利润	3075.54	5108.51	2838.08	2538.98
经营活动产生的现金流量净额	－331.60	3934.21	2033.36	509.56

可以看到，净利润与经营净现金流明显不匹配。但我们再看现金流入与支出的流量对比（见表6－21）：

表6－21

单位：万元

时间 项目	2011年1～6月	2010年度	2009年度	2008年度
营业收入	29,038.17	57,066.54	42,551.11	44,399.13
营业成本	22,526.03	45,352.86	33,815.44	36,084.61
净利润	3075.54	5108.51	2838.08	2538.98
销售商品、提供劳务收到的现金	29,270.35	60,114.65	49,476.59	55,463.49

续表

项目＼时间	2011 年 1 ~6 月	2010 年度	2009 年度	2008 年度
购买商品、接受劳务支付的现金	23,865.69	49,653.83	39,233.45	47,733.33
经营活动产生的现金流量净额	-331.60	3934.21	2033.36	509.56
销售商品、提供劳务收到的现金/营业收入	1.01	1.05	1.16	1.25
购买商品、接受劳务支付的现金/营业成本	1.06	1.09	1.16	1.32
经营活动产生的现金流量净额/净利润	-0.11	0.77	0.72	0.20

可以看到,营业收入、营业成本与现金在年度内的流入、流出情况还是基本匹配的,因净利润与经营净现金流不匹配导致的收入或成本不实的可能性基本可以排除。这些数据的出处不是来自一家虚拟的企业,而是 2011 年 12 月上市的荣之联。

如果明显有意对经营活动现金流量进行调节,审核部门是能关注到的,如 2011 年 2 月 1 日上市的汉得信息,其首发《保荐工作报告》中披露"发审委审核意见所涉问题的核查情况":

请发行人说明应付职工薪酬各期末余额较大的原因,职工薪酬计提及发放的具体办法,是否存在利用职工薪酬的计提及发放调节各期利润的情形。请保荐机构、申报会计师进行核查并发表明确意见。

本保荐机构查阅了发行人员工名册、劳务合同、工资表、社会保障费用明细表以及与薪酬相关的管理制度等资料,确认如下:

(一)应付职工薪酬计提原则、发放办法及期末余额较大的原因

应付职工薪酬科目核算发行人的人力成本,包括了工资、奖金以及社保公

积金等构成。应付职工薪酬在各期期末余额的情况如表6－22所示:

表6－22

单位:万元

时间 项目	2007年12月31日	2008年12月31日	2009年12月31日	2010年6月30日
期末余额	2481.47	2341.56	2983.65	2483.54
其中:工资	643.69	891.58	782.20	920.21
奖金	1572.77	1226.88	2021.73	1404.24
社保等	265.01	223.10	179.71	159.09

1. 职工薪酬计提和发放方法

员工工资在当月计提,次月发放,因此在期末形成应付工资,其金额相当于发行人一个月的工资总额。

社保、公积金等在当月计提、次月支付,差额每月进行调整,因此期末余额大致相当于每个月发行人应承担的社保、公积金等金额。

发行人的奖金为每月计提,次年发放。具体计提方法是:非销售人员根据级别全年累计计提半个月到2个月的工资,次年根据考评结果在奖金总额以内发放。销售人员按当年销售收入的一定比例计提销售提成,销售提成的比例一般为销售收入的1.2%,对于金额较大以及对发行人有重要意义的项目,提成会有所提高。销售提成于次年开始根据回款情况发放。

2. 应付职工薪酬期末余额较大的原因

发行人应付职工薪酬金额较大的主要原因有两个:一是发行人是一个人力资本密集的企业,人力成本是发行人最主要的成本;二是发行人所有当年计提的奖金全部在次年才开始发放,导致应付奖金余额较大。

(二)发行人不存在利用职工薪酬的计提调节各期利润的情况

发行人薪酬结构以固定部分为主,该部分成本不随业绩波动。

员工工资根据员工的职务、技能以及工作年限等因素确定,发行人的员工工资基本稳定,每年有1～2次根据考评结果调整工资的机会。发行人不存在

利用工资的调整调节利润的情形。发行人报告期内职工薪酬构成情况如表6－23所示:

表6－23

单位:万元

时间 项目	2007年	2008年	2009年	2010年1～6月	合计
职工薪酬总额	9029.51	11,094.80	12,608.66	6580.71	39,313.68
其中:工资	6717.48	8629.36	9510.32	5092.62	29,949.78
资金	1176.46	1152.53	1772.86	829.52	4931.37
社保等	1135.57	1312.91	1325.47	658.52	4432.53

报告期内职工薪酬的百分比构成如表6－24所示:

表6－24

单位:万元

时间 项目	2007年	2008年	2009年	2010年1～6月	合计
职工薪酬总额	100.00%	100.00%	100.00%	100.00%	100.00%
其中:工资	74.39%	77.78%	75.43%	77.39%	76.18%
奖金	13.03%	10.39%	14.06%	12.61%	12.54%
社保等	12.58%	11.83%	10.51%	10.01%	11.27%

从表6－24中可以看出,发行人的薪酬结构以固定部分的工资为主,发行人职工薪酬中工资占职工薪酬的比例平均超过75%,工资和社保等合计约占职工薪酬的90%,该部分成本不随业绩波动。奖金部分的计提发放同经营业绩相关,但奖金仅占职工薪酬约10%的比例。

发行人各期奖金计提比例合理,亦不存在利用奖金计提操纵利润的情形(见表6－25)。

表 6 - 25

单位:万元

项目 \ 时间	2007 年	2008 年	2009 年	2010 年 1 ~6 月
资金总额	1176.46	1152.53	1772.86	829.52
其中:非销售人员资金	917.15	820.79	1069.40	569.56
非销售人员奖金占工资的比例	14.47%	10.22%	11.79%	11.67%
销售部门奖金	259.31	331.74	703.46	259.96
销售提成与主营业务收入的比例	1.27%	1.20%	2.25%	1.55%

非销售人员的奖金占工资的比重占 10% ~15% ,2007 年发行人盈利状况较好,奖金比例较高,2008 年受金融危机影响奖金比例略低,2009 年和 2010 年基本持平。从销售提成看,2009 年的比例略高于其他年份,主要是因为公司 2008 年年底受金融危机影响,新签合同数量下降,为此公司采取了多项旨在加强销售的政策,如新设关键客户经理、行业销售经理等,从而提高了销售提成的比例。

发行人不存在利用职工薪酬的计提操纵企业利润的情况。

(三)发行人不存在利用奖金发放调节各期利润的情况

发行人报告期内奖金发放情况如表 6 - 26 所示:

表 6 - 26

单位:万元

项目 \ 时间	2007 年 12 月 31 日	2008 年 12 月 31 日	2009 年 12 月 31 日	2010 年 6 月 30 日
上年计提数	—	1176.46	1152.53	1772.86
本年发放数	801.60	1498.42	978.01	1447.01
差额	—	-321.96	174.52	325.85
期末余额中以前年度奖金余额	396.31	74.35	248.87	574.72

发行人各会计期间的奖金发放不完全与上一年提取的奖金相符,其中部分原因为销售提成的发放是根据回款情况决定的,由于2008年应收账款回款较好,因此发放了部分以前年度计提的销售提成,导致2008年的奖金发放超过了2007年的计提的奖金。2009年和2010年应收账款有所增长,导致与此相关的奖金中的未发放销售提成有所增加。

此外发行人非销售人员年终考评后汇总的奖金总额和计提的奖金总额之间也存在一定的差异,而且都为计提大于实际发放(除2008年外),这部分主要是发行人为在合适的时机用于奖励在发行人工作超过一定年限的员工而准备。

2009年度计提的奖金于2010年陆续发放,截至2010年6月30日已发放1447.01万元,尚有574.72万元未发放,发行人预计会在2010年下半年陆续发放。2010年6月30日奖金余额1404.24万元,除574.72万元系尚未发放的2009年奖金外,尚有829.52万元系当期计提的2011年度的奖金,应于2011年考核后陆续发放。

发行人奖金的发放情况符合发行人的业务实际,不存在利用奖金的发放调节利润的情况。

综上所述,发行人保荐机构认为:发行人的应付职工薪酬期末余额较大主要是由于发行人是人力密集型行业的属性决定的,发行人的职工薪酬计提及发放符合权责发生制原则,当期计提金额是实际发放金额的合理估计,两者之间存在差异的原因合理,发行人不存在利用职工薪酬的计提及发放调节各期利润的情形。

从上面案例可以看到,幸亏这个项目不存在问题,否则就功亏一篑了。

四、存货周转率

存货周转率,是用当期的营业收入除以期初、期末存货额的算术平均数(个别也有直接以期末存货额作为分母计算)得到的比率,有人说这个指标可以反映企业存货在上述一个期间内的周转次数,还常常说明,不同行业不可比但同一行业的公司及同一公司不同期间是可比的,如果指标较同行业公司较低或同一公司不同期间的数值呈下降趋势表明企业存货的周转率有了问题——这其实误导了很多人。

第一,同行业的公司并不见得全部可比。不同的生产模式要求的存货量不同,我们总认为存货周转率高就是好,那么贸易型的公司或者以前的那种皮包公司,存货周转率肯定最高,倒手就卖,自然比买了原材料生产后再卖的周转率要快很多,但这样的企业就是好企业吗? 我们是要重点推荐这样的企业到资本市场吗?

第二,同一公司的不同期间存货周转率下降并不代表着存货周转率不好。如果一家公司意识到原材料在不断涨价,而订单量又在不断增长,肯定要加大原材料采购的力度,造成期末原材料金额较大——从而使存货周转率这个指标下降,但这能说明企业经营不好吗? 能说明存货周转的真实情况吗? 存货不仅包括产成品还包括原材料! 原材料在涨价、订单在增长,企业的经营蒸蒸日上,但存货周转率在下降,这能说明企业的经营有问题吗?

总之,要意识到这个指标不过是用营业收入作分子、存货作分母相除得到的一个指标而已,其反映企业真实经营情况的能力非常有限,可比性在于:如果能找到生产和经营模式基本相同的两家公司、同一家公司对原材料采购的规模基本保持均衡的状态,这个指标是有可比意义的。这个指标的意义是非常有限的,我们应全面、客观地分析和认识这个指标的含义,也要看到这个指标的局限性,不能简单地进行判断。

五、应参考的另外两个指标

通过上述分析,大家可能会问,那什么指标才是更全面的指标? 笔者认为,任何指标都有一定的局限性,各项指标应当结合着一起进行分析,尤其是业务数据要与财务数据/指标融合进行分析。基于这个角度,笔者认为,在综合分析一家企业时,从简单有效的角度,更应结合以下两个指标:

一是销售净利率。这个指标能够作为毛利率的有效补充,因为毛利率反映的产品的毛利水平,而没有考虑在此种销售模式下所需支撑的期间费用,但销售净利率却进一步考虑了期间费用的影响。此外,这个指标比净资产收益率要好,为什么?举个简单的例子:同样是软件行业的两家企业,一家买了自己的办公用房、一家租赁办公用房,如果计算净资产收益率的话,反倒买了自己房产的公司不如租赁办公用房的企业,而房产在增值、房租在上涨,对于一家企业的经营而言,这个指标就有误导性。

二是当年新签订单数量及金额/合同保有数量及金额。包括当年度新签订单数量及金额、累计未执行订单数量及金额(如果订单可以用产品或服务数量和金额分别表示的话,要用数量和金额分别列示),这两个订单量指标对于说明企业的持续盈利能力非常有帮助;而且,对于发行路演时用来对企业估值、定价也非常有益。

上述两个指标,笔者认为是应当在综合分析一家企业时,除运用常用指标(不只是本章所列举的毛利率、应收账款、经营活动现金流量、存货周转率这四个指标)外应当增加和有所考虑的两个指标。

总之,通过对常用指标的分析,既看到其局限性,又运用多个指标进行业务与财务的融合分析,尤其在对比时要意识到哪些其实并不可比,注意到对比的前提是什么,这样才会有助于全面展现你的企业,让投资者充分理解从而做出正确的判断。

第三节　客户、供应商和员工:企业的镜子

除了前节所说的通过业务和财务融合的角度来展现和理解一家企业,还可通过“企业的镜子”即企业的“客户、供应商和员工”来看待一家企业。企业的客户、供应商和员工,好比企业的镜子,他们虽然不是企业,但可以反映出企业的真实状况。

如果一家企业,对客户不讲信誉,说一套做一套,打一枪换一个地方;如果一家企业,随意拖欠供应商的货款,对供应商过分苛刻,与供应商斤斤计较,从业就没有固定的前几大供应商;如果一家企业,置员工的利益不顾,员工在工作时时常抱怨不止,无论是留在企业工作的还是已离开企业的员工,很少有说企业好处的。这样的企业,即使是业务与财务数据非常漂亮,也不能说是一家好企业,企业的“靓丽”只是暂时的,从长远看,这种好光景不会持续太长。我们通过企业的镜子,会看得更远。

总而言之一句话,和谐的企业才会成为好企业,对客户讲信誉、为客户负责,对供应商诚实守信、不过分苛刻和“压榨”,对员工讲利益共享、为员工着想,这样的企业就是和谐的企业,通过企业的客户、供应商和员工,我们会更深刻地展现和理解这家企业。这也从另一方面说明,我们在尽职调查时,访谈客户、供应商和员工是何等的重要!

第四节　小结与启示

本章围绕着如何全面理解和分析一家企业这一重要问题,从企业自身的财务与业务信息、常见指标、企业的镜子——客户、供应商和员工这些角度,分析了展现企业、让人理解一家企业的过程就是将企业的财务与业务信息相融合表述的过程,这对于我们提高信息披露的质量也有一定的启示。无论是好的企业还是差一些的企业,都能通过有效的方式充分展现给投资者,让投资者作出快速、正确的判断。

第七章　软件企业被否原因分析：有则改之，无则加勉

第一节　问题概述与路径规划

我国的软件企业,数量众多,竞争激烈,希望通过登陆资本市场而获得迅猛发展、巩固市场地位的企业非常多;而软件企业的发展,人才是最重要的因素,大家为了留住优秀的市场、技术和管理人才,很多企业都实施了“股权激励”,让优秀的人才与企业的发展捆绑在一起,共享企业发展的成果,但由于未上市流通的股权,通常价值并不大,只有上市流通才能真正为这些人才带来高额的回报,为了实现企业的快速发展,这些企业选择走资本市场,当然是无可厚非的。

但是,笔者想在这里说的是,企业上市其实是各方面都较为成熟后的临门一脚,如果企业还未有发展到这个阶段,只靠临门一脚是很难的。总之,笔者希望通过本章的内容说明一点:没有正确的临门一脚自然不能上市成功,但临门一脚的前提是已到了这个阶段,希望拟上市企业能够正确理解和看待这个辩证的关系。

在此需要特别强调说明的一点是,本章中提到的被否项目的原因,只是笔者依据公开资料的理解,被否的原因往往是复杂、多方面的,因为一个原因导致被否的情况有,但并不多,更重要的是,其实只有企业参与项目运作和其中介机构的项目组人员才真正知道被否的真实原因,因而如果他们站出来说一句话则一定是正确的。本章起草过程中,自己在开始曾将标题写为“软件企业被否原因分析:前车之鉴”,后来考虑这样是不对的:因为你所列的项目被否原因,并不见得一定是人家这个项目被否的“前车之鉴”,最终将标题确定为“软件企业被否原因分析:有则改之　无则加勉”,希望借此说明在被否原因的说明上,笔者的理解并不见得正确,只是把这些问题和原因列出来,以求大家共勉。

第二节　案例分析与操作指引

一、规模大小是最重要的因素

虽然国家对软件企业的支持不只体现在产业政策、税收优惠政策的扶持上，同样也积极支持企业上市；但是，由于软件企业多数是为某一个细分行业或领域甚至某几个行业内的客户（当然某些行业属于寡头行业的需区别对待）提供软件产品，因而其抗风险能力就显得尤为重要，而衡量一个企业抗风险能力的最重要指标就是其规模的大小。

从被否的软件企业看，规模大小确实成为一个最重要的考虑因素（这里讲的规模具体讲主要是指企业的营业收入和净利润）。从本质上讲，规模太小而被否，其实是对企业的持续盈利能力不放心；持续盈利能力所包含的方面要较企业规模这一考虑因素要多得多，但从总体上讲，软件企业因持续盈利能力被否的很多企业原因出在规模上。

我们可从以下几个典型的案例来加深体会。

（一）卫宁软件（2010 年 4 月第 23 次创业板发审会）

2010 年 6 月 4 日公告的“关于不予核准上海金仕达卫宁软件股份有限公司首次公开发行股票并在创业板上市申请的决定”：

……

中国证监会创业板发行审核委员会（以下简称创业板发审委）于 2010 年 4 月 30 日举行 2010 年第 23 次创业板发审委会议，依法对你公司的首次公开发行股票并在创业板上市申请进行了审核。

创业板发审委在审核中关注到，你公司存在以下情形：

1. 根据申报材料及申请人披露的情况，申请人在目前阶段抗风险能力较弱，对申请人的持续盈利能力构成重大不利影响。上述情形不符合《首次公开发行股票并在创业板上市管理暂行办法》第 14 条的规定。

2. 报告期内，国内医改以及新型农村合作医疗虽给发行人带来发展机遇，但此行业门槛较低，申请人目前只在安徽省有竞争优势，存在丧失竞争优势等风险。申请人募集资金投资项目，与其现有生产经营规模、技术水平、管理能力等方面是否相适应，存在重大不确定性。上述情形不符合《首次公开发行股票并在创业板上市管理暂行办法》第 27 条的规定。

……

（二）侏罗纪软件（2010 年 4 月第 20 次创业板发审会）

2010 年 5 月 14 日公告的"关于不予核准北京侏罗纪软件股份有限公司首次公开发行股票并在创业板上市申请的决定"：

……

中国证监会创业板发行审核委员会（以下简称创业板发审委）于 2010 年 4 月 20 日举行 2010 年第 20 次创业板发审委会议，依法对你公司的首次公开发行股票并在创业板上市申请进行了审核。

创业板发审委在审核中关注到，你公司存在以下情形：

1. 根据申报材料及申请人披露的情况，申请人在目前阶段抗风险能力较弱，无法对申请人的成长性和持续盈利能力作出明确判断。上述情形不符合《首次公开发行股票并在创业板上市管理暂行办法》第 14 条的规定。

2. 申请人控股股东、实际控制人、董事长、总经理包世界与其他三位自然人于 2006 年 3 月 8 日在英属维尔京群岛注册成立埃佩斯集团控股有限公司（英文名为 EPIS Group Holdings Limited，以下简称埃佩斯集团）并持有 42.5% 的股份。该集团于 2006 年 9 月 13 日在中国境内出资 20 万美元独资设立了北京埃佩斯技术开发有限公司（以下简称北京埃佩斯），包世界任董事长和总经理，是北京埃佩斯的实际控制人。包世界 2009 年 3 月 16 日辞去上述职务，

2009 年 6 月 9 日将其持有的埃佩斯集团 42.5% 的股份转让给与申请人无关联关系的李英。上述期间，该公司与大庆油田和塔里木油田签有六个业务合同，该等合同所涉业务与申请人的主营业务相同。申请人早在 2002 年就整体变更为股份有限公司，但申请人的实际控制人自 2006 年开始兼任北京埃佩斯的董事长和总经理，为自己和他人经营同申请人相竞争的业务，且同业竞争长期存在，申请人在独立性方面存在缺陷。上述情形不符合《首次公开发行股票并在创业板上市管理暂行办法》第 18 条的规定。

……

（三）创意信息（2011 年 2 月第 6 次创业板发审会）

2011 年 3 月 8 日公告的“关于不予核准四川创意信息技术股份有限公司首次公开发行股票并在创业板上市申请的决定”：

……

中国证监会创业板发行审核委员会（以下简称创业板发审委）于 2011 年 2 月 28 日举行 2011 年第 6 次创业板发审委会议，依法对你公司的首次公开发行股票并在创业板上市申请进行了审核。

创业板发审委在审核中关注到，你公司存在以下情形：

根据申报材料及你公司披露的情况，你公司在目前阶段抗风险能力较弱，无法对你公司的成长性和持续盈利能力作出明确判断。

……

（四）天玑科技（2010 年 5 月第 27 次创业板发审会）

2010 年 6 月 4 日公告的“关于不予核准上海天玑科技股份有限公司首次公开发行股票并在创业板上市申请的决定”：

……

中国证监会创业板发行审核委员会（以下简称创业板发审委）于 2010 年 5 月 17 日举行 2010 年第 27 次创业板发审委会议，依法对你公司的首次公开发行股票并在创业板上市申请进行了审核。

创业板发审委在审核中关注到，你公司存在以下情形：

1. 根据申报材料及申请人披露的情况，申请人在目前阶段抗风险能力较弱，所处行业竞争激烈，申请人的子（分）公司中，除了华东地区外，其他绝大多数亏损，申请人报告期来自华东华中地区的收入都占90%以上，其他地区的业务发展缓慢，无法对申请人的成长性和持续盈利能力作出明确判断。上述情形不符合《首次公开发行股票并在创业板上市管理暂行办法》第14条的规定。

2. 申请人与中国邮政集团和中国邮政储蓄银行2009年7月签订了服务期达五年的总价格为2950万元的业务合同，合同履行期限为2009年1月1日至2013年12月31日，根据合同所附的价格清单，主要服务内容按每年报价为253万元，现场服务按每人每天0.8万元计算，申请人在2009年度即确认了1260万元营业收入，依据申报材料无法判断上述营业收入确认是否符合企业会计准则的规定，申请人在现场的陈述也没有消除对该营业收入确认的疑点。上述情形不符合《首次公开发行股票并在创业板上市管理暂行办法》第20条的规定。

……

其实规模大小这个重要考虑因素，在中小板和创业板的审核中都有体现，并不是只针对软件企业，我们可以很容易找到有关的典型案例，如：

"关于不予核准杭州先临三维科技股份有限公司首次公开发行股票并在创业板上市申请的决定

……

中国证监会创业板发行审核委员会（以下简称创业板发审委）于2010年4月23日举行2010年第21次创业板发审委会议，依法对你公司的首次公开发行股票并在创业板上市申请进行了审核。

创业板发审委在审核中关注到，你公司存在以下情形：

1. 根据申报材料及招股说明书披露的情况，申请人在目前阶段抗风险能力较弱，申请人的成长性和持续盈利能力存在重大不确定性。上述情形与《首次公开发行股票并在创业板上市管理暂行办法》第十四条的规定不符。

2. 报告期内,申请人民用产品收入增速趋缓;工业产品进入市场较晚且规模不大,工业产品的技术要求较高,存在丧失技术领先风险。募集资金投资项目与现有生产经营规模、技术水平、管理能力等方面是否相适应,存在重大不确定性。上述情形与《首次公开发行股票并在创业板上市管理暂行办法》第二十七条的规定不符。

……"

再如:

"关于不予核准湖南金能科技股份有限公司首次公开发行股票并在创业板上市申请的决定

……

中国证监会创业板发行审核委员会(以下简称创业板发审委)于 2010 年 6 月 28 日举行 2010 年第 40 次创业板发审委会议,依法对你公司的首次公开发行股票并在创业板上市申请进行了审核。

创业板发审委在审核中关注到,你公司存在以下情形:

2009 年度,申请人扣除非经常性损益后归属于母公司的净利润为1731.52 万元,对工程爆破业务及单笔技术咨询服务业务存在重大依赖,上述业务持续获得订单存在较大的偶然性和不确定性,对申请人的持续盈利能力构成重大不利影响。上述情形不符合《首次公开发行股票并在创业板上市管理暂行办法》第 14 条第 6 项的有关规定。"

总之,虽然国家对软件企业上市持积极鼓励的政策,软件企业在上市前的盈利规模不必和矿业企业、金融企业等这些行业企业上市前的利润相比,但如果一家软件的营业收入和利润规模过小,会给上市成功带来重大不确定性。

二、重要事项未能正确处理及报表项目存在重大疑问

正如前面几节中提到的,软件企业收入、研发费用资本化、募股项目安排等重要问题的处理,是软件企业上市过程中必须要正确处理的事项,否则很可

能会导致申报报表不公允或募投项目存在重大不确定性等方面的问题；当然，还有一类重要问题，但相较而言则是企业上市过程中更通常性的问题，如历史上出资不实问题的规范、委托持股问题的清理、同业竞争的消除、关联交易的规范等更通用但同样重要的问题，如果处理不好，也会导致影响发行上市的条件，造成实质性障碍。

这方面的内容自然包括很多，案例自然也会很多，其实是本书各篇中都会涉及的内容，其核心的处理思路也都体现在本书的各部分内容中。在此提到，是想说明两点：一是重要事项未能正确处理，是软件企业被否的一个重要原因；二是对软件企业而言，特殊的重要事项和通常性的重要事项，均要引起重视，任何一个重要事项处理不合适，都可能会直接触发发行上市条件从而造成实质性的障碍，最典型的一个例子：如果你收入确认政策确定错误，申报报表本身就一定是有问题的，以一套有问题的申报报表展现给投资者，怎么能上市？

导致报表项目存在重大疑问或不能合理解释，往往是对重要财务事项未能正确处理的结果（当然故意造假使报表项目不能合理解释或存在重大疑问，则另当别论，这种情况则是有意为之，纯属自找麻烦，否决其实是在挽救一大批人），使报表间项目不能协调、财务数据与业务数据不能协调——但这只是表面结果，这种对重要财务事项未能正确处理的深层次结果是使申报报表不公允，因而这种情况的被否应更多地将注意力放在正确处理财务事项这点上。

三、持续盈利能力存在重大不确定性

其实持续盈利能力的判断，看你怎么理解，这里的不同理解也很多，因而目前审核的思路从持续盈利能力的实质性判断逐渐转向信息披露的真实、准确、完整方面。但是，从拟上市企业打算尽快成功登陆 A 股市场而进行战略规划、运营思路的角度，以及切实稳定上市前后的经营业绩、减少不确定性的角度讲，还是应当减少对未来经营业绩的不确定性因素。软件企业的案例并不是很多（其他行业企业的案例较多些，详见本书关于被否企业分析一章的内容,思路基本是相通的),但从与软件企业相近的行业来看,以下几个案例还是很有启示意义的。

(一)华力特电气(2010年5月第27次创业板发审会)

2011年5月13日公告的“关于不予核准深圳华力特电气股份有限公司首次公开发行股票申请的决定”:

……

中国证监会发行审核委员会(以下简称发审委)于2011年4月25日举行2011年第81次发审委会议,依法对你公司的首次公开发行股票申请进行了审核。

发审委在审核中关注到,你公司存在以下情形:

申报期内你公司开始从事国外业务,国外加纳业务的快速增长构成你公司业务增长的主要来源,其毛利贡献占总体毛利贡献的比重申报期内分别为10%、31%、37%,且加纳业务收入主要来自三大客户。因此你公司以加纳为主的国外业务是否可持续对公司盈利能力构成重大影响,存在不确定性。

……

(二)龙韵广告(2011年11月第262次发审会)

2011年12月7日公告的“关于不予核准上海龙韵广告传播股份有限公司首次公开发行股票申请的决定”:

……

中国证监会发行审核委员会(以下简称发审委)于2011年11月25日举行2011年第262次发审委会议,依法对你公司的首次公开发行股票申请进行了审核。

发审委在审核中关注到,你公司存在以下情形:

你公司报告期内的广告业务以电视媒体代理即媒体资源的购销为主,而体现行业专业技术的全案服务业务占比较小,分别为2.61%、4.69%、9.82%

和9.11%，与国内外竞争力较强广告公司业务模式相比存在一定差异。

你公司代理的媒体资源销售给4A广告公司和直接客户，其中4A广告公司销售占比分别为58.7%、66.87%、81.99%和81.8%，直接客户占比呈下降趋势。你公司以代理方式获得媒体资源，而4A买断模式的媒体采购占比为0、14.1%、34.2%和47.83%，与自有媒体资源相比，在稳定性和可持续性方面存在一定差异。

鉴于上述情况，4A公司的客户资源是否稳定以及独家买断电视媒体资源是否可持续，都将可能导致你公司未来持续盈利能力的不确定性。

……

（三）朝歌数码（2011年7月第45次创业板发审会）

2011年7月20日公告的"关于不予核准北京朝歌数码科技股份有限公司首次公开发行股票并在创业板上市申请的决定"：

……

中国证监会创业板发行审核委员会（以下简称创业板发审委）于2011年7月8日举行2011年第45次创业板发审委会议，依法对你公司的首次公开发行股票并在创业板上市申请进行了审核。

创业板发审委在审核中关注到，你公司存在以下情形：

1. 你公司负责主要产品IPTV家庭娱乐终端和融合视讯终端的研发、设计与销售，拥有产品的内置软硬件电路设计资料和产品设计组装图，全部生产制造业务委托加工商完成，你公司2010年、2009年、2008年委托百一股份及其全资子公司加维通讯加工产品的外包金额占你公司当年外包总额的98.94%、99.68%、98.83%。

2. 你公司2010年、2009年、2008年对华为公司销售收入分别为25,725.66万元、16,886.13万元、13,332.81万元，占你公司当年全部销售收入的比例分别为88.10%、79.42%、66.94%。

创业板发审委认为，上述情形可能对你公司未来持续盈利能力构成重大不利影响,不符合《首次公开发行股票并在创业板上市管理暂行办法》(证监会令第 61 号)第 14 条的有关规定。

……

总之,持续盈利能力的不确定性,常是由于企业的客户或供应商或经营模式的特殊性引起的,但并不局限于此,在目前的审核理念下要从更深、更广的含义中去体会,才能真正理解“盈利能力不确定”对企业上市所造成的潜在风险。

四、重要内容未清晰解释或披露

在重要内容方面解释不清楚,也是被否的重要原因。至于哪是“重要内容”,其实一旦取得第一次书面反馈,以及后面陆续的书面或口头反馈,企业及各中介机构都会非常清楚,那问题就来了:既然大家都知道这是重要问题,肯定是要解释清楚才好,为什么不解释或披露清楚?这里的原因,不具体深度参与项目,不敢对此问题妄加猜测,——笔者只是从外在的现象来看这个问题,其中的原因笔者没有任何的猜测或推断,只是希望当时如果能解释或披露得再清楚些就好了。

比如 2012 年 4 月 13 日被否的拟登陆创业板的深圳市明源软件股份有限公司,其在招股说明书(申报稿)中对前十大客户的披露如表 7－1 所示:

报告期内向前十名客户的销售情况

2011 年 1～9 月:

表 7-1

单位:万元

序号	公司名称	销售内容	销售收入	收入占比
1	南京明源拓展软件有限公司	售楼管理软件、会员管理软件、客户服务管理软件、成本管理软件、项目计划管理软件、合同管理软件、采购招投标管理软件、费用管理软件、全面预算管理软件、企业运营管理软件	441.18	3.58%
2	新鸿基房地产(上海)有限公司	成本管理软件、项目计划管理软件	402.87	3.27%
3	深圳丰泽湖山庄有限公司	成本管理软件、采购招投标管理软件、项目计划管理软件	392.27	3.18%
4	重庆龙湖企业拓展有限公司	有户中心接口开发、系统集成开发、年度维护服务	306.29	2.48%
5	雅居乐地产置业有限公司	会员管理软件、项目计划管理软件、全面预算管理软件、投资分析管理软件	257.75	2.09%
6	大连万达商业地产股份有限公司北京分公司	售楼管理软件	254.79	2.07%
7	郑州市明源拓展软件有限公司	成本管理软件、售楼管理软件、客户服务管理软件、会员管理软件、采购招投标管理软件、费用管理软件、项目计划管理软件、全面预算管理软件、运营管理软件	236.78	1.92%
8	浙江明源地产管理咨询有限公司	成本管理软件、售楼管理软件、客户服务管理软件、会员管理软件、采购招投标管理软件、费用管理软件、项目计划管理软件、全面预算管理软件、企业运营管理软件	232.89	1.89%
9	南宁明源拓展软件科技有限公司	成本管理软件、售楼管理软件、客户服务管理软件、会员管理软件、采购招投标管理软件、费用管理软件、项目计划管理软件、全面预算管理软件、企业运营管理软件	229.21	1.86%
10	广州番禺海怡房地产开发有限公司	成本管理软件、全面预算管理软件	223.71	1.81%

2010 年:

单位:万元

序号	公司名称	销售内容	销售收入	收入占比
1	南京明源拓展软件有限公司	售楼管理软件、会员管理软件、客户服务管理软件、成本管理软件、项目计划管理软件、合同管理软件、采购招投标管理软件、费用管理软件、全面预算管理软件、企业运营管理软件	389.73	3.48%
2	深圳招商房地产有限公司	成本管理软件、项目计划管理软件、采购招投标管理软件、全面预算管理软件、企业运营管理软件	378.52	3.38%
3	雅居乐地产置业有限公司	成本管理软件、采购招投标管理软件、企业运营管理软件	369.86	3.30%
4	内蒙古伊泰置业有限责任公司	售楼管理软件、会员管理软件、客户服务管理软件、租赁管理软件、成本管理软件、项目计划管理软件、采购招投标管理软件、费用管理软件、全面预算管理软件	314.24	2.80%
5	青岛明源软件科技有限公司	售楼管理软件、会员管理软件、客户服务管理软件、成本管理软件、项目计划管理软件、合同管理软件、费用管理软件	301.64	2.69%
6	广州市城市建设开发有限公司	售楼管理软件、会员管理软件、客户服务管理软件、成本管理软件、项目计划管理软件、采购招投标管理软件	288.96	2.58%
7	郑州市明源拓展软件有限公司	售楼管理软件、客户服务管理软件、成本管理软件、项目计划管理软件、采购招投标管理软件、费用管理软件、全面预算管理软件、企业运营管理软件	221.93	1.98%
8	重庆同景置业有限公司	售楼管理软件、客户服务管理软件、成本管理软件、项目计划管理软件、采购招投标管理软件、费用管理软件、企业运营管理软件、企业运营管理软件	215.19	1.92%
9	重庆龙湖企业拓展有限公司	价格管理专项开发、年度日常维护服务、成本系统修改开发、计划系统密码保护开发、指导价功能开发	186.30	1.66%
10	北京崇文·新世界房地产发展有限公司	售楼管理软件、客户服务管理软件、租赁管理软件、成本管理软件、项目计划管理软件、费用管理软件	174.68	1.56%

2009 年：

单位：万元

序号	公司名称	销售内容	销售收入	收入占比
1	信达地产股份有限公司	售楼管理软件、会员管理软件、客户服务管理软件、租赁管理软件、成本管理软件、项目计划管理软件、投资分析管理软件、采购招投标管理软件	347.91	4.95%
2	重庆龙湖企业拓展有限公司	CRM 系统专项开发、渠道管理开发、项目门户工作量统计开发	232.47	3.31%
3	南京明源拓展软件有限公司	售楼管理软件、会员管理软件、客户服务管理软件、成本管理软件、项目计划管理软件、采购招投标管理软件、费用管理软件、全面预算管理软件	230.44	3.28%
4	广州市城市建设开发有限公司	售楼管理软件、成本管理软件、项目计划管理软件	212.27	3.02%
5	万科企业股份有限公司	客户系统专项开发、年度维护服务	169.86	2.42%
6	杭州新明源拓展软件科技有限公司	售楼管理软件、会员管理软件、客户服务管理软件、成本管理软件、项目计划管理软件	169.03	2.41%
7	中信房地产股份有限公司	成本管理软件、项目计划管理软件、费用管理软件、全面预算管理软件	159.83	2.28%
8	广州市海伦堡房地产开发有限公司	售楼管理软件、客户服务管理软件、成本管理软件、项目计划管理软件	155.16	2.21%
9	广州市时代地产集团有限公司	成本管理软件、项目计划管理软件、投资分析管理软件、采购招投标管理软件	131.73	1.88%
10	上海复地投资管理有限公司	成本管理软件、项目计划管理软件、采购招投标管理软件	128.29	1.83%

2008 年:

单位:万元

序号	公司名称	销售内容	销售收入	收入占比
1	佛山市顺德区碧桂园物业发展有限公司	成本管理软件、合同管理软件、项目计划管理软件	268.38	5.14%
2	万科企业股份有限公司	专项开发、年度维护服务	214.46	4.11%
3	重庆龙湖企业拓展有限公司	成本管理软件、会员管理软件、客服管理软件、售楼管理软件、费用预算专项开发、销售日志模块程序开发、目标成本测算开发、系统日常维护开发、历史成本库调整开发	204.14	3.91%
4	广州合景房地产开发有限公司	售楼管理软件、客户服务管理软件、成本管理软件、项目计划管理软件	194.44	3.72%
5	保利房地产(集团)股份有限公司	售楼管理软件、成本管理软件、投资分析管理软件、项目计划管理软件	184.69	3.54%
6	金地(集团)股份有限公司	全面预算管理软件、客户服务管理软件、售楼管理软件、销售现场刷卡辅助功能开发及推广、年度维护	147.28	2.82%
7	昆明衡易拓展软件有限公司	售楼管理软件、会员管理软件、客户服务管理软件、租赁管理软件、成本管理软件、项目计划管理软件、投资分析管理软件、采购招投标管理软件	147.07	2.82%
8	南京明源拓展软件有限公司	售楼管理软件、会员管理软件、客户服务管理软件、成本管理软件、项目计划管理软件	143.68	2.75%
9	上海三盛宏业投资(集团)有限责任公司	售楼管理软件、成本管理软件	113.23	2.17%
10	招商局地产控股股份有限公司	售楼管理软件、会员管理软件、客户服务管理软件	110.49	2.12%

软件产品销售价格依据年度产品标准报价制定。标准报价中包含一定数量的用户授权数。当客户所需用户授权数超过产品包含用户数时，公司对超出的用户数以单位计价收取授权使用费。对于实施费用，通常公司在签约前调研的基础上拟定初步实施计划，根据历史经验估算出完成该项目所需的标准工时和标准工时单价确定。公司运维服务价格按照客户所购软件产品标准价格的一定比例制定。

开发服务价格按照预计开发所需的标准工时和标准工时单价制定，开发完成后如超过预计工时，根据合同约定以实际工时结算。

对于直销客户，公司定价以年度产品标准报价为基础，交易定价依据市场化原则，结合项目的复杂程度、合作关系、议价能力等因素综合确定，在标准价格基础上浮动一定区间内定价；对于与代理商之间的交易，交易定价依据代理商等级、年度考核结果等综合确定，同一级别代理商折扣水平相当。公司与前十大客户的销售价格公允。

本公司向单个客户的销售比例未超过销售总额的 50%，不存在过度依赖于单一客户的情形。

公司前十大客户的具体情况如下：

“2011 年 1 ~9 月：

(1)南京明源拓展软件有限公司

该公司成立于 2001 年 10 月 19 日，注册资本 30 万元，其中潘定国持有 85% 股权、潘坤持有 15% 股权，法定代表人为潘定国，注册地址为南京市中山南路 49 号商茂世纪广场 25 楼 A2 座，经营范围为电脑软硬件开发、零售、售后服务、网络维护；办公设备零售及管理顾问咨询。

(2)新鸿基房地产(上海)有限公司

该公司成立于 1993 年 10 月 14 日，注册资本 1000 万美元，法定代表人为邓维聪，注册地址为上海市淮海中路 381 号中环广场 7 楼，经营范围为在上海建造内、外销房、房地产咨询、代理、对住宅小区、大楼提供物业管理(涉及许可经营的凭许可证经营)。

(3)深圳丰泽湖山庄有限公司

该公司成立于1992年3月18日,注册资本20,000万元,法定代表人为陈佩涵,注册地址为深圳市宝安区民治街道梅观高速路丰泽湖山庄超市二楼201(办公场所),经营范围为利用宝安区龙华镇民乐水库附近一带约20.03万平方米山地,从事成片住宅及配套服务设施的开发经营业务、租赁;物业管理;兴办实业(具体项目另行申报)(以上均不含法律、行政法规、国务院决定规定需前置审批和禁止的项目)。

……

(7)郑州市明源拓展软件有限公司

该公司成立于2008年4月16日,注册资本30万元,其中王超持有70%股权、杨晶持有30%股权,法定代表人为王超,注册地址为郑州市金水区农业路北政七街东12号A幢13层6号,经营范围为销售计算机软硬件、电子产品、计算机软件开发与技术咨询。

(8)浙江明源地产管理咨询有限公司

该公司成立于2010年3月8日,注册资本1000万元,其中吴丽彰持有90%股权、吴迪莱持有10%股权,法人代表为吴迪莱,注册地址为西湖区古墩路413号4楼411室,经营范围为许可经营项目:无;一般经营项目:服务:房地产规划设计系统的技术开发、房地产信息管理系统的技术开发,投资咨询(除证券、期货),房地产信息咨询;批发、零售;其他无须报经审批的一切合法项目。

(9)南宁明源拓展软件科技有限公司

该公司成立于2007年2月7日,注册资本30万元,林杰峰、曾惠玲和冯馨莹分别持有50%、25%和25%股权,法定代表人为曾惠玲,注册地址为南宁市民族大道82号嘉和南湖之都903号房,经营范围为计算机软、硬件技术开发、技术服务、技术转让、技术咨询;销售:计算机耗材、计算机设备和零配件。

(10)广州番禺海怡房地产开发有限公司

该公司成立于1992年5月13日,注册资本75,000万元,法定代表人为黄文仔，注册地址为广州市番禺区南村沙滘岛东端，经营范围为在经番禺国土局编号番府国用（2002）字第 05－000381、05－000027 号、番府国用（2002）字第 G05－000211 号、番府国用（2002）字第 G05－000212 号、番府国用（2002）字第 G05－000213 号、番府国用（2002）字第 G05－000214 号同意使用的位于番禺区南村镇新基开发、建造、销售和出租商品房。（经营范围涉及法律、法规禁止的不得经营，涉及许可经营的凭许可证经营）。”

上述前十大客户与本公司之间仅存在业务往来关系，与本公司之间不存在关联关系。

笔者认为，上面这些带有“明源”字号的客户公司，仅以一句“上述前十大客户与本公司之间仅存在业务往来关系，与本公司之间不存在关联关系”是远远不够的（虽然保荐机构或其他中介机构可能履行了很多核查程序，但如果在这里更详细地披露核查主要过程、核查方式和核查结论，或者是中介机构感觉虽进行了详细核查，但只凭这些核查发表这个无关联关系的结论风险大而不愿承担这个风险，但笔者的遗憾是，至少公司向这些带有“明源”字号的客户销售的产品收款情况如何、这些代理销售的客户向最终用户的销售情况如何等这些关键问题要说清楚，否则项目被否的概率非常大；另外，在招股说明书中披露了“广东明源”“上海明源”“北京明源”为公司的关联方，但这些关联方已停止业务并注销，这种巧合的现实状况，更凸显了需要对上面带有“明源”字号的客户解释清楚才更为稳妥）；尽管在“管理层分析”部分对代理销售进行了说明，并由保荐机构发表了意见：“保荐机构经核查后认为：发行人 2011 年 1～9 月各项业务开展和公司日常经营情况正常，软件产品和实施签约保持较快增长，软件产品收入和实施收入结构变化具有真实的业务背景，代销收入确认真实、准确。”但笔者认为，对这个关键问题还要解释得更深入，尤其要讲清楚代理商是否与公司有关联关系、代理商的最终销售情况这两个重要问题。

有比较才会有更好的理解，我们来看 2012 年 2 月 23 日预披露招股说明书（申报稿）的深圳兆日科技股份有限公司，其对经销商销售产品的披露要清楚得多：

报告期内,发行人电子支付密码器产品销售给经销商的情况汇总如表7－2所示:

表7－2

单位:万元

经销商名称	2011年度		2010年度		2009年度	
	金额	销售收入占比	金额	销售收入占比	金额	销售收入占比
苏州安融电子科技公司	1201.71	5.83%	537.66	4.93%	230.85	3.71%
无锡捷保电子产品有限公司/无锡银保	924.05	4.49%	221.68	1.81%	387.71	6.23%
盐城市生华信息服务公司	758.46	3.68%	—	—	—	—
太原市超利达科贸有限公司	563.08	2.73%	169.21	1.38%	109.62	1.76%
北京鑫博网电子商务有限公司	456.07	2.21%	538.28	4.39%	155.17	2.49%
镇江市金汇电子化服务有限公司	396.58	1.93%	—	—	—	—
重庆术鑫科技有限公司	163.89	0.80%	128.62	1.05%	34.19	0.55%
扬州市银捷电子信息服务有限公司	148.72	0.72%	—	—	—	—
北京恒基西电科贸公司	36.64	0.18%	0.03	0.01%	—	—
湖南湘灵岳电子科技有限公司	24.62	0.12%	—	—	—	—
南宁市灵顺办公设备经营部	—	—	0.07	0.01%	—	—
武汉市武特科技有限公司	—	—	—	—	62.82	1.01%
北京兆日科技有限责任公司	—	—	—	—	1670.84	26.85%

发行人对所有经销商均为买断式销售,报告期内,销售发行人产品的主要经销商有九家,北京兆日仅在2009年1～6月为发行人经销商,2010年和2011年其他八家经销商销售占发行人经销模式销售占比超过99%。具体情况如下:

1. 苏州安融电子科技有限公司

苏州安融电子科技有限公司（以下简称苏州安融）是在苏州地区推广、销售电子支付密码器业务的经销商。苏州人民银行、各商业银行通过统一组织招投标选定发行人、信雅达和江苏国光三家企业作为密码器产品的供应商，苏州安融与供应商签订购销合同，根据苏州各商业银行需求向发行人以买断方式采购密码器产品，报告期内，苏州安融向发行人的采购数量较为稳定。苏州安融采购发行人产品后直接销售给苏州市各商业银行，报告期各期末存货数量和金额较低，具体数量、金额如表 7－3 所示：

表 7－3

单位：数量：台，金额：万元

项目 \ 时间	2011 年 12 月 31 日	2010 年 12 月 31 日	2009 年 12 月 31 日
经销商存货数量	540	13	977
经销商存货金额	17.08	0.41	30.90

苏州安融采购发行人产品后的具体销售情况如表 7－4 所示：

表 7－4

银行名称	2011 年	2010 年	2009 年
	销售数量（台）	销售数量（台）	销售数量（台）
中国建设银行苏州分行	6120	2100	1930
中国银行苏州分行	1400	600	500
交通银行苏州分行	1360	—	—
浦发银行苏州分行	1940	837	270
中信银行苏州分行	2490	380	210
苏州农村商业银行	12,055	13,507	12,310
苏州银行	6200	—	—
华夏银行苏州分行	1200	360	70
其他	4708	181	116
合计	37,473	17,965	15,406

注：经销商苏州安融销售情况通过函证取得，2009 年 1～12 月销售数据，此处苏州安融 2009 年销售情况包含 1～6 月从北京兆日采购后销售的数量（以下 2009 年经销商的销售统计情况相同）。

2. 无锡捷保电子产品有限公司

无锡捷保电子产品有限公司(以下简称无锡捷保)设立于2010年,自2011年开始在无锡地区推广、销售电子支付密码器。2009年度及2010年度,由无锡市银保电子产品有限公司负责密码器产品的销售。无锡人民银行、各商业银行通过统一组织招投标,选择发行人、信雅达和江苏国光作为供应商,无锡捷保(或无锡银保)与供应商签订购销合同,根据无锡各商业银行需求向发行人以买断方式采购密码器产品,随即直接销售给各商业银行。报告期内,无锡捷保(或无锡银保)严格按照各商业银行需求向发行人下订单,各期末公司库存数量为零。

无锡捷保(无锡银保)采购发行人产品后的具体销售情况如表7-5所示:

表7-5

银行名称	2011年	2010年	2009年
	销售数量(台)	销售数量(台)	销售数量(台)
中国工商银行无锡分行	17,000	4000	3000
中国银行无锡分行	6000	2000	5000
无锡农村商业银行	4000	1000	3700
中国建设银行无锡分行	1500	—	500
江阴农村商业银行	500	—	—
其他	220	10	60
合计	29,220	7010	12,260

3. 盐城市生华信息服务有限公司

盐城市生华信息服务有限公司(以下简称盐城生华)设立于2010年,是在盐城市范围内推广、销售密码器产品的经销商。在江苏市场,发行人持续宣传推广电子支付密码和金融支付安全,最近两年以苏州、无锡为代表的试点城市推广和使用密码器产品市场反响良好。

盐城人民银行及各商业银行计划在全市范围内推广使用密码器产品,盐城人民银行、各商业银行统一组织招投标选择发行人和信雅达作为供应商。

盐城生华根据各商业银行的市场需求，向发行人以买断方式采购密码器产品，再直接销售给各商业银行，报告期期末存货数量为零。

盐城生华采购发行人产品后的具体销售情况如表7-6所示：

表7-6

银行名称	2011年	2010年	2009年
	销售数量(台)	销售数量(台)	销售数量(台)
中国农业银行盐城分行	14,351	—	—
中国工商银行盐城分行	8798	—	—
中国建设银行盐城分行	4515	—	—
交通银行盐城分行	769	—	—
盐城邮政储蓄银行	549	—	—
常熟农商行亭湖支行	80	—	—
常熟农商行阜宁支行	70	—	—
常熟农商行射阳支行	20	—	—
大丰江南村镇银行	80	—	—
昆山农商行滨海支行	159	—	—
昆山农商行响水支行	30	—	—
昆山农商行盐都支行	40	—	—
浦发银行盐城分行	119	—	—
合计	29,580	—	—

……

9.北京兆日科技有限责任公司

2009年1~6月，北京兆日作为发行人的经销商，从发行人处采购产品后再对外销售，2009年6月，发行人收购北京兆日后，北京兆日自2009年7月纳入合并报表范围。

2009年1~6月，北京兆日采购发行人产品后的具体销售情况如表7-7（主要产品的前十大客户）所示：

表 7 –7

单位:万元

年度	序号	客户名称	销售金额	销售内容	是否为经销商	是否为关联方
2009 年 1 ~6 月	1	上海新跃仪表厂	518.15	税控组件	否	否
	2	苏州安融电子科技有限公司	284.62	密码器	是	否
	3	北京鑫博网电子商务有限公司	122.31	密码器	是	否
	4	武汉市武特科技有限公司	78.32	密码器	是	否
	5	中国工商银行厦门分行	59.83	密码器	否	否
	6	中国民生银行武汉分行	32.01	密码器	否	否
	7	中国建设银行	29.91	核验机	否	否
	8	重庆术鑫科技有限公司	25.63	密码器	是	否
	9	太原市超利达科贸有限公司	19.23	密码器	是	否
	10	北京银行	19.08	核验机	否	否
	11	招商银行安徽分行	16.41	密码器	否	否
	12	中国民生银行深圳分行	14.96	密码器	否	否
	13	中国邮政集团	14.36	密码器	否	否
	合计		1234.81	—	—	—

报告期内,发行人与经销商、经销商与当地银行的合作关系如表 7 –8 所示:

表 7 –8

经销商	发行人与经销商的销售关系	经销商与发行人合作模式	经销商与银行之间的销售模式
苏州安融电子科技公司	买断式销售	1. 苏州人行指定,负责安排苏州地区所有银行密码器的推广和采购; 2. 发行人在苏州地区不得通过其他方式进行销售	买断式销售

续表

经销商	发行人与经销商的销售关系	经销商与发行人合作模式	经销商与银行之间的销售模式
无锡市捷保电子产品有限公司（无锡银保）	买断式销售	1. 无锡人行指定，负责安排无锡地区所有银行密码器的推广和采购； 2. 发行人在无锡地区不得通过其他方式进行销售	买断式销售
盐城市生华信息服务有限公司	买断式销售	1. 盐城人行指定，负责安排盐城地区所有银行密码器的推广和采购； 2. 发行人在盐城地区不得通过其他方式进行销售	买断式销售
扬州市银捷电子信息服务有限公司	买断式销售	1. 扬州人行指定，负责安排扬州地区所有银行密码器的推广和采购； 2. 发行人在扬州地区不得通过其他方式进行销售	买断式销售
镇江市金汇电子化服务有限公司	买断式销售	1. 镇江人行指定，负责安排镇江地区所有银行密码器的推广和采购； 2. 发行人在镇江地区不得通过其他方式进行销售	买断式销售
太原超利达科贸有限公司	买断式销售	1. 代表太原民生银行、山西建设银行、太原华夏银行、太原光大银行、太原中信银行、太原浦发银行、西安光大银行、西安民生银行、西安北京银行负责该地区的密码器推广和采购； 2. 除上述银行外，发行人可以在该地区通过其他方式销售	买断式销售
北京鑫博网电子商务有限公司	买断式销售	1. 代表北京民生银行、北京农业银行、北京工商银行、北京光大银行、石家庄民生银行负责该地区的密码器推广和采购； 2. 除上述银行外，发行人可以在该地区通过其他方式销售	代销
重庆术鑫科技有限公司	买断式销售	1. 代表重庆工商银行、汉口银行重庆分行负责该地区的密码器推广和采购； 2. 除上述银行外，发行人可以在该地区通过其他方式销售	代销

续表

经销商	发行人与经销商的销售关系	经销商与发行人合作模式	经销商与银行之间的销售模式
武汉市武特科技有限公司	买断式销售	1. 代表湖北工商银行负责该地区的密码器推广和采购; 2. 除湖北工商银行外,发行人可以在该地区通过其他方式销售	买断式销售
北京兆日科技有限公司	买断式销售	采购发行人产品后通过直销、代销、经销三种模式对外销售	买断式销售或代销

电子支付密码器产品的最终使用者:发行人电子支付密码器产品的主要客户是各地商业银行,最终用户是在银行开户的企事业单位。由于电子支付密码器产品与银行票据支付安全密切相关,产品的特殊性决定了无论是代销、直销还是经销模式,电子支付密码器的销售必须通过银行组织的招投标环节,在产品最终交付给开户人之前经过银行网点的初始化环节,以实现对用户密码器加载密钥和账号。

各销售模式下价格的公允性:《中国人民银行关于支付密码使用与管理的通知》(银发〔1997〕175 号)中明确规定:“为保证同一个城市的支付密码能够跨行通用,中国人民银行当地分行要牵头做好各家银行统一施行支付密码的工作。”“对具体厂家的选择,要由中国人民银行各省、自治区、直辖市分行或当地分行及各商业银行确定。”发行人电子支付密码器产品的销售要通过当地人民银行及商业银行统一组织或各省、市级商业银行单独组织的招投标环节。在招投标环节中,竞标参与者会在标书中写明销售价格。在产品入围后,发行人按照招投标确定的价格将产品直接销售给银行,或者通过银行网点代销,或者通过当地中国人民银行选定的经销商销售给在银行开户的企事业单位。

由于电子支付密码器产品在上述三种销售模式下的销售价格均需要通过当地中国人民银行或商业银行的招投标环节确定,招投标环节在公开、公平、公正的环境下进行,保证了交易价格的公允性。

通过直销模式销售的核验设备是电子支付密码系统的重要组成部分,核验设备为各商业银行提供支付密码后台核验服务，客户为各商业银行总行，产品的销售也需要通过招投标环节，交易价格公允。

发行人直接销售的密码芯片产品按照国家密码管理局的有关规定必须全部销售给商用密码检测中心，再由检测中心对外销售，检测中心向发行人采购的芯片数量是汇总下游客户的订单数量，价格根据采购数量的多少有一定的优惠梯度，由交易双方协商确定，交易价格公允，报告期内，由于成本的下降，销售价格也呈下降趋势，产品的毛利率保持基本稳定。

发行人直接销售税控安全组件，其价格是由交易双方协商确定，税控安全组件的客户是上海新跃仪表厂，国有企业法人，与发行人无关联关系。报告期内，税控安全组件的交易价格较为稳定，交易双方根据市场化原则定价，交易价格公允。

当然，像深圳兆日科技股份有限公司这种对经销商披露如此详细的很少见，并不是一种更常见的情形，——但对于深圳明源软件股份公司而言，十大客户中有很多是有“明源”字号的公司出现在客户名单中，则对此解释和披露详细则是非常必要的了，无论如何，都为该公司和该项目此点的美中不足感到遗憾。

五、内控存在重大缺陷

某些软件企业虽然给客户做软件，但自身的电算化、信息化程度却并不高，财务核算中对项目核算的基本信息缺失严重，造成一家以项目实施为主要业务的企业无法按项目进行核算，此种情况下，即为典型的严重财务核算不符合要求或内控有重大问题（财务内控有重大缺陷）。

如《关于不予核准福建顶点软件股份有限公司首次公开发行股票并在创业板上市申请的决定》（证监许可〔2014〕1195 号）公告：

“发审委在审核中关注到，你公司存在以下情形：

你公司定制软件业务的项目实施人员存在多个项目复用的情形，但未能建立有效的内部控制制度合理保证按单个项目准确归集核算人工成本，或将实施人员人工成本在各项目之间准确分摊。你公司的内部控制无法合理保证你公司财务报告中成本费用核算的准确性。

发审委认为,上述情形与《首次公开发行股票并在创业板上市管理办法》(证监会令第 99 号)第十九条的规定不符。"

上述事例即为一个典型的案例。

第三节　小结与启示

理解软件企业被否的原因，要先真正理解第一篇中关于被否原因分析一章的内容，只有从整体上来理解，才能有一个正确的体会和判断。正如在本章概述中提到的，企业被否的原因是复杂的、多方面的，本书所提到的被否原因也不见得正确，但如果从“有则改之，无则加勉”的角度来看待，也许会有一些体会和启示。

一家企业能否成功上市，真实性是所有因素的基础，但也并不是“只要是真的”就一定能够上市成功，准确地说，成功上市的前提至少应该包括：企业是真实的、业务是合规的、表述是准确的、会计核算是合规谨慎的，这四点都满足了，才可能实现上市，但第一点“企业是真实的”是所有事情的基础。

在真实以及合法合规的基础上，其实还有一个合理性的问题——你不能只是你认为是合理的，还要让监管机构的审核人员以及投资者也认同这是合理的、符合商业逻辑和股东利益最大化的，从而，这个合理性的问题就变成了充分说明和解释的问题，比如拟上市企业对某一刚成立的公司大量采购原材料或服务，合规当然没问题，但合理性在哪里？需要解释清楚，避免对真实性产生疑虑。再如，拟上市企业在某一类业务中与某一供应商产生了金额较大且持续的交易，但账期明显与其他供应商有所不同，而该供应商的对外销售业务又主要是对发行人，此时，业务的合理性也会受到很大怀疑——当然，这里面可能有特殊的历史原因形成，但这个问题要解释好，摆事实，比如根据发行人向其他供应商的采购情况，来说明价格的公允性，即合理性也是我们要提前考虑的一个重要问题。

会计核算的谨慎性，对软件企业而言更是一个非常重要的问题。会计处理和核算,首先是一定要有充分的依据,这里的依据包括两方面:一方面,是基础资料,如合同中的条款、业务实质;另一方面,是企业会计准则。但是,会计核算并不是一门科学,有些问题可左可右,此时要按照谨慎的方式来处理,这样以谨慎的原则规划和处理,其实更符合企业会计准则大原则的"谨慎性原则",自然也更容易上市成功。

在上市过程中,都会遇到一些重要问题,对该类问题说明和披露的充分性,如果说不见得一定影响最终结果,但一定会影响时间进度。要将这些事项处理好、说明白,需要提前意识到、通盘考虑好,审核到最后,你一定会发现就是这些问题决定了项目成败的命运,至少是宝贵的时间进度。此外,上发审会人员的选择及培训,也同样需要提前考虑、选择合适的人员,在整个上市过程中,使其逐步熟悉整个情况,确保顺利过会,否则临时抓人或人员虽然确定但并没有有意识地培养、使其熟悉项目情况,无疑会给整体工作带来重大不确定性。

总之,上市之旅需要我们能够通盘考虑,从一个更高的高度来理解,才能更为顺利。

第八章 项目管理：项目成功的保障

第一节　项目管理的重担:只是“领队”券商能完成的工作吗

企业上市涉及的工作纷繁复杂、方方面面,从涉及方来讲,就包括企业、券商、律师事务所、会计师事务所、评估师事务所,有时还包括撰写可行性研究报告的第三方机构,大家为了一个目标而工作、努力,这里面必然有一个项目管理的问题。只要是项目管理,就一个“管理者”的问题,或者准确地讲需要一个“领队”,一般来说,这个“领队”都是毫无意外地由券商担任;但是,由于涉及的各方其实是相对独立的,本质上各方之间并没有上下级的关系,券商这个“领队”能够完成这个项目管理的重担吗?

券商必须要完成这个重担!这是其特殊的角色决定的,券商就是“总协调人”,只有券商能够担任这个“领队”的角色,——但是,这里有个重要前提:其他各方各负其责!如果看不到这个前提,只是要求这个临时组合起来的队伍和“领队”完成目标,是根本不可能的。

笔者见过很多企业,在召开项目启动会时,企业领导将“最高的权力”交给了券商,并承诺“只要是券商安排的工作,我们务必高质量地完成”,但现实却并不这样,因为在心里,他认为只有企业才是甲方,其余都不过是乙方,乙方就是为甲方服务的——本质上,这确是如此,券商虽然是“领队”但毕竟也是乙方,乙方没有甲方的密切配合是根本不可能完成任务的,在甲方明显抵制的情况下甚至连“领队”的地位也会受到威胁——这说明什么?这说明券商的所谓“权力”本质上是来源于甲方的,但很多企业却看不到或不愿承认这点。

为了项目能够成功,为使项目管理能够非常顺利,笔者在此想说的是,企业上市这个项目不同于某一个单位内容的项目管理,毕竟各机构间不存在上下级关系,且是由乙方中的一方担任“领队”,因而有两方对项目管理顺利与否起着非常重要的作用:作为甲方的企业和作为“领队”的券商。

本节重点介绍券商应当承担的职责或注意事项,下一节重点介绍企业应当承担的职责或注意点,当然,这些都是笔者在实践工作中的体会,不见得一定正确,仅供大家参考。

每一项工作都是要落实到具体人来实施的,下面先说券商的项目负责人应当负责的工作:

1. 项目负责人要把握整个项目的进度、确保各机构落实梯队人员(具体执行人员、项目负责人员)、在各阶段需要调动的各项资源心中有数、对所有机构出具的上报文件把关、明确工作机制和工作纪律等总体性工作。

2. 项目负责人要在每一重要节点执行前培训项目组人员,如项目启动会、准备上报文件前一段时期的尽职调查、重点文件如招股说明书起草、反馈意见回复起草等工作执行前沟通注意事项,统一工作标准,且此点应在每一阶段的工作开始前进行,不能太早但也不能在这一阶段已有初稿了再进行否则很可能会耽误时间。实践中这个工作很重要,关系到执行的质量和项目负责人能否拿出精力做更重要的工作。

3. 协助其他人员(包括券商自己的项目组人员、律师、会计师和企业具体执行人员)推进重要工作。由于这些人员基本是具体工作人员,在协调安排其他人工作时可能会力不从心,这时项目负责人直接协助安排或要求企业领导召集有关各方在一起开会安排,会起到单靠具体执行人员无法达到的效果,作为项目负责人必须关注到这点并及时协调和安排。

4. 督促工作机构和工作纪律的落实。这方面可能每家券商或每名项目负责人员的要求都有不同,因人而异,但一些基本的应当是一致的,比如要求所有人员,包括中介机构和企业人员在起草完材料、发出邮件或提供扫描件/复印件前一定要检查下自己的工作再提交,否则发给对方一个错误或根本就连你自己也看不清楚的扫描文件有什么意义?这作为工作纪律每一个人员都要遵守,否则一点点小事积累起来,就会耽误整个项目的进度和质量。

5. 统筹各方面资源,保持与企业项目运作关键人员的良好关系和顺畅沟通。关系良好才能顺畅沟通,项目负责人与其他各机构的项目运作关键人员(不只是企业的领导,还包括其他中介机构如律师事务所、会计师事务所的项目负责人员)的顺畅沟通对项目运作非常重要。当然,关系好是相互的,为使项目顺利推进,各方也都有应有这个意识。

6. 参与或组织尽职调查过程中的关键问题研究、讨论,对尽职调查过程中重要的第一手资料审阅,对所有上报文件进行把关、复核、修改。

7. 在现场工作的基础上,复核审计报告、法律意见书等会计师和律师出具的待上报文件。这里提出复核此类重要报告的基础上——“在现场工作的基础上”,这点是非常重要的,而绝不能只是对报告的文字、措辞进行复核——那样是完全错误的。在现场观察企业的设备、在建工程项目、存货数量品名包装等细节、工人生产状况等这些都是非常重要的,对于复核审计机构出具的审计报告等非常重要,看不到这些实物而仅是从文字、措辞或逻辑上复核具有非常大的局限性,往往越是重要的问题越难以发现,从而提出的多是细节问题,对于项目负责人来讲这种工作方式是不对的,签字保代更不能以这种不在现场工作基础上对文件进行复核的工作方式。笔者曾对此深有体会,在笔者曾初步接触的某一项目(后随即放弃)中,如果不去看现场就不能发现审计报告初稿中所列的存货金额第一感觉是与现场看到的可能有较大差别、产成品积压时间较长存货变现价值不确定、在建工程项目金额与实际在建金额可能差别较大等问题,而同时注意到会计师并没有对存货进行详细盘点即完成审计报告初稿,这就使审计报告具有重大瑕疵,也就使复核具有真正的意义。其实,券商的质控部门一定要去现场实地观察后再复核所有中介机构的上报文件,原因也正在于此。此外,在此需要提醒的是,复核审计报告,同时要复核审计师对重要项目的审计程序是否完备,这是必需的,也是不能只复核文字这些内容的应有之义。

8. 项目负责人要在通篇看完材料后,意识到哪些地方是重点、是潜在的问题点,要想法设法把这些问题说深说透。甚至要有意识哪些重要数据或解释说明可能不对或与事实不符,因为起草人员分工负责具体的业务或财务内容,对其他内容可能掌握不够,项目负责人掌握的信息量全面,通稿过程中也要能够发现此类问题。这些也是项目负责人的一项重要工作。

9. 注意维护自身和所有乙方参与人员的权威。为什么提出这个问题?因为企业的权威不会存在被挑战的可能,企业是唯一的甲方。作为券商的负责人,同样要注意维护其他中介机构负责人的威信,因为其他中介机构能够迅速有效开展工作对于券商所安排的进度能够按时推进是必不可少的,券商负责人不只要维护券商人员而且要有意识协助其他中介机构树立这种良好形象和权威。

最后一点,也是特别重要的一点:不与不诚信的企业打交道:如果发现企业在尽职调查过程中不能诚信地提供资料或说明,那尽快和企业说“拜拜”——但不是“再见”。投行是发现并服务于优秀的企业进而与之共同收获,不是“打假专业户”,和不诚信的企业握手后说“拜拜”,既是对企业负责也是对自身负责。

关于券商中的其他项目执行人员的职责要求,由于项目中的一般工作人员主要是落实所具体分工负责的工作,其中涉及的内容很多,每一步都可能有一个具体、细化的分工安排,这里只提几点除此类具体工作之外的建议:

1. 要办法多、思路活,至少要有这个意识。项目中的一般工作人员,会面临很多琐事,但也会面临很多意想不到的困难,此时办法多、思路活就非常重要,千万不要小看一些“小技巧”,在紧要关头会起到推进项目的重要作用,比如印刷材料时签字页还在路上,如果有复印件留底就可以先用复印件做材料,原件到后直接替换一份原件即可而不必一定要等着寄来的材料收到后再做;某第三方发给企业的传真件始终不清楚,那就换个方式发传真给券商,这次却可以了,原来是企业传真有问题等情况,都需要脑筋活、办法多,这些都会节省出时间,甚至节省出的一两天也许就能解决项目进展中的关键阶段。投行就是这样,能讲大战略,也能要有“小技巧”,不能认为投行就是整天干大事的,解决不了小问题也积累不起大事。

2. 在起草材料的过程中,一定要注意与企业人员的沟通。比如起草管理层讨论分析部分的内容,要有意识向财务部门和业务部门熟悉情况的人沟通企业运营数据发生变动的真正原因是什么、如何表述更准确、全面,这样起草的内容才真实、饱满、有说服力。绝不能自己看到数据,坐在办公室里就数据论数据或主观猜测其中的变动原因,一线起草人员要有这个意识,一方面,提高了材料的质量;另一方面,一线人员也能得到有效的锻炼。

3. 注意了解和兼顾非具体负责部分的内容。一方面,这会对自身落实和起草所负责部分的内容有所帮助;另一方面,也会得到全面的锻炼和提高。比如具体负责业务、募投部分的人员要主动对财务部分内容进行了解,具体负责财务部分的人员要主动对业务和募投部分的内容进行了解等。

在项目负责人和项目一般人员的中间环节,还有一个现场负责人,这名现场负责人其实非常重要,他不只负担一个项目一般工作人员的职责要求,还要主动担负起项目负责人的部分职责,起到承上启下的作用,即对项目负责人安排的工作进行细化、分工——这应当现场负责人的主要职责,如果做得更好,则可以肩负起项目负责人的更多工作,一名好的现场负责人,项目负责人会感到非常省心。目前,证监会安排有"项目协办人"制度,这是一个非常好的制度,"项目协办人"非常适合担任现场负责人,经过现场负责人阶段的历练,可以逐步过渡到项目负责人的角色。当然,如果现场负责人不能很好肩负其承上启下的职责,则项目负责人只会感到更加费心,现场负责人也不能得到一个好的锻炼,这也是大家都不愿看到的。

第二节　给企业的建议:甲方在上市过程中的定位和角色

正如前节所述,拟上市企业作为唯一的甲方,同“领队”券商一样,对上市运作成功起着非常重要的作用。从笔者的经验看,凡是拟上市企业能在上市过程中正确处理自身定位和角色的,上市过程都是非常顺利;反之,那种撒开手不管凡事都靠券商或者管得太多总以甲方自居的这两种走了极端的企业,上市过程总是磕磕绊绊、一波三折,这其中的主要原因就是拟上市企业不明白或不能正确处理其在上市过程中的定位和角色。

从职责定位上讲,拟上市企业应树立以下几点意识,希望能对上市过程有所帮助:

1. 不能因为上市工作耽误经营,这个意识非常重要。上市虽然是阶段性重点工作,但仍不能因为此项工作而耽误了公司的日常经营,因为上市是要以企业的正常经营、是要以经营业绩作为基础和保障的。

2. 企业方成立的“上市工作小组”,一定要注意人员健全。人员上一定不只是董秘、财务总监、证券事务代表,还要有在企业中有威望、熟悉各方面情况的负责人,财务人员、办公室人员、研发人员、销售人员、采购人员等这些部门负责人或熟悉此方面情况的人员也要参与其中,这样,一方面,提高沟通效率,不必事事都要董秘或证券事务代表转述;另一方面,各中介机构也能得到最直接的一手信息。另外,有些企业在启动上市进程时,还未配备董秘或证券事务代表,董秘和证券事务代表是上市推进过程中的重要人员,企业应当尽快配备充实,这也是人员健全的重要内容之一。

上市是个战略问题,实施战略需要非常具体的工作,不要以为上市全是大

问题的解决,都是一点点解决、做出来的,因而企业成立一个强有力的上市小组是非常必要的;

3. 切实执行“团队纪律”。企业及各中介组成了一个团队,是团队就要有团队纪律。订立“团队纪律”是“领队”的职责,但维护这个纪律甚至是敢于践踏这个纪律的往往也是企业的领导人员,上市工作小组中的企业领导应当带头执行团队纪律,才能使这些纪律得以真正落实。

4. 真实,是对企业提供资料和说明最重要的要求,也是不能突破底线的要求。发行上市审核,已转向以信息披露为中心的审核,淡化了对企业盈利能力的实质性判断,这更要求企业提供材料来不得半点水分;此外,如果企业故意提供虚假资料,一旦查实,构成欺诈上市将是可能面临刑事处罚,而不是三年能不能报材料这么简单,这既是对企业自身和高管自己负责,也是对他人、对社会负责。

5. 对外提供文件必须经过内部复核。在企业上市过程中,企业需要提供大量文件资料,这其中经过内部复核是非常必要的,否则企业中起草人写的内容可能与高管理解得差别很大,如果出现这种问题,常常是只有到最后与高管讨论招股说明书时才会发现这个问题,这样就会造成很大的弯路。其他中介机构对外提供文件或意见时也应进行内部复核,而不能直接由一线人员或具体执行人员对外提供。

6. 企业要注意维护各中介机构人员,即使是项目组一般人员的权威,尤其是各家中介机构项目负责人的权威。企业一定要意识到,各家中介机构人员本质上所谓的“权威”是靠发行人的实际控制人树立的,如果企业领导人员不注意这点,甚至动不动就发火,会打消中介机构人员的积极性(项目组一般人员不能说不来企业现场,但工作积极性和主动性难免会小很多;而中介机构项目负责人的工作时间自主性很强,企业伤害了其积极性,来企业和为企业考虑的事项就会无形中少很多,也正所谓“女为悦己者容,士为知己者死”,项目会照样推进,但积极性和主动性会很难不受影响,尤其是律所的项目负责人,一般都特别在意此点,企业更应注意,——无论是哪家中介机构人员,都不应受到无谓的伤害,中介机构人员毕竟不是你企业的员工),企业对此点一定要有意识。

7. 人员融合,需要一个过程,在项目推进的初期,作为甲方要有意识创造机会促进各方互相融合、熟悉。在经过项目初期阶段之后,作为“领队”的券商,则更要有意识促进各方的融合。

8. 切实执行各中介机构安排的由企业负责的工作。企业所负责的工作中,有很大一部分是由企业提供材料,在此提醒企业在平时就要注意档案的收集、整理和保管,荣誉室(资料)也要安排人员保管等,这些工作其实也是要求企业切实提高管理水平,否则中介机构向企业要这些资料,企业都不知道在谁手里或分散在不同人手中,无疑会耽误进程;企业如果不把这些看作是一次提升管理水平的机会,即使费劲收集材料把第一次申报上去了,但以后又有新的变化了还是东抓一个西抓一个——而这完全是企业内部管理还太过薄弱的原因。所以,企业要想上市,要想中介机构把自己的荣誉、优势这些写得充分、有说服力,自己也要在内部管理上切实进行规范和提高,这点虽然是很小的一方面,但千里之行,始于足下,“上市的过程,也是提升管理水平的过程”绝不是一句空话。

第三节　项目管理的题外话:项目参与人员的健康和投行文化

国内投行其实并没有多少年的历史,因而谈到"投行文化",更多的则是国外投行传来的一些"投行工作习惯"的汇合。国外投行文化中的一点是,讲求高效率、快节奏,尤其是夜以继日的加班文化很盛行,记得有位在外资投行工作的朋友经常讲到一个故事,说是一位清华大学毕业的女孩,在办公室里工作三天三夜没出办公楼,被当作崇尚的对象加以宣传。现在不好说这究竟是对还是不对,只能说"年轻没有什么不可以"。

对人的健康的理解,本质上来源于对事物的认知,以认知指导行动行成习惯,进而形成文化,即健康本质上来源于文化。中国人和西方人的体质存在差异,骨子里的文化也存在很大的不同,国内投行人员的"投行文化",笔者认为应在国外投行工作习惯的基础上,融入更多的是中国传统文化,应当受到国学的更多熏陶而升华,这才能形成符合自身特色的"投行文化",也才能对投行人员健康的有力保护。

中国的传统文化博大精深,笔者正在参悟之中,不敢在此妄言。前段时间,偶然看到了白岩松写的一篇文章《做一些无用的事》,"光做与钱与权与名有关的事,看似都有用,就真的够用吗?""新闻于我,是事业是功名,可从现实的角度看,常常是必须坚持的苦役。如若没有强迫自己闲下来的爱乐时光,没有同样看似无用的喝酒喝茶甚至发呆的时光,苦役早已不堪重负。于是我逐渐明白,正是这些无用的事平衡了生活中必有的苦,甚至有时觉得这些事才是人生中最有用的事。""让心静下来一些,让生命分一些时间给看似无用的事,这才是目标。心不静,幸福来不了",我们每个人是不是同样需要做些无用的事?

我想,随着国内投行发展的历史越来越长,接受传统文化的熏陶也自然会越来越多,曾经浮躁的、单纯追求功利的思想会被压下去,这是任何人都无法阻挡的。作为其中的一员,我们每个人看到这个趋势,先行把握并身体力行,对自身也是非常有好处的吧。

上文所说的更多的是投行人员,仅是项目参与人员的一类人,项目参与人员还包括律师、会计师,而且也不只是中介机构人员,还包括企业中参与项目人员,甚至也包括监管机构人员等所有参与企业发行上市项目的人员。笔者作为投行从业人员,对投行的工作有更多感触,写得更多的是投行人员,作为本章的最后一节,希望能对其他类似工作情况的人有所借鉴和启示。

第四节　小结与启示

投行的项目管理有自身的特色,每家机构的都相对独立,而且专业性都很强,但他们还要有一个“领队”来统一大家的行动,但这个“领队”不是甲方而是乙方的一员,所以项目管理就更增加了其特色。各方各负其责又团结合作,尤其是各方能够提前了解企业上市项目的特殊之处,特别是企业要了解自身的定位和角色,将会非常有利于项目的顺利运作。在本章的最后,笔者与大家共同探讨了项目参与人员的健康问题,希望能对读者有所裨益。

主要参考文献和网址

1.《上市公司公告》,载上海证券交易所网站:http://www.sse.com.cn 和深圳证券交易所网站:http://www.szse.cn。

2. 张连起:《左数字右人文》,中国财政经济出版社 2006 年版。

3. 国浩律师集团事务所编著:《金融证券律师实务》,法律出版社 2005 年版。

4. 苏凌、王新环:《无罪案件研究》,中国检察出版社 2006 年版。

5.《中小企业股票发行上市问答》(第 2 版),深圳证券交易所创业企业培训中心,深圳证券交易所,2007 年 3 月。

6. 李若山、周勤业、方军雄:《注册会计师:经济警察吗?》,中国财政经济出版社 2003 年版。

7. 于朝:《司法会计学》,中国检察出版社 2004 年版。

8. 申林平、邢会强:《中小企业境内上市法律实务》,法律出版社 2007 年版。

9. 刘姝威:《上市公司虚假会计报表识别技术》,经济科学出版社 2002 年版。

10. 中华人民共和国财政部:《中国注册会计师审计准则》,2006 年 2 月。

11. 黄世忠等:《会计舞弊之反思》,东北财经大学出版社 2004 年版。

12. 宣伟华:《虚假陈述民事赔偿与投资者权益保护》,法律出版社 2003 年版。

13. 吴越:《企业集团法理研究》,法律出版社 2003 年版。

14. 全国统一律师资格考试、国家司法考试历年试题。

15. 中国证券监督管理委员会网:http://www.csrc.gov.cn。

16. 巨潮资讯网:http://www.cninfo.com.cn。

17. 春晖投行在线:http://www.shenchunhui.com。

18. 投行先锋:http://www.touhangbbs.cn。

19. 上海经济犯罪辩护律师网:http://www.jjfz.com.cn。

20. 职务犯罪律师网:http://www.zwfzlsw.com。

附录：部分案例与问题索引

出资瑕疵	川润股份	北化股份	帝龙新材	国脉科技	威华股份	合肥城建	金风科技	云海金属	天津普林
	证通电子	广博股份	信隆实业	浔兴股份	滨江集团	科大讯飞	梅花伞	陕天然气	恒星科技
	拓日新能	银轮股份	利达光电	桂林三金	万马电缆	皖通科技	格林美	摩恩电气	
国资资产转让瑕疵	利尔化学	川润股份	天宝股份	天邦股份	西部矿业	新海宜	滨江集团	合兴包装	科大讯飞
	武汉凡谷	海翔药业	高金食品	上海莱士	桂林三金	天润曲轴			
受到行政机关处罚，涉税问题	大洋电机	天润曲轴	天津普林	拓日新能	金风科技	路翔股份	精艺股份	鱼跃医疗	准油股份
	深圳惠程	海利得	东力传动	联华科技	湘鄂情	金通灵	中原内配	杰瑞股份	
报告期内曾存在核定征收方式	掌趣科技	北京利尔	永利带业	网宿科技	安诺其	徐州燃控			
曾有股份代持	美邦服饰	川大智胜	沃华医药	滨江集团	三鑫股份	全聚德	北纬通信	兴业银行	

续表

曾存在信托持股、工会持股	东源电器	准油股份	海陆重工	红宝丽	云海金属	东南网架	沧州明珠	恒星科技	西部矿业
	银轮股份	中国中铁	天马股份	广博股份	江苏国泰	太阳纸业	莱宝高科	步步高	常铝股份
	辰州矿业	恩华药业	广陆数测	广宇集团	海得控制	宏达经编	华昌化工	华峰氨纶	江南化工
	江苏宏宝	金飞达	九鼎新材	水晶光电	塔牌集团	通富微电	升达林业	桂林三金	光迅科技
	天润曲轴	亚太股份	栋梁新材	三鑫股份	联合化工	金风科技	大北农		
曾存在内部职工股或经批准向社会公开发行股票	烟台氨纶	联合化工	粤传媒	新野纺织	鲁阳股份	恒邦股份	江特电机	九鼎新材	宁波银行
	山东如意	太阳电缆							
挂靠企业脱钩	武汉凡谷	恒宝股份	南洋股份	神开股份	联化科技				
解决同业竞争	飞马国际	金钼股份	新华都	中煤能源	东南网架	利欧股份	露天煤业	天马股份	西部矿业
	东华科技	合兴包装	步步高	四川成渝	奇正藏药	罗莱家纺	齐心文具	北斗星通	中国海诚
	中泰化学	晋亿实业							
关联方占用资金	上海莱士	芭田股份	神开股份	天润曲轴	世联地产	圣农发展	升达林业	天津普林	新华都
	奥特迅	海亮股份							
未依法缴纳住房公积金	川润股份	飞马国际	南洋股份	特尔佳	威华股份	鱼跃医疗	拓日新能	彩虹精化	方正机电
	广百股份	恒星科技	步步高	精诚铜业	三力士				

续表

未执行社保制度	天宝股份（农民工社保）、明星电缆、齐星铁塔（农民工社保）								
产权证问题	特尔佳	拓日新能	证通电子	奥特迅	通产丽星	天润曲轴	亚太股份	信立泰	利尔化学
	芭田股份	信隆实业	红宝丽	实益达					
原始报表与申报报表存在较大差异；调整会计政策或会计估计；重大会计差错	雪莱特	天邦股份	天润发展	中泰化学	潞安环能	广陆数测	鸿博股份	宏达经编	华锐铸钢
	路翔股份	梅花伞	民和股份	山东如意	石基信息	水晶光电	塔牌集团	通产丽星	江苏通润
	北纬通信	步步高	常铝股份	广宇集团	海利得	湘鄂情			
持股 50% 以上但未合并报表	大北农								
重要资产或技术涉诉；存在较大未了解诉讼	宏达新材	特尔佳	沃尔核材	沃华医药	九阳股份	桂林三金	天宝股份	太阳纸业	海利得
	三鑫股份	金螳螂	福晶科技	嘉应制药	誉衡药业				
董监高间接持有发行人股份锁定	宏达新材	久其软件	劲嘉股份	步步高	澳洋顺昌	东力传动	海亮股份	合兴包装	华昌化工
	华锐铸钢	江南化工	顺络电子	鱼跃医疗	报喜鸟	北纬通信			
发行前低资产负债率	三金药业	久其软件	奇正藏药	罗莱家纺	蓝色光标	掌趣科技			

续表

经营性净现金流与净利润相背离或大幅波动	飞马国际	川大智胜	天宝股份	青岛金王	大华科技	恒邦股份			
现金采购或销售占比较大	大北农	大康牧业							
对募投项目中扩大产能的必要性、新增产能与市场需求的匹配性说明	福晶科技	彩虹精化	芭田股份	东方锆业	紫鑫药业	雪莱特	奥维通信	科陆电子	利达光电
	水晶光电	精艺股份							
报告期内主要原材料价格上升毛利率下降;利润对价格敏感;应对策略;敏感性分析	南洋股份	特尔佳	芭田股份	顺络电子	康强电子	天润发展	广博股份	山河智能	安妮股份
	大洋电机	德棉股份	东方雨虹	东华能源	高金食品	蓉胜超微	万马电缆		

续表

非民营企业的管理层收购或参股	烟台氨纶	通产丽星	全聚德	东华科技	广电运通				
上市前战略投资者入股	常铝股份	辰州矿业	九阳股份	宁波银行	三鑫股份	威华股份			
募投项目导致部分模式改变，或为一种新的经营模式	智光电气	金风科技	青岛软控	南岭民爆	大华股份	三鑫股份			
不规范票据融资	永辉超市	通裕重工	永太科技	蓝帆股份	兴源过滤				
历史沿革涉及上市公司	皖通科技	福星晓程							
小红筹转投A股	二六三	启明星辰	誉衡药业	兴业科技	海联讯	掌趣科技	漫步者	达实智能	卫宁软件
	海联讯								
股东方现金替代国有股转持	通裕重工								
因经营季节性较强提供盈利预测	海联讯	超图软件	海联讯						

续表

产能确定参考	福瑞特装	华昌达							
曾与 PE 对赌后取消	江苏东光	乾照光电	日海通讯	立思辰	金刚玻璃	天津汽模	丰林木业		
境内 A 股公司分拆子公司创业板上市	佐力药业								
海外退市后回 A 股	南都电源								

图书在版编目(CIP)数据

软件企业上市:路径规划与操作指引/张国峰著
.—北京:法律出版社,2017.7
ISBN 978-7-5197-0813-9

Ⅰ.①软… Ⅱ.①张… Ⅲ.①软件开发—电子计算机工业—工业企业—上市—研究—中国 Ⅳ.①F426.67

中国版本图书馆CIP数据核字(2017)第095713号

软件企业上市:路径规划与操作指引
RUANJIAN QIYE SHANGSHI:LUJING GUIHUA YU CAOZUO ZHIYIN

张国峰 著

责任编辑 慕雪丹
装帧设计 马 帅

出版 法律出版社
总发行 中国法律图书有限公司
经销 新华书店
印刷 固安华明印业有限公司
责任印制 胡晓雅

编辑统筹 法商出版分社
开本 710毫米×1000毫米 1/16
印张 20.75
字数 290千
版本 2017年7月第1版
印次 2017年7月第1次印刷

法律出版社/北京市丰台区莲花池西里7号(100073)
网址/www.lawpress.com.cn
投稿邮箱/info@lawpress.com.cn
举报维权邮箱/jbwq@lawpress.com.cn
销售热线/010-63939792/9779
咨询电话/010-63939796

中国法律图书有限公司/北京市丰台区莲花池西里7号(100073)
全国各地中法图分、子公司销售电话:
统一销售客服/400-660-6393
第一法律书店/010-63939781/9782
西安分公司/029-85330678
重庆分公司/023-67453036
上海分公司/021-62071010/1636
深圳分公司/0755-83072995

书号:ISBN 978-7-5197-0813-9
定价:99.00元